마음이론과 성마음이론을 기초로 한
심리치료기법

마음이론과 성마음이론을 기초로 한
심리치료기법

초판 1쇄 발행 2018년 4월 9일
　　2쇄 발행 2019년 5월 27일

지은이 김범영
펴낸이 장길수
펴낸곳 지식과감성#
출판등록 제2012-000081호

디자인 이다래
편집 이현, 최예슬, 이인화
교정 정혜나
마케팅 고은빛

주소 서울시 금천구 가산동 60-5 갑을그레이트밸리 B동 507호
전화 070-4651-3730~4
팩스 070-4325-7006
이메일 ksbookup@naver.com
홈페이지 www.knsbookup.com

ISBN 979-11-6275-096-4(03180)
값 20,000원

ⓒ 김범영 2018 Printed in Korea

잘못된 책은 구입하신 곳에서 바꾸어 드립니다.
이 책의 전부 또는 일부 내용을 재사용하려면 사전에 저작권자와 펴낸곳의 동의를 받아야 합니다.

이 도서의 국립중앙도서관 출판예정도서목록(CIP)은 서지정보유통지원시스템
홈페이지(http://seoji.nl.go.kr)와 국가자료공동목록시스템(http://www.nl.go.kr/kolisnet)에서
이용하실 수 있습니다. (CIP제어번호 : CIP2018010483)

홈페이지 바로가기

마음이론과 성마음이론을 기초로 한

심리 치료기법

김범영 지음

한국심리교육원은 세계 최초로 마음이론과 성마음이론을 연구, 개발하였고, 심리장애의 치료뿐만 아니라 다양한 인간관계의 심리문제와 갈등을 해결할 수 있는 마음교육을 개발하였다.

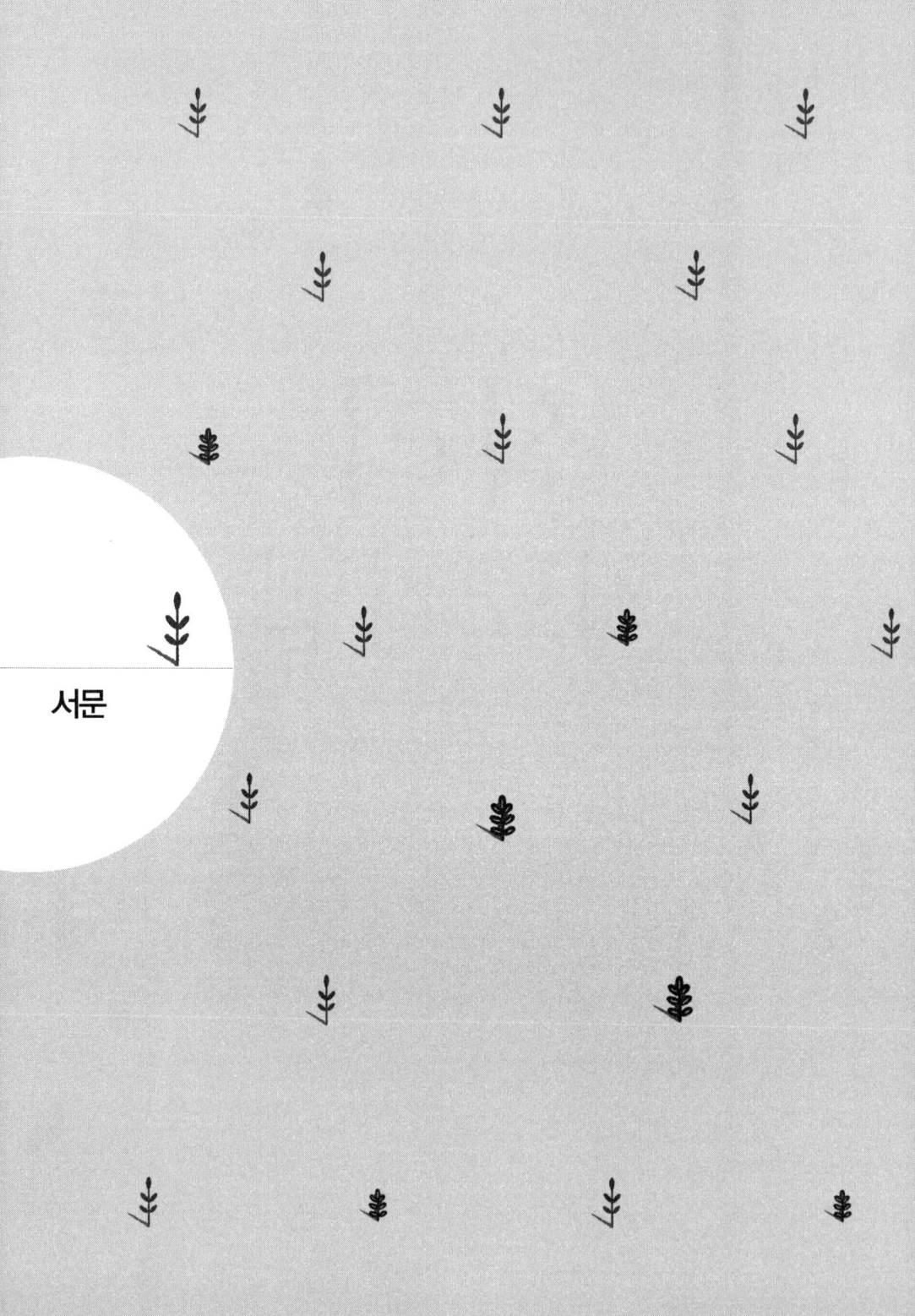

서문

저자는 한국심리교육원(www.kip.ac)의 대표이고, 심리포럼과 외도심리포럼, 성심리포럼과 성기능포럼을 운영하고 있으며, 심리장애치료를 위한 심리치료상담과 심리치료교육을 하고 있다.

저자는 기존 도서의 형식에 맞추기보다 심리장애의 치료를 위한 마음교육의 기본인 마음과 심리가 작용하는 원리를 사람들에게 쉽게 전달함으로써 심리장애의 치료를 쉽고 빠르게 할 수 있다는 것을 알리고자 이 책을 집필하였다.

다양한 심리장애를 치료할 때 기본적으로 알아야 하는 인간의 마음과 심리는 심리장애에 대한 이해를 정확히 알 수 있게 되므로 도서의 내용은 심리치료를 할 때 필수적인 내용이라고 할 수 있다. 남자와 여자의 마음과 심리를 이해하면, 심리장애(인식장애, 감정장애, 표현장애)를 치료할 수 있다.

이 책은 기존의 상담에서 심리치료가 되지 않는 분, 심리장애가 반복적으로 재발하는 분, 심리치료가 되지 않은 채 어려움이 지속되는 분, 하나의 심리장애를 치료했지만 또 다른 심리장애가 발생한 분, 심리치료가 되지 않을 것이라고 포기한 채 살고 있는 분… 등과 같이 심리치료를 할 수 없었던 분들에게 희망을 드릴 수 있을 것이고, 심리장애의 치료방법이 개발되어 있다는 것을 알려 주고 싶었다.

저자는 마음유전자이론, 마음이론, 성마음이론 등의 새로운 심리이론을 개발한 후, 심리장애를 치료하기 위한 심리치료상담에 적용하여 다양한 심리장애를 치료하였고, 오랜 시간 동안 검증하면서 심리치료의 성공률을

80% 이상으로 끌어올렸다. 심리치료상담을 하면서 더욱 쉽고 빠른 심리장애의 치료법을 개발하기 위하여 연구를 지속하였고, 심리치료상담을 할 때 일정한 심리치료의 패턴을 발견하였으며, '마음교육만으로 심리치료'를 할 수 있는 심리치료교육기법인 '마음교육'을 개발하였다. 개발된 마음교육을 지난 수년 동안 다양한 심리장애의 치료에 적용하였으며, 심리치료의 성공률이 심리치료상담보다 훨씬 높아서 90% 이상의 놀라운 성과를 이루었다.

심리치료교육인 마음교육을 시작하는 내담자들은 반신반의하는 것은 당연했다. 마음교육으로 심리치료를 할 수 있다는 말에 내담자들은 믿을 수 없다는 생각을 가졌지만, 저자를 믿고 마음교육을 시작하였으며, 심리장애의 치료가 완료되었을 때 자신의 마음이 변화된 것을 확인하였다. 그러나 마음교육만으로 어떻게 심리치료를 할 수 있었는지 이해하지 못하겠다는 반응이 대부분이었다. 심리치료가 된 것은 분명하게 알면서도 마음교육으로 심리치료가 되었다는 사실을 믿지 못한다는 것이었다.

결국 개발된 심리이론이 모든 인간(남자와 여자)에게 똑같이 작용하고, 이해와 배려 그리고 심리치료의 근본임을 확신할 수 있었다. 이런 과정을 통하여 마음교육만으로 심리치료가 된다는 것을 검증할 수 있었다.

마음교육은 기존의 심리이론과 상담으로는 이해할 수 없다. 마음교육은 심리치료상담을 위한 것이 아니라 심리치료를 위한 교육이다. 그래서 내담자는 자신의 상처와 심리장애에 대한 이야기를 하지 않아도 되기 때문에 내담자들이 심리치료의 과정에서 제일 싫어하고 부담스러워하는 자신의 상처를 이야기해야 하는 부담을 없앴다.

　기존의 심리이론과 상담에 익숙해진 사람들은 말한다. "어떻게 원가정, 성장과정, 과거의 상처를 분석하지도 않고 심리치료를 할 수 있습니까? 들어 본 적도 없을 뿐만 아니라 말도 안 된다고 생각합니다." 왜냐하면 기존의 심리이론과 상담에서는 이해할 수 없기 때문이다. 이는 새롭게 개발된 마음이론과 성마음이론을 알지 못하면 이해할 수 없다. 반면 개발된 심리이론을 알면 대부분의 심리장애가 어렵지 않게 치료된다는 것을 알게 된다.

　심리치료교육인 마음교육은 심리학자·심리전문가·상담사·정신보건의사가 상상하지 못했던 획기적인 새로운 심리치료기법이다. 마음교육은 한 번만 학습하면, 평생 상처로 어려움이나 고통을 겪지 않게 된다. 즉 심리예방과 심리치료를 동시에 할 수 있는 능력을 갖게 되면서 마음교육 후에는 심리문제 또는 심리장애가 발생하지 않는다. 그래서 마음교육의 비용은 비싸지만 그 효과는 평생의 행복으로 작용한다. 마음교육으로 행복을 만들고 유지될 수 있기 때문에 그 어떠한 가치로도 바꿀 수 없다. 따라서 마음교육으로 심리치료를 하신 분들은 "절대 돈이 아깝지 않습니다"라고 이구동성으로 말한다.

　마음교육은 철저하게 검증되고, 체계화된 순서를 갖고 있다. 마음교육의 순서가 어긋나면 심리치료가 되지 않는다. 또한 마음교육을 하는 교육전문가는 개발된 마음이론을 학습하는 것은 물론, 마음교육의 방법도 학습하고, 교육기법과 교육수련의 과정을 거쳐야만 한다. 수련과정에서 교육전문가들 스스로도 놀랄 만큼 마음교육이 체계적인 순서로 구성되어 있다는 것을 알게 되고, 순서가 어긋나서는 안 된다는 것을 알게 된다. 그만큼 마음교육은 정교하게 만들어진 심리치료기법이다.

마음교육은 다양한 심리장애를 치료한다. 그래서 마치 심리장애의 만병통치약처럼 보여서 사이비같이 인식할 수 있지만, 마음교육의 과정에서 심리장애별로 차별화된 치료기법을 다르게 교육하기 때문에 대부분의 심리장애를 치료할 수 있다.

마음교육은 심리장애를 치료하고 행복심리를 만든다. 감정기억장애(감정장애)의 치료는 배우자 외도의 분노치료와 상처치료, 우울증치료, 조울증치료, 불면증치료, 무기력증치료, 공황장애치료, 섭식장애치료, 강박증치료, 불안증치료, 기타 감정기억장애의 치료에 효과를 갖고 있다.

또한 표현장애의 치료는 성격장애치료, 충동장애치료, 심리장애로 발생하는 다양한 신경성 신체질병의 증상에 대한 치료, 신체문제·수술후유증·사고 등으로 발생하는 다양한 심리장애 또는 외상 트라우마의 치료, 쇼핑중독치료, 스마트폰중독치료, 인터넷중독치료, 섹스중독치료, 관계중독치료, 알코올중독치료, 도박중독치료, 약물중독치료, 일중독치료, 운동중독치료, 기타 중독증치료 등에 효과가 있다.

부가적으로 마음교육은 인간관계(부모, 자식, 부부, 가족, 시댁, 친구, 직장, 기타)의 다양한 고민과 갈등을 치료하고, 다양한 트라우마도 치료한다. 또한 행복하게 살아갈 수 있는 마음을 갖게 되고, 성격과 습관을 바꾸는 효과도 있다. 이 놀라운 마음교육의 기본내용을 이제 여러분에게 알려드리고 여러분 스스로가 행복한 삶을 살아갈 수 있도록 도움을 드리고자 한다. 백문불여일견(百聞不如一見)이다.

　이 책의 내용은 심리장애의 만병통치약은 아니다. 다만 심리치료를 할 때 근본이 되는 인간의 마음과 심리가 작용하는 원리를 정확히 이해함으로써 심리치료를 어렵지 않게 할 수 있도록 도움을 드릴 수 있다.

　이 책은 심리치료를 할 때 알아야 하는 내용을 기술하였지만, 책의 내용에 대한 순서와 조합은 심리장애에 따라서 조금씩 다를 수 있으며, 작은 차이 하나에 의하여 심리치료가 되지 않을 수 있으니 주의해야 한다.

　이 책을 통하여 심리치료교육인 마음교육의 기본내용을 이해하고, 심리장애로 어려움을 겪는 분들에게 심리장애를 어렵지 않게 치료할 수 있다는 것을 알려드리고 싶다.

2018년 03월
한국심리교육원
저자 **김 범 영**

목차

서문   5

Ⅰ. 심리치료시작
1. 마음이론   14
2. 마음이론의 연구배경   20
3. 마음이론의 가설   24
4. 마음이론의 응용   33
5. 심리치료상담   51
6. 심리치료교육   57
7. 편안한 인생   63
8. 즐거운 인생   67
9. 행복한 인생   70

Ⅱ. 심리와 습관
1. 몸과 마음   74
2. 인간심리의 이해   83
3. 상처와 스트레스   87
4. 우울증의 차이   91
5. 습관과 성격   95
6. 습관 만들기   101
7. 여자의 의미   106
8. 여자의 외형   111
9. 알몸수면요법   118

Ⅲ. 남자와 여자의 행복
1. 행복심리   126
2. 기혼여성의 행복   134
3. 미혼여성의 행복   137
4. 이혼여성의 행복   139
5. 사별여성의 행복   142
6. 남자의 행복추구   144
7. 남자의 사랑   147
8. 여자의 행복구조   150
9. 위로와 행복착각   152

Ⅳ. 변화와 차이
1. 연애의 심리   156
2. 결혼 후 심리   159
3. 감정기억의 차이   164
4. 마음의 차이   168
5. 몰입의 차이   171
6. 열정의 과정   175
7. 열정과 사랑   180
8. 성심리의 작용   186

V. 트라우마와 심리

1. 기억과 심리   190
2. 이해와 배려   194
3. 트라우마   199
4. 남자의 방어기제   212
5. 여자의 방어기제   216
6. 남자의 치료습관   220
7. 여자의 치료습관   223

VI. 장점과 단점

1. 매력과 유혹   228
2. 장점과 단점   238
3. 심리의 긍정감정   243
4. 심리의 부정감정   246
5. 핑크렌즈효과   250
6. 심리대칭이론   252

VII. 성심리

1. 성심리의 개념   256
2. 여자의 성심리   261
3. 남자의 성심리   267
4. 성행동의 의식   269
5. 성심리와 성행동   274
6. 성행동의 여자의식   278
7. 성행동의 남자의식   280
8. 성문제(Sex Trouble)   282

VIII. 대화와 인간관계

1. 대화의 개념   288
2. 대화의 심리   297
3. 대화의 방법   300
4. 문제인식의 차이   303
5. 감정의 대립   306
6. 친밀한 인간관계   309
7. 의식적 인간관계   312
8. 비정상 인간관계   315

IX. 감정과 행복

1. 감정의 기억   320
2. 감정의 발생   329
3. 심리와 마음에너지   333
4. 심리의 과유불급   338
5. 행복의 원리   343
6. 상처와 행복   352
7. 교감과 행복   357

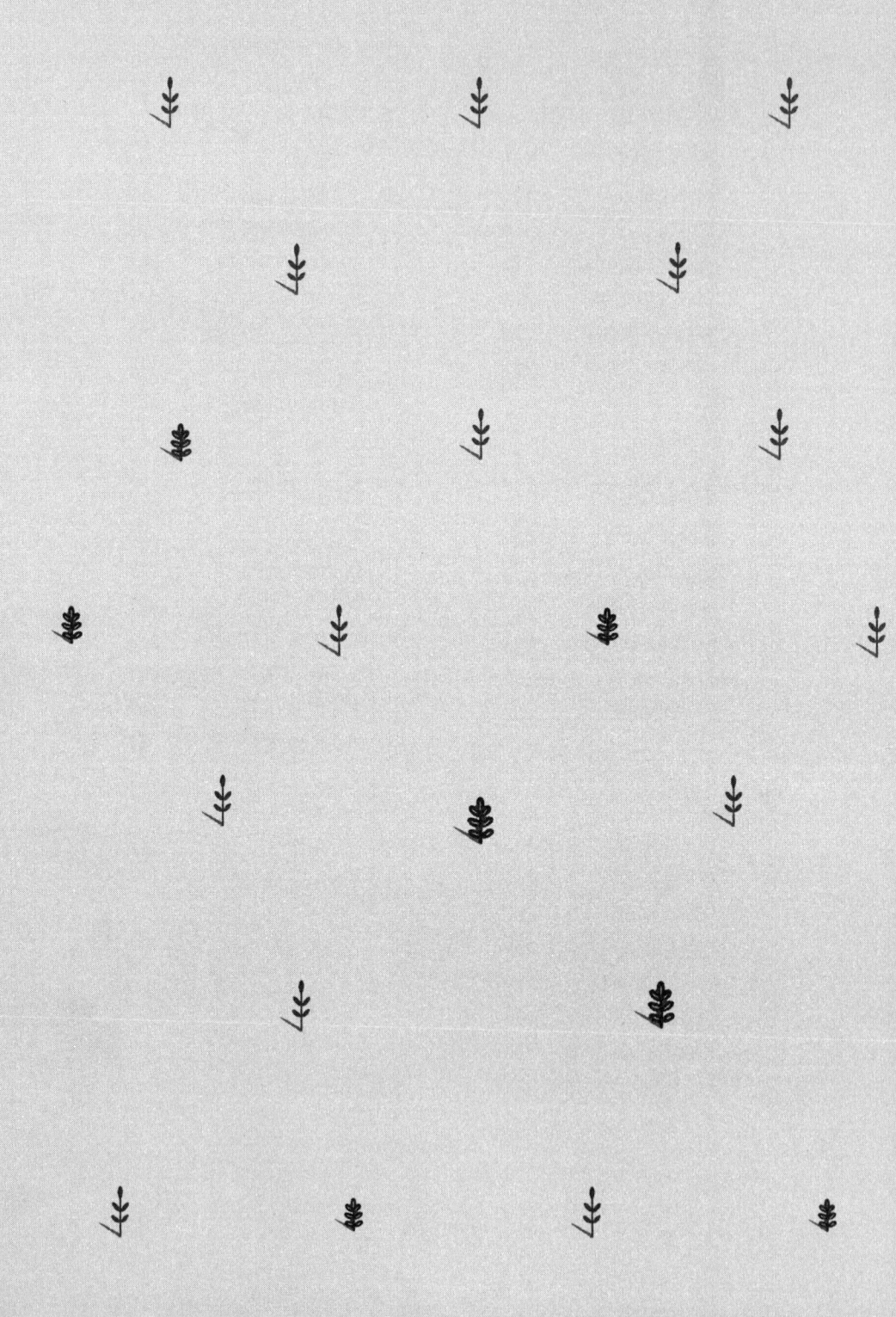

I

심리치료시작

1
마음이론

　마음이론(mimind)은 새롭게 개발된 심리이론이다. 마음이론은 마음유전자(migene)에 의하여 생성되는 마음과 심리가 작용하는 원리를 규명하였다. 행복유전자(H-migene), 감정유전자(F-migene), 방어유전자(D-migene), 충동유전자(I-migene)의 마음유전자가 마음(의식과 무의식)을 생성하면서 마음과 심리가 어떻게 작용하는지를 체계적으로 정리하였다. 그래서 마음이론은 모든 인간의 마음과 심리를 해석하는 기준과 표준이고, 원리와 규칙이다.

　기존의 심리이론에는 인간의 마음과 심리를 의식과 무의식으로만 해석하였다. 의식은 '자각되고 생각되면서 인간이 자각하는 감정'이라고 했다. 마음이론에서도 기존의 의식과 동일하게 사용한다. 그러나 마음이론은 무의식에 대하여 기존의 심리이론과 다르게 해석했다. 기존의 무의식은 자각하지 못하고 전의식과 무의식으로 분류했지만, 마음이론에서는 이를 습관과 마음에너지로 해석하였다. 의식에 의하여 일정하게 반복되면서 형성되어 패턴화된 무의식을 습관이라 했으며, 습관을 작용하도록 하는 마음에너지의 존재를 해석하였다. 이와 같이 의식과 무의식인 습관과 마음에너지를 인간의 마음이라고 한다.

반면 기존에는 없었던 마음은 마음유전자에 의하여 의식과 습관을 통제하고 있다. 마음은 인간이 태어날 때 형성되어 죽을 때까지 변하지 않고 작용한다. 이 마음은 인간의 심리가 작용하는 기준이고 표준이며, 인간의 심리가 작용하는 원리와 규칙으로 의식과 무의식을 작용하도록 하는 원천이다.

따라서 마음이론은 기존의 의식과 무의식을 작용하도록 하는 마음이 존재하고 있다는 것, 이 마음은 마음유전자에 의하여 작용한다는 것을 체계화한 것, 마음은 의식과 무의식을 통제한다는 것 등을 증명하고 규명한 심리이론이다.

인간은 단 한 사람도 생각이 같지 않다. 그 이유는 첫 번째, 남자와 여자의 마음이 다르다는 것이다. 그래서 남자와 여자의 심리가 다르게 작용하는 원인이 규명된다. 두 번째는 의식과 습관이 단 한 사람도 같지 않다는 것이다. 마음은 남자는 남자들끼리 모두 같고, 여자는 여자들끼리 모두 같게 작용한다. 그러나 의식과 습관은 단 한 사람도 같은 경우가 없다. 인간이 성장하면서 지식과 경험의 기억이 다르기 때문에 기억심리가 마음에서 모두 다르게 작용하기 때문이다. 일란성 쌍둥이라도 똑같은 것을 보면서 똑같이 생각하고 기억할 수 없기 때문에 의식과 습관이 다르게 형성된다.

마음은 인간의 의식과 무의식인 습관을 통제하기 때문에 모든 인간심리의 필수요소로 작용하며 모든 심리가 작용하는 원천이다. 남자의 마음과 여자의 마음을 알면 인간의 심리가 작용하는 원리를 모두 알게 된다. 이 마음이 작용하는 것은 심리의 기준이고 표준이며, 원리이고 규칙이기 때문에 어떠한 심리라고 분석할 수 있다. 이와 같이 심리가 작용하는 원리는 마음에 의하여 결정된다.

동물은 생존본능으로 살지만, 인간은 자아실현의 행복본능으로 산다. 그래서 동물은 마음이 없고, 마음은 인간에게만 존재한다. 따라서 마음은 인간의 심리에서 가장 핵심이고 중요한 요인이다. 기존 심리이론의 의식과 무의식은 의식과 습관이다. 따라서 마음은 인간이면 누구든 작용하고 있었지만, 누구도 발견하고 알지 못했던 심리의 원천이다.

이 마음이 의식과 습관을 통제하면서 심리가 작용하는 기준, 표준, 원리, 규칙인 것을 규명하면서 심리연구, 심리분석, 심리해석, 심리진단, 심리예측, 심리문제의 예방, 심리장애의 치료, 행복심리 등을 정확히 알 수 있게 되었다. 이를 위한 분석기법, 상담기법, 치료기법, 교육기법 등이 모두 새롭게 개발되었다. 또한 인간의 심리를 완전하게 해석할 수 있게 되면서 마음이론을 아는 것만으로도 충분히 의식과 습관을 예방하고 치료할 수 있는 마음교육(다양한 심리장애의 치료, 성기능장애의 치료, 청소년과 성인의 전인교육, 심리문제의 해결)이라는 다양한 교육프로그램도 개발할 수 있었다.

심리의 구조

인간의 심리는 동일한 구조로 되어 있다. 남녀노소를 가릴 것 없이 인간이라면 구조가 동일하다. 인간의 심리는 3가지로 구성된다. 첫 번째가 기억심리로서 사실과 감정을 기억하는 구조이다. 두 번째는 인식심리로서 외부정보를 다섯 개의 감각기관으로 받아들여서 종합하거나, 기억정보를 생각으로 자각하여 의식으로 인식하는 구조이다. 세 번째는 표현심리로서 말과 행동과 표정으로 표현하는 구조이다.

먼저 기억심리를 살펴보자.

인간의 기억은 사실정보를 기억하고 동시에 감정도 기억한다. 사실과 감정을 동시에 기억하는 것을 기억심리라고 한다. 다만 사실기억은 남자와 여자가 동일하지만, 감정기억은 남자와 여자가 다르다. 감정기억이 다른 이유는 남자의 마음과 여자의 마음이 작용하는 것이 다르기 때문이다. 남자는 부정기분을 잘 기억하지 못하고 긍정기분을 잘 기억하지만, 여자는 부정감정을 잘 기억하고 긍정감정을 잘 기억하지 못한다.

사실은 신체의 다섯 개 감각기관을 통해서 받아들인 감각정보를 말한다. 만일 교통사고가 났다고 하면 교통사고는 사실이고 사실의 순간을 현상이라고 한다. 사실의 최소단위가 현상이다. 또한 감정은 현상의 느낌이 종합되어 사실에 대하여 생각이 자각하고 느끼는 것을 말한다. 이 감정은 외부의 사실에 대하여 생각으로 자각되면서 인식되는 느낌이 종합된 것이다. 결국 감정은 정보에 대하여 생각이 한 번 더 해석하면서 느낀다.

두 번째는 인식심리이다.

인간은 외부정보를 심리로 인식한다. 외부정보를 신체의 다섯 개 감각기관을 통하여 받아들여 감각정보로 전환하고, 이 감각정보에 대하여 마음유전자가 감정을 판정한 후 느낌정보로 전환한다. 이 느낌정보를 생각이 종합하여 외부정보에 대한 감정으로 자각한다. 이와 같이 외부정보와 감정을 결합하여 생각이 자각하는 일련의 과정을 인식심리라고 한다.

사실정보는 외부정보 또는 기억정보이고 이 사실정보에 대하여 느낌을 자각하는 것이 감정이다. 이때 외부정보에 대하여 감정이 자각되는 것을 인식심리라고 하고, 생각의 감정은 의식으로 자각되어 느껴진다. 따라서 인식심리에서는 사실과 감정을 분리해야 하고, 사실보다는 감정이 어떻게 작용하는지 알아야만 인식심리를 정확히 알 수 있다.

세 번째는 표현심리이다.

표현심리는 감정을 외부로 표현할 때 작용하는 것을 말한다. 즉 정보와 감정을 외부로 표현할 때 작용한다. 감정이 외부로 표현되는 과정을 살펴보면 생각으로 자각된 감정을 표현하는 방식과 무의식인 습관이 작용하여 표현되는 방식이 있다. 생각으로 자각된 감정을 표현하는 경우에는 생각으로 자각된 감정을 의식에 의하여 말과 행동과 표정으로 표현하는데, 이때는 생각으로 자각된 감정이 하나만 표현되고, 생각으로 자각하지 못하는 말과 행동과 표정은 습관에 의하여 표현된다. 이에 따라서 생각의 감정은 하나만 표현되고 이와 동시에 표현되는 말과 행동과 표정은 무의식인 습관으로 작용한다.

습관에 의하여 감정을 표현하는 경우에는 마음유전자의 작용으로 발생하는 현상이다. 마음유전자는 정보에 대하여 행복유전자에 의하여 행복 여부를 판정하고, 감정유전자에 의하여 감정을 판정한 후, 방어유전자와 충동유전자가 작용한다. 방어유전자와 충동유전자가 작용할 때 습관으로 처리하는데, 이때 말과 행동과 표정으로 표현된다. 즉 생각으로 자각된 감정과는 관계없이 마음유전자에 의하여 무의식으로 표현된다.

이와 같이 인간심리가 3가지로 구성되어 있는 것을 간단히 살펴보았다. 인간의 심리에서는 감정과 정보의 기억이 분리된다. 이때 여자는 외부정보에 대한 인식심리로 발생하는 감각정보의 기분보다 감각정보를 처리하면서 발생하는 감정이 중요하다. 반면 남자는 감각정보의 기분이 감정보다 중요하게 작용한다. 감각정보에 대한 감정은 의식으로 자각하는데, 이때 스트레스가 발생하기 때문에 남자는 감정보다 감각정보의 기분을 중요하게 인식하는 것이다. 그래서 남자가 마치 감정이 없는 것처럼 느끼게 된다.

남자는 의식에서 감정을 느끼면 스트레스가 유발되기 때문에 미래행복을 추구할 수 없다. 반면 여자는 의식에서 감정을 자각하는 것을 중요하게 인식한다. 다섯 개의 감각기관으로 들어온 감각정보의 느낌보다는 자신의 무의식에서 만들어지는 감정이 중요하기 때문이다.

사실의 현상이 뇌에 기억되는 것은 많은 연구를 통하여 증명되었지만 감정은 어디에 기억되는지에 대해서는 논란이 많다. 이는 뇌 과학자들에 의하여 규명되어야 할 분야이다. 어쩌면 감정이 기억되지 않을 수도 있다. 기억된 사실의 현상에 대하여 항상 마음유전자가 작용하면서 감정을 판정한다면 감정을 기억할 필요가 없기 때문이다. 따라서 감정이 기억되지 않을 수도 있지만, 감정이 기억되든 기억되지 않든 감정이 존재한다는 것은 사실이기 때문에 감정이 기억된다고 가정한 것이다.

심리(心理)는 감정을 인식하고 기억하고 작용하고 처리하고 표현하는 과정을 조절하고 통제하는 것을 말한다. 따라서 인식심리는 외부의 정보를 마음으로 받아들이는 과정이고, 표현심리는 마음을 외부로 표현하는 과정이다. 이때 인식심리는 의식이 작용하고, 표현심리는 무의식인 습관이 작용한다. 또한 의식은 생각으로 자각되지만, 습관은 자각되지 못하는 무의식이다. 이로 인하여 인간은 인식한 것을 잘 기억하는데, 표현할 때는 의식이 자각하지 않기 때문에 잘 기억하지 못한다. 이처럼 인간의 심리는 자각되지 않고 보이지 않는다. 그래서 인간심리를 쉽게 이해하고 해석할 수 있도록 심리의 구조를 만들었다.

2
마음이론의 연구배경

저자는 지난 17년 동안 외도상담(外道相談)[1]을 지속하고 있다. 현재는 한국심리교육원에서 외도상담과 심리장애(心理障碍)[2]치료를 위한 상담, 마음이론에 대한 마음교육[3]을 하고 있다. 외도로 발생하는 심리장애를 분석하였고, 이 과정에서 남자와 여자의 심리가 복잡하게 작용하는 것을 알게 되면서 심리의 근본적인 원리를 연구하였다. 외도로 발생하는 심리장애는 기존의 심리이론으로는 해결이 불가능할 만큼 개별적인 심리장애, 부부갈등, 섹스문제, 가족문제, 사회문제, 경제문제 등이 망라된 다양한 심리가 복합적으로 작용하고 있었다. 그래서 마음과 심리가 작용하는 원리를 알지 못하면 심리장애를 치료할 수 없다는 것을 깨달을 수 있었다.

---

1 외도상담(外道相談)은 외도로 발생하는 심리장애를 치료하고 행복하게 살 수 있도록 실시하는 상담이다. 분노의 치료, 상처의 치료, 부부갈등해결, 섹스문제해결, 남편과 아내의 심리장애 치료, 부부행복 등을 위한 상담이 모두 포함된다.
2 심리장애(心理障碍)는 심리의 문제로 발생하는 심리의 병증으로 인식의 문제로 발생하는 인식장애, 기억의 문제로 발생하는 기억장애, 표현의 문제로 발생하는 표현장애이다. 또한 인식장애, 기억장애, 표현장애 중 2개 이상의 심리장애가 동시에 발생하는 정신병증으로 구분할 수 있다.
3 마음교육은 마음이론을 체계적으로 학습할 수 있는 교육으로서 인간의 마음과 심리가 작용하는 원리를 알 수 있도록 하여 스스로 심리문제를 예방하고 심리장애를 치료할 수 있도록 한다.

저자는 모든 상담의 매 회기마다 〈분석보고서와 상담보고서〉[4]를 작성하였다. 이 보고서는 심리장애의 원인을 분석하고, 진행과정과 치료방법, 임상연구의 결과를 기록하였다. 이 과정에서 상담기법과 심리장애의 치료방법을 개발하였다. 또한 이 과정에서 모든 내담자가 동일한 심리가 작용하고 있음을 발견하였다. 기존의 심리이론으로는 해석을 할 수 없는 공통의 심리를 분류하고 규칙으로 만들었다. 이렇게 분류된 심리의 기준, 표준, 원리, 규칙을 체계적으로 만들면서 마음이론(mimind)[5]를 개발하여 증명하였다.

마음이론에서는 기존의 심리이론과는 다른 개념을 도입하였다. 기존에 알려진 의식과 무의식을 심리와 분리하였고, 무의식은 습관과 마음에너지로 분리하였다.

마음이론은 행복을 추구하는 마음에 의하여 심리가 작용하는 것으로서 남자와 여자가 서로 다른 행복을 추구하고 있다. 심리는 마음을 중심으로 인식심리, 기억심리, 표현심리 등의 3가지로 분리하였다. 인식심리에서는 의식이 작용하고, 기억심리는 의식과 무의식이 작용하며, 표현심리는 무의식이 작용하고 있다. 그리고 기존의 방어기제는 습관으로 나타난 결과의 유형이고 인간의 고유한 방어기제가 아니다. 마음이론에서는 인간의 방어기제를 거부방어기제와 수용방어기제로 분류하였다.

또한, 마음이론에서 마음은 3가지의 기준을 갖고 있다. 첫 번째는 「행복추구의 기준」으로서 '남자는 미래의 행복을 추구하고, 여자는 현재의 행복

---

[4] 내담자들이 자신의 심리장애를 정확히 인지하고 치료의 과정과 결과를 정확히 알 수 있도록 작성하였고, 내담자를 위한 '심리장애의 치료에 대한 처방전'이라 할 수 있다. 현재까지 50,000건 이상의 분석보고서와 상담보고서를 작성하였다.
[5] 마음이론(mimind)는 인간의 마음을 중심으로 심리인 인식, 기억, 표현 등이 작용하는 원리를 체계적으로 해석한 심리이론이며, mimind는 'my mind'인 마음이론을 글자로 표현하였다.

을 추구하는 기준'이다. 정보가 행복을 추구하는 기준에 맞느냐 맞지 않느냐에 따라서 감정이 발생하고 심리가 작용한다.

두 번째는 부정과 긍정에 대한 방어기제로서 「행복추구의 기준에 의한 방어기제」를 갖고 있다. '남자는 부정기분에 대한 거부방어기제와 긍정기분에 대한 수용방어기제가 작용하고, 여자는 부정감정에 대한 수용방어기제와 긍정감정에 대한 거부방어기제가 작용'한다. 이에 따라서 남자는 부정기분을 기억하지 못하고 긍정기분을 기억지만, 여자는 부정감정을 기억하고 긍정감정을 기억하지 못한다.

세 번째는 「성마음(xesmind)[6]의 기준」으로서 '남자는 열정의 과정에서 성마음이 함께 작용하지만, 여자는 사랑의 과정에서 성마음이 함께 작용'한다. 그래서 남자는 열정의 과정에서 성마음이 작용하여 성행동(sex)을 추구하지만, 여자는 사랑의 과정에서 성마음이 작용하여 성행동(sex)을 사랑으로 인식한다.

이 3가지를 기준으로 마음은 의식과 무의식을 통제하여 모든 감정을 행복을 추구하는 기준에 맞도록 작용한다. 이것이 심리의 기준이고 마음이론의 기본개념이다.

심리장애는 마음의 기준으로 심리가 작용할 때, 심리가 비정상으로 작용하는 것을 분류한 것이다. 행복과 불행 그리고 치료의 대상으로 분류한 것이 아니기 때문에 심리장애가 발생하였다고 모두가 불행하다는 것은 아니다. 심리장애가 발생하였더라도 자신과 상대, 주변 사람들이 행복할 수 있

---

6 성마음(xesmind)은 성정보(Sex Informaition)에 작용하는 마음이고, 이를 체계화한 것이 성마음이론이다. 성마음이 신체와 작용할 때 성정보를 인식하는 것을 성인식이라고 하고, 성정보를 기억하는 것을 성기억이라고 하며, 성정보를 표현하는 것을 성표현이라고 한다. 이때 섹스(Sex)는 성표현 중에 일부분으로서 성적인 행동을 말한다.

다면 이는 치료의 대상이 아니고 불행하다고 할 수 없다. 그러나 자신으로 인하여 상대와 주변 사람들이 불행하다면, 이는 치료의 대상이다. 따라서 심리장애에 대한 선입견과 편견을 갖지 말아야 한다. 좋은 것이 좋은 것만은 아니고, 나쁜 것이 나쁜 것만은 아니다. 이것이 마음이론의 철학이고 개념이다.

3
마음이론의 가설

 심리에 대한 이론은 많다. 심리이론은 상담방법의 이론과 심리치료의 이론으로 분류할 수 있다. 그러나 심리의 기준과 체계를 규명한 이론은 없다. 심리이론이 되기 위해서는 '인간심리를 이해하고 해석할 때 논리적인 모순이 없어야 하고, 체계적이어야 한다. 또한 이론과 현실이 일치해야 하고, 모든 심리작용을 몇 개의 변인으로 증명할 수 있어야 하며, 종교적인 해석과 과학적인 검증'이 되어야 한다.

 이와 같이 심리이론은 간결하지만 모든 인간의 심리를 해석하고 검증할 수 있어야 한다. 심리이론이 중요한 것은 인간관계의 분석과 해석, 심리장애의 원인분석과 치료방법을 개발할 수 있는 심리의 기준이 되기 때문이다. 특히 심리이론은 철학, 정치, 경제, 사회, 문화, 예술, 상담 등 인간관계의 심리를 이해하고 해석할 수 있는 기준이 되기 때문에 더욱 중요하다.

 호르몬(hormone)의 작용으로 감정이 조절되는 것뿐만 아니라, 감정의 작용에 의하여 호르몬이 작용하기도 한다. 심리는 어렵고 복잡한 것이 아니다. 심리를 정확히 알지 못하기 때문에 어렵고 복잡하게 느껴지는 것뿐이다.

 인간은 몸(Body)과 마음(Mind)으로 구분할 수 있다. 이를 컴퓨터(Computer)에 비교하면, 몸은 하드웨어(Hardware)로 보고, 마음은 소프트웨어(Software)로 볼 수 있다. 컴퓨터는 하드웨어와 소프트웨어가 분리되어 작용하기 때문에 상호 영향을 주지 않고 함께 작용한다. 그러나 인간은 생각하고, 말과 행동을 하는 사회적 동물이기 때문에 몸과 마음이 하나로 작용하면서 상호 영향을 준다. 인간의 몸과 마음을 컴퓨터의 하드웨어와 소프트웨어로 비교하는 것은 문제가 있지만, 심리의 개념을 쉽게 이해하고 분석하기 위하여 비교한 것이다.

하드웨어에 해당하는 몸은 신체, 장기, 세포와 DNA로 구성되고, 소프트웨어에 해당하는 마음은 심리에 의하여 작용한다. 소프트웨어가 없는 하드웨어는 한낱 고철에 불과하여 컴퓨터의 기능을 할 수 없고, 하드웨어가 없으면 소프트웨어는 전혀 필요가 없다. 그래서 정상적인 컴퓨터는 하드웨어와 소프트웨어가 함께 작용해야 한다.

이와 마찬가지로 인간의 몸과 마음은 하나로 일체화되어 있기 때문에 별개로 작용하지 않는다. 몸과 마음은 함께 존재하고 작용한다. 그래서 몸을 중심으로 마음에 의하여 심리가 작용하는 것을 분석하는 것은 의학과 과학에서 검증과 증거가 중요하고, 심리와 몸의 작용을 분석하는 것은 철학, 정신분석학, 심리학에서 논리를 통한 증명이 중요하다.

컴퓨터에서 소프트웨어는 정상이지만 하드웨어가 고장 나면, 컴퓨터의 기능은 중단되고 소프트웨어는 별 소용이 없다. 또한 하드웨어는 정상이지만 소프트웨어가 고장 나면, 컴퓨터는 작동하지만 기능상에 문제와 오류가 발생한다. 이와 같이 심리는 정상이지만 몸에 문제가 생기면 심리는 별 소용이 없고, 몸은 정상이지만 심리에 문제가 생기면 정상적인 활동은 하지만 심리문제와 심리장애가 발생한다.

특히 인간은 몸과 심리가 일체화되어 있기 때문에 몸에 문제가 생기면 심리에도 문제가 발생하고, 심리에 문제가 생기면 몸에도 문제가 발생한다. 따라서 몸과 심리 중 어느 하나라도 문제가 발생하면 몸과 심리가 모두 문제가 되기 때문에 심리이론은 몸과 마음의 연관성도 함께 연구되어야 한다.

의학과 과학은 신체에 대한 명확한 기준이 있기 때문에 기준에 의하여 검증한다. 종교는 경전의 기준을 갖고 믿음으로 발전하고 있다. 그러나 철학과 심리학은 심리의 기준이 없기 때문에 발전하지 못하고 있다. 따라서 인간을 알아가는 과정에 세 가지의 기준이 통합되지 못하여 많은 이론과 반론이 뒤따르는 것이다. 심리에 대한 연구는 지속되고 있지만 어려움이 많다.

만일 심리의 기준이 설정되면 심리장애의 치료방법이 빠르게 정립되고, 심리와 신체의 관계성을 분석하면 신체의 문제와 장애의 치료를 연계할 수 있으며, 심리와 종교의 관계성을 분석하면 종교의 믿음을 더욱 강화할 수 있다. 따라서 마음이 심리의 기준이라는 것을 증명함으로써 철학과 심리학뿐만 아니라 다양한 학문과의 연계가 가능하다. 따라서 심리의 기준인 마음이론은 매우 중요하다.

마음이 작용하는 원리를 아는 것은 모든 심리를 아는 것이다. 마음이 인식심리, 기억심리, 표현심리 등에서 어떻게 작용되는지의 원리를 알면 심리문제와 심리장애의 원인과 치료방법을 알 수 있다. 의식과 무의식으로 작용하는 마음은 인간이면 누구나 동일하고, 마음에 의하여 작용하는 심리는 일상생활에 항상 나타나기 때문에 쉽게 알 수 있다. 그래서 인간이면 누구나 심리전문가가 될 수 있다. 이는 마음과 심리가 작용하는 원리를 아느냐 모르냐의 차이일 뿐이다.

마음이론(mimind)은 마음에서 의식과 무의식이 작용하고, 마음에 의하여 인식심리, 기억심리, 표현심리가 작용되는 원리를 해석함으로써 심리의 모든 현상을 분석할 수 있는 심리이론이다. 따라서 심리는 마음에 의하여 작용한다고 할 수 있으며, 마음을 중심으로 인식심리, 기억심리, 표현심리의 작용을 논리적으로 분석하고, 이를 증명하기 위하여 기본적으로 7가지의 가설(假說, Hypothesis)을 알아야 한다.

7가지의 가설로 심리의 모든 현상을 분석하고 이해할 수 있도록 논리성, 체계성, 일치성에 대한 검증을 위하여 심리장애의 치료를 위한 사례를 적용하였다.

마음이론의 7가지 가설을 살펴보면, 먼저 「마음의 구성에 대한 가설」로서 인간의 마음은 의식과 무의식으로 이루어져 있다는 가설이다.

두 번째는 「마음과 심리가 다르다는 가설」로서 마음은 의식과 무의식으로 구성되어 몸과 연결되어 인식, 기억, 표현 등으로 작용하는 심리로 구분되어야 한다는 가설이다.

세 번째는 「남자와 여자의 차이에 대한 가설」로서 남자와 여자는 마음이 다르게 작용한다는 가설이다.

네 번째는 「감정기억의 차이에 대한 가설」로서 남자는 감정기억을 하지 않고, 여자는 감정기억을 한다는 가설이다.

다섯 번째는 「행복추구의 차이에 대한 가설」로서 남자는 미래행복을 추구하고 여자는 현재행복을 추구한다는 가설이다.

여섯 번째는 「자아실현의 차이에 대한 가설」로서 인간관계에서 남자는 인생의 가치를 추구하고 여자는 삶의 의미를 추구한다는 가설이다.

일곱 번째는 「스트레스와 상처의 차이에 대한 가설」로서 남자는 스트레스를 제거하고 여자는 상처를 치료한다는 가설이다.

이 가설은 심리를 분석하고 심리이론을 검증하기 위한 기본설명이며, 이를 증명하기 위하여 심리장애의 치료에 적용하였고, 남자와 여자의 마음과 심리가 작용할 때 정확성을 갖고 있었다. 다만 이 마음이론은 인간의 마음과 심리가 작용하는 원리에 대한 심리이론이기 때문에 심리가 신체에 미치는 영향을 분석하기 위한 의학과 과학의 검증과 증거는 없다. 따라서 마음이론은 의학과 과학의 분석과 함께 통합 또는 연계하여 발전해야 한다.

제1가설. 마음의 구성

마음이론의 제1가설은 마음의 구성이다. 인간에게 마음이 있다는 것은 누구나 알고 있다. 그러나 마음은 어떻게 구성되어 있는지 알 수 없어서 추상적으로만 생각한다. 그래서 마음이론에서는 마음이 의식과 무의식으로 구성되어 있고, 무의식은 습관과 마음에너지로 구성되어 있을 것이라는 가설을 설정했다.

마음에너지에 의하여 습관이 작용되고, 습관은 일정한 패턴으로 작용한다. 또한 습관이 작용할 때 기억정보 또는 외부정보와 감정을 연결하여 의식에서 자각할 수 있도록 한다. 따라서 마음은 의식과 무의식이 심리를 통제하도록 관리한다.

제2가설. 마음과 심리가 다르다

마음이론의 제2가설은 마음과 심리가 다르다는 것이다. 일반적으로 마음과 심리를 함께 사용하고 동일한 개념으로 알고 있다. 심리가 작용하는 것을 마음과 동일하게 분석하기 때문에 심리는 많이 연구하였지만 마음은 연구할 수 없었다. 이로 인하여 많은 심리이론이 개발되었지만 끊임없이 심리이론을 새롭게 개발할 수밖에 없었다. 따라서 마음이론에서는 마음과 심리가 다르다는 가설을 설정했다.

마음은 의식과 무의식으로 구성되어 심리를 처리하고 통제한다. 심리는 인식심리, 기억심리, 표현심리 등으로 구성되어 있다. 인식심리는 외부정보를 마음으로 인식할 때 작용하는 심리이다. 기억심리는 외부정보를 기억하거나 기억된 정보를 마음으로 자각할 때 작용하는 심리이다. 표현심리는 마음을 외부로 표현할 때 작용하는 심리이다. 이에 따라 심리장애는 인식장애, 기억장애, 표현장애 등 3가지로만 구분할 수 있다.

제3가설. 남자와 여자는 마음이 다르다

마음이론의 제3가설은 남자와 여자가 마음의 작용이 다르다는 것이다. 마음을 구성하는 의식과 무의식이 작용할 때, 남자의 무의식과 여자의 무의식이 다르게 작용하기 때문에 심리가 다르게 작용한다는 가설을 설정했다.

남자의 무의식은 기분의 마음에너지에 의하여 스트레스를 제거하는 습관이 작용하고, 여자의 무의식은 감정의 마음에너지에 의하여 상처를 치료하는 습관이 작용한다. 이에 의하여 남자와 여자는 인식심리, 기억심리, 표현심리가 다르게 작용한다.

제4가설. 남자와 여자는 감정기억이 다르다

마음이론의 제4가설은 남자와 여자가 감정기억을 다르게 한다는 것이다. 제3가설에 의하여 남자와 여자가 마음의 작용이 다르기 때문에 심리도 다르게 작용한다. 기억심리에 의하여 남자와 여자는 감정기억이 다르다는 가설을 설정했다.

남자는 부정기분은 제거하고 긍정기분은 의식으로 소모하기 때문에 감정을 기억하지 않는다. 여자는 긍정감정은 의식으로 소모하고 부정감정은 치료하기 위하여 기억한다.

제5가설. 남자와 여자는 행복이 다르다

마음이론의 제5가설은 남자와 여자의 행복추구가 다르다는 것이다. 남자는 기분이 작용하기 때문에 현재의 감정을 느낄 수 없으므로 미래의 행복감정을 추구하지만, 여자는 감정이 작용하기 때문에 현재의 감정을 느낄 수 있으므로 현재의 행복감정을 추구한다는 가설을 설정했다.

남자는 긍정기분을 지속적으로 생성하여 미래에도 긍정기분이 지속되어 행복감정이 될 수 있도록 작용하기 때문에 미래의 행복을 추구한다. 여자는 부정감정을 무감정으로 전환함으로써 행복감정을 만들기 때문에 현재의 행복을 추구한다.

제6가설. 남자와 여자는 자아실현이 다르다

마음이론의 제6가설은 남자와 여자는 인간관계에서 자아실현이 다르다는 것이다. 남자는 열정을 갖고 미래행복을 추구하면서 인간관계에서는 특정 대상의 가치를 추구하지만, 여자는 사랑을 찾고 현재행복을 추구하면서 인간관계에서는 의미를 추구한다는 가설이다.

남자는 인간이 아닌 대상의 가치를 추구할 때 경제적 가치, 관계적 가치, 사회적 가치 등을 추구하면서 인생의 행복을 목표로 살고 있다. 여자는 인간인 대상과 함께 행복을 느끼면서 삶의 의미를 갖는다. 이에 따라 남자의 자아실현은 가치를 추구하는 것이고, 여자의 자아실현은 의미를 추구하는 것이다.

제7가설. 스트레스와 상처가 다르다

마음이론 제7가설은 스트레스와 상처가 다르다는 것이다. 스트레스는 현재 감각기관에 자극에서 생성된 부정기분이고, 상처는 스트레스를 심리에서 처리할 때 생성되고 부정감정으로 기억된다는 가설이다.

남자는 기분의 마음에너지가 작용하기 때문에 스트레스를 제거하려고 하지만, 여자는 감정의 마음에너지가 작용하기 때문에 스트레스로 인한 상처를 치료하려고 한다. 결국 스트레스는 남자의 마음과 심리에서 작용하는 부정기분이고, 상처는 여자의 마음과 심리에서 작용하는 부정감정이다.

4
마음이론의 응용

    모든 학문은 인간을 중심으로 만들어졌으며, 인간은 서로 관계를 형성하면서 살고 있다. 인간의 심리는 인간관계의 핵심이기 때문에 인간과 인간의 상호관계를 해석하고 분석할 수 있는 심리의 기준과 표준 그리고 원리와 규칙을 아는 것이 중요하다.

    현재 실시하고 있는 마음교육, 심리치료교육, 성마음교육, 성심리치료교육, 성기능장애치료교육 등은 저자가 새롭게 연구하고 개발한 마음유전자이론, 마음이론, 성마음이론 등에 근거하고 있다. 이 중 마음이론은 심리의 기준과 표준이고 원리와 규칙을 체계화한 것으로서 인간관계를 해석하는 근본이다. 따라서 인간심리와 인간관계를 정확하게 아는 것은 모든 학문의 근본 원리를 아는 것으로서 학문에 대한 이해와 분석을 비롯하여 새로운 연구개발이 가능하다.

    현재의 전공, 진로, 직업이 무엇이냐는 중요하지 않다. 우선은 마음과 심리를 알고 난 후 인간심리와 인간관계를 정확히 아는 것이 중요하다. 이후에 전공, 진로, 직업을 선택해도 늦지 않으며, 무엇을 선택하든 해당 분야의 최고가 되는 것도 어렵지 않다. 모든 학문의 근본이 인간심리와 인간관계를 중심으로 하기 때문이다.

또한 관리능력, 창의력, 자신감, 학습동기, 학습능력, 성적향상 등은 자신의 마음과 심리에서 발생하는 것으로서 마음과 심리를 알면 어렵지 않게 만들 수 있다. 지식공부는 지식을 쌓을수록 심리에 문제가 발생하지만, 새롭게 개발된 마음이론의 공부는 지식을 쌓는 것이 아니라 인간심리와 인간관계를 해석하고 조절하는 능력을 습관으로 만들기 때문에 심리문제를 해결하고 심리장애를 치료할 수 있게 된다. 이와 같이 새롭게 개발된 마음이론은 다른 학문과의 연계성이 크다.

마음이론은 오랜 세월 동안 심리치료를 근거로 개발했다. 심리장애의 치료과정에서 임상을 통하여 검증했다. 그래서 심리학자와 의학전문가를 비롯하여 일반 사람들도 다양한 분야에서 연구할 수 있도록 설명하고 있고, 일반 사람들도 마음이론을 쉽게 이해하고 현실의 모든 분야에 적용할 수 있도록 하였다.

마음이론이 중요한 것은 인간관계의 분석과 해석 및 심리장애의 원인분석과 치료방법을 개발할 수 있는 심리의 기준과 표준이며 원리와 규칙이기 때문이다. 특히 마음이론은 철학, 정치, 경제, 사회, 문화, 예술, 상담… 등의 학문과 연계하여 인간관계의 심리를 이해하고 해석할 수 있는 기준이 되기 때문에 매우 중요하다.

기존 심리치료의 방법

심리치료는 심리장애를 치료하는 것으로서 기존의 많은 학자와 전문가들이 심리치료를 위한 심리이론과 치료기법을 많이 개발했고, 이를 공부하는 사람들도 많으며, 자격증을 취득하거나 학위를 받아서 심리치료를 위한 상담을 하는 사람도 많다. 현대 사회가 점점 더 심리상처를 유발하는 산업발전과 문명발전이 가속화되고 있기 때문에 앞으로 심리치료는 더욱 확대될 것이다. 그만큼 심리치료는 앞으로 유망한 직업의 하나가 될 것이다.

그러나 지금까지 학자와 전문가들에 의하여 개발된 심리이론과 심리치료의 방법에는 문제가 많았다. 그래서 정확한 심리치료의 방법이 없다 보니 새로운 치료기법이 많이 개발되었다. 결국 사람들이 심리를 공부하는 것은 심리치료를 할 수 없는 미완성의 치료기법을 공부하는 것이고, 이에 대한 심리이론을 공부하는 것임을 알 수 있다.

저자는 마음이론을 개발한 후 심리치료의 기법을 완성하였고, 분노치료와 상처치료에 적용하여 90% 이상의 놀라운 치료효과를 검증했다. 또한 우울증, 조울증, 불면증, 공황장애, 섭식장애, 중독증, 성격장애, 신체화장애, 심리화장애… 등 다양한 심리장애의 심리치료에 적용하였을 때도 90% 이상의 치료효과를 검증할 수 있었다. 이에 따라서 사람들은 "어떤 치료기법이냐?", "치료기법을 배우려면 어떻게 해야 하느냐?" 등의 질문을 많이 했다.

이는 기존의 심리이론과 심리치료의 방법으로는 인간의 심리문제와 심리장애를 정확히 분석, 진단, 예측, 예방, 치료를 할 수 없었기 때문이다. 그렇다고 기존의 심리이론과 심리치료의 방법이 잘못되었다는 것이 아니다. 다만 인간의 마음과 심리가 작용하는 원리를 정확히 알지 못했기 때문에 무의식이 습관을 변화할 수 없고, 심리의 작용을 변화시킬 수 없으며, 성격을 변화할 수 없기 때문에 심리치료를 할 수 없었다. 즉 기존의 방법으로는 치료가 될 것으로 보이지만, 심리장애의 치료에 적용했을 때는 보이지 않는 심리를 치료할 수 없었던 것이다. 따라서 마음과 심리가 작용하는 원리를 정확히 알아야 하고, 이를 통하여 습관과 성격을 변화하고 조정할 수 있는 방법을 찾아야 한다. 이것이 새롭게 개발된 심리치료의 방법이다.

심리상처의 개념

  사람들은 심리의 상처에 대한 개념을 정확히 알지 못하고 있다. 상처에 대한 개념을 알지 못하기 때문에 심리문제, 심리장애, 고민과 갈등, 인간관계의 문제로 인하여 불행하게 살게 된다. 자신의 마음을 정확히 알지 못할 뿐만 아니라 상대(남자와 여자)의 마음도 알지 못하게 되는 원인이다.

  심리의 상처는 '정신적 또는 심리적으로 아픔을 받은 자취'라고 정의하고 있다. 그래서 사람들은 생각으로 아픔을 느낄 때, 아픔을 표현할 때만 상처로 인식한다. 즉 보고 듣고 느껴지는 마음의 아픔을 상처라고 생각하고 인식한다. 이렇듯이 인터넷의 상식, 전문가의 논문이나 도서, 심리이론, 기타 다양한 정보에 의하여 알고 있는 상처는 잘못되고 왜곡된 생각으로 작용하면서 인간의 마음을 이해할 수 없도록 한다.

  상처는 '과거의 아픔에 대한 기억과 생각'이라고 알고 있기 때문에 특별하게 기억되고 생각되는 상처가 없으면 마치 자신에게는 상처가 없다고 생각한다. 상처는 인식하고 자각하는 것만 존재하는 것이 아니다. 자각되지 않고 느껴지지 않지만 무의식에 의하여 계속 작용되는 상처가 많다. 이 보이지 않고 자각되지 않는 상처가 작용하면서 불행한 인생, 뜻하지 않은 문제, 실패 등이 반복된다.

작은 스트레스도 부정감정이고, 큰 트라우마도 부정감정이다. 이러한 크고 작은 부정감정이 기억되면 이를 상처라고 하는데, 기억된 부정감정이 생각으로 자각되면 고통과 아픔을 느끼면서 상처라는 것을 알지만, 기억되어 있지만 생각으로 자각되지 않으면 무의식으로 작용하면서 고통과 아픔이 자각되지 않은 채 계속 작용한다. 그래서 인간은 기억되어 있지만, 생각으로 자각되지 않으면 마치 상처가 없는 것으로 느껴지지만 상처가 무의식에 의하여 계속 작용하면서 심리문제, 심리장애, 고민과 갈등, 인간관계의 문제, 쾌락 등으로 나타난다.

그렇다면 상처는 왜 발생하는지 알아야 한다. 상처는 스트레스로 인하여 발생하는 것으로서 스트레스도 상처라고 보아야 한다. 작은 스트레스부터 큰 스트레스까지 모두 상처라고 할 수 있다. 특히 상처가 되는 스트레스는 이해가 되지 않을 때 발생한다. 태어나서 현재까지 보고 듣고 알았던 모든 사실과 경험에 대하여 정확하게 이해된 것은 얼마나 될까?

이해가 되지 않으면 상처가 생긴다. 그러면 이해는 무엇인가? 바로 정확하게 아는 것이다. 결국 인간관계에서의 모든 상처는 인간관계에서 발생하는 모든 것을 정확히 알지 못하면서 이해되지 않기 때문에 발생한다. 즉 인간의 마음을 정확히 알지 못하면 상처가 되고, 인간의 마음을 정확히 알면 이해되면서 상처가 생기지 않을 뿐만 아니라 관련된 상처가 치료된다.

태어나서 현재까지 사소한 상처들이 계속 누적되고 작용하면서 형성된 것이 마음이다. 이때 기억하고 생각하여 자각되는 상처는 의식이고, 기억되지 못하고 생각하지 못하는 상처는 무의식이다.

따라서 의식의 상처는 느껴지지만 무의식의 상처는 느껴지지 않은 채 계속 작용한다. 그러면 태어나서 여러분의 나이가 될 때까지 얼마나 많은 상처가 있을까? 헤아릴 수도 없고, 생각하지 못하는 것이 90%가 넘는다고 할 수 있다. 결국은 생애 동안 형성된 상처들이 무의식으로 연결되어 계속 작용하면서 현재의 마음을 형성하고 있다는 것을 알 수 있다. 그래서 보이지 않는 무의식의 상처작용을 생각해야 한다.

여러분에게 심리문제 또는 심리장애, 고민과 갈등, 인간관계의 갈등, 기타 모든 심리의 어려움과 고통과 답답함 등의 문제가 발생하였다는 것은 생애 기간 동안 누적된 상처들이 무의식으로 계속 작용하고 있다는 것이다. 자신의 뜻대로 잘 되지 않거나, 실패를 반복하게 되거나, 어려움이 반복되고 아픔이 반복되는 원인도 결국은 무의식으로 상처가 계속 작용하기 때문이다. 또한, 쾌락과 즐거움을 추구하면서 살아가는 것, 좋은 것만 하려고 하는 것, 자신의 행복만 추구하려는 것 등도 모두 무의식의 상처가 작용하면서 자신도 모르게 표현하는 것이다.

여러분은 보이고 느끼는 상처만 생각하지 말라. 여러분의 마음에 있는 상처 중에 보이고 느끼는 상처는 불과 10%도 채 되지 않는다. 90% 이상의 상처는 느껴지지도 않고 기억되지도 않은 채 무의식으로 작용하고 있다.

이렇게 의식의 상처이든, 무의식의 상처이든 치료하는 것이 행복한 인생을 살아갈 수 있는 기초가 될 것이고, 심리장애를 치료하는 것이며, 고민과 갈등을 해결하는 것이다. 이를 위하여 인간의 마음과 심리를 정확히 아는 것이 중요하다. 인간의 마음과 심리를 정확히 알게 되면 의식의 상처이든 무의식의 상처이든 모두 치료되기 때문이다.

사소한 스트레스와 상처라 할지라도 그냥 넘기지 말아야 한다. 스트레스와 상처를 예방하든 치료하든 해야만 한다. 그러면 행복한 인생, 원하는 것을 모두 이룰 수 있는 마음이 만들어진다.

따라서 인간의 마음과 심리를 정확히 알기 위해서는 마음이론을 알아야 한다. 이 마음이론을 알게 되면 인간의 마음을 모두 알게 되면서 상처에 대한 예방과 함께 기존의 상처가 치료된다. 마음이론을 알지 못한 채 아무리 많은 심리공부를 하더라도 별 소용이 없다.

상처와 행복은 함께 존재한다

인간의 마음과 심리는 상처와 행복이 공존하여 함께 존재하고 있다. 그래서 인간심리를 학습하거나 심리치료교육을 비롯하여 다양한 마음교육의 과정에서 "인간의 삶에서는 상처와 행복이 함께 존재하고 있어서 상처가 있기 때문에 행복을 만들 수 있는 것이고, 상처가 없으면 행복도 없다. 그래서 편안함은 행복도 없고 상처도 없는 상태를 말하고, 불행을 예고한다."라고 말한다.

여러분은 무슨 말인지 쉽게 이해되지 않고 동의하기 어려울 수 있다. 마음이론을 알지 못하면 이해하기 어렵다. 마음이론 중 일부를 순서대로 학습하는 것만으로 심리상처를 치료할 수 있는 심리치료교육인 마음교육을 개발하였고, 이 개발된 심리이론은 인간의 몸과 마음에 중요한 역할을 한다.

신은 인간에게 '자신이 극복할 만큼의 고난을 주는 것'이 바로 이 원리와 같다. 자신의 상처는 자신이 극복할 수 있을 만큼이고, 이를 치료하였을 때

그만큼의 행복을 누릴 수 있도록 만들어져 있기 때문이다.

　인간의 심리는 양면성을 갖고 있다. 그래서 상처의 크기만큼 행복의 크기가 같이 존재하고, 행복의 크기만큼 상처의 크기도 함께 존재한다. 그래서 분노할 때, 증오심의 크기만큼 사랑의 크기도 같이 존재한다. 싸움을 할 때 부정감정의 크기만큼 상대에 대한 관심의 크기도 같이 존재한다. 이와 같이 심리에서는 의식과 무의식 그리고 성심리에서는 성의식과 성무의식 등의 서로 상반된 심리가 작용하는 것을 모르기 때문에 현재의 감정만 중요하게 인식되는 것이다.

　심리치료를 할 때 많이 사용하는 방법이 양면성의 의식과 무의식의 심리를 적용하는 것이다. 상처에 대해서는 이면에 있는 행복을 끌어내고, 신체의 문제는 심리안정을 통하여 치료하는 기법을 사용하며, 심리의 문제는 신체의 감각을 통하여 치료하는 기법을 사용한다. 또한 감정싸움을 할 때는 이면에 있는 관심도를 끌어낸다. 그러면 문제해결이 쉽고 빠르게 되는 것을 그동안 다양한 심리장애에 대하여 심리치료상담과 심리치료교육을 통하여 확인하였다.

　상처는 어렵고 답답하다. 어떤 경우에는 아프고 힘들고 고통스럽다. 남자는 상처의 감정을 기억하지 않기 때문에 상처의 감정을 느끼지 못한다. 이는 정상적인 남자라면 누구나 다 똑같다. 마음의 방어기제로 인하여 상처의 부정감정을 기억하지 못하도록 하였기 때문이다. 이를 모르기 때문에 여자는 남자가 상처의 감정기억을 하지 못하는 것 때문에 또 다른 상처를 입고, 남자를 불신하게 된다. 그러나 남자는 상처의 감정을 기억하지 않는 대신에 현재행복을 느끼지 못하고 존재하지 않는 미래행복을 추구하면서 죽는 날까지 살아간다. 그래서 남자는 현재의 어려움보다는 미래의 행복에 대한 희망이 더 중요한 것이다.

　여자는 상처의 부정감정을 잘 기억하기 때문에 잔소리, 아픔, 우울함, 답답함 등을 잘 느낀다. 이는 정상적인 여자라면 누구나 다 똑같다. 마음의 방어기제가 상처의 부정감정을 잘 기억하기 때문이다. 이를 모르기 때문에 남자는 여자가 상처의 감정기억을 잘 하는 것 때문에 스트레스를 받고, 회피하려고 하고, 다른 즐거움을 찾으려고 한다. 그러나 여자는 상처의 감정을 기억하기 때문에 현재의 행복을 중요하게 생각하고, 실체가 없는 미래 행복은 현재의 행복이 없으면 불가능하다고 한다. 그래서 여자는 과거의 상처를 기억하고, 현재의 행복을 찾고자 노력한다.

　남자와 여자의 마음이 전혀 다른 것은 행복하게 살기 위하여 서로 함께 할 수밖에 없도록 만든 심리장치이다. 따라서 상처와 행복이 함께 공존하여 존재하고 있으니, 상처를 아파하고 힘들어하는 것에 집중하지 말고, 이 상처를 치료하면 상처의 크기만큼 행복의 크기를 느끼게 되면서 현재의 행복을 갖게 된다는 것을 알아야 한다. 즉 상처를 치료하면 즉시 현재의 행복으로 전환된다.

　심리치료의 원리도 이와 마찬가지이다. 인간의 마음과 심리가 작용하는 원리를 알려 주는 마음교육을 하면, 자연스럽게 상처가 치료되면서 행복의 감정을 만든다. 심리안정과 함께 마음에너지에 의하여 신체의 문제도 함께 치료되는 효과를 갖는다. 이때 상처를 치료하는 마음교육은 반드시 마음이론을 학습해야만 한다.

　마음교육만으로 상처를 치료한다고 하면 많은 사람들이 불가능하다고 생각한다. 의식과 무의식으로는 이해할 수 없기 때문이다. 분명한 것은 오랫동안 마음교육만으로 심리장애를 치료한 분들은 그 효과를 정확히 알고 있고, 매우 놀라운 반응을 보인다는 사실이다. 직접 마음교육을 받지 않은 분이나, 심리치료를 하지 않은 분들은 의심하는 것이 당연하다.

무엇이든 선택은 본인이 하는 것이다. 현명한 사람은 선택할 것이라 생각한다. 자신의 행복한 인생이 갈림길에 있으며, 어떤 선택을 하느냐에 따라서 미래가 달라진다. 지금까지의 심리치료와는 전혀 다른 방식의 심리치료기법(심리치료상담, 심리치료교육)이다. 이는 마음이론을 모르면 알 수 없고, 심리치료도 어렵다.

심리치료 후 행복을 목표로 한다

개발된 심리치료기법은 여러분의 상처와 사연(하소연)을 들어주지 않고 분석하지도 않는다. 위로를 하지도 않는다. 심리문제와 심리장애의 원인을 분석하지도 않는다. 오로지 심리장애에 대한 심리치료와 행복능력을 만든다.

그래서 심리치료상담 또는 심리치료교육을 하는 분들은 자신의 상황을 구체적으로 설명하고, 자신의 상처에 대하여 얼마나 아프고 힘든지 이야기하지만 심리치료과정에서는 구구절절 들으려고 하지 않는다. 심리치료상담에서는 내담자의 심리를 치료하고 행복능력을 만드는 데 꼭 필요한 것만 질문하고 간단명료한 이야기만 해 달라고 한다. 또한 심리치료교육에서는 심리치료와 행복능력을 만드는 데 필요한 인간의 마음과 심리가 작용하는 원리에 대한 마음교육만 한다. 그래서 사람들은 "상처의 상황을 구체적으로 알지 못하면 아무리 좋은 심리상담 또는 마음교육이라도 심리치료를 할 수 없지 않느냐?", "왜 자신의 말을 들어 주지 않느냐?"라고 반문하기도 하고, 화를 내기도 한다.

    심리치료과정에서는 오로지 상처치료와 심리장애를 치료하고 어떻게 하면 행복하게 살아갈 수 있도록 할 것인지만 생각한다. 그래서 가장 빠르고 정확하게 심리치료를 하고 행복능력을 가질 수 있도록 한다. 심리치료상담 또는 심리치료교육의 비용이 비싸다고 생각되겠지만, 빠르고 정확하게 치료하고 행복해질 수 있도록 간단명료하게 진행한다.

    여러분의 구체적인 설명, 상대의 잘못, 자신의 상처 등을 비롯하여 원가정, 성장과정, 결혼생활… 등에 대한 이야기를 들으려고 하지 않는 이유가 있다.

    첫 번째, 외도의 '외상 후 스트레스 장애'와 같이 심리상처의 작용으로 발생하는 심리장애로 인하여 이미 생각에 상처가 발생하였기 때문에 이미 말과 행동은 상처에 의한 왜곡된 생각일 가능성이 높기 때문에 심리치료를 하고, 행복능력을 만들 때는 오히려 왜곡된 생각으로 인하여 기간과 비용만 더 많이 소요된다. 그래서 심리치료와 행복능력을 만드는 데 꼭 필요한 것만 알면 되는 것이다.

    두 번째, 친밀한 관계(사랑하는 관계)에서는 서로 말과 행동을 할 때는 무의식으로 하고, 상대의 말과 행동을 받아들일 때는 의식으로 한다. 그래서 자신의 말과 행동보다는 주로 상대의 말과 행동으로 인하여 상처를 입고 고통을 겪는 것을 알 수 있다. 이는 인간이면 누구나 다 그렇다. 그러다 보니 문제가 발생하면 문제의 원인은 모두 상대를 탓하게 되는 것이다. 더욱이 상대가 심리장애일 경우에는 상대가 심리장애의 환자라는 것을 잊고 상대가 정상일 것이라고 생각한다. 결국은 상대도 심리장애이고, 자신은 상대의 심리장애로 인하여 심리장애가 발생한 것을 망각한 채 모든 것이 상대의 탓이라고 하면서 고통받고 힘들어한다. 상대에 대한 자신의 생각이 맞을 확률은 불과 1%도 채 되지 않는데, 1%로 안 되는 것을 100% 확실하다고 생각하면서 문제가 더욱 확대된다.

따라서 상대 또는 자신에게 심리장애가 발생하면 정상적인 말과 행동을 할 수 없게 된다. 그래서 심리장애를 가진 사람들의 말과 행동은 비정상일 수밖에 없으므로 심리치료와 행복능력을 만들고자 할 때, 비정상적인 말과 행동을 고려하면 안 되는 것이다.

세 번째, 상처를 표현하면 상처가 더 커진다. 그래서 기분전환을 위한 상담에서는 유용할 수 있지만, 치료를 필요로 하는 심리치료에서는 상처의 표현을 하지 못하도록 해야 한다.

이를 적용하기 때문에 심리치료상담을 할 때는 내담자에게 꼭 필요한 질문 이외는 내담자의 말과 행동을 그리 중요하게 분석하지 않는다. 또한 심리치료교육을 할 때는 인간심리의 필수적인 부분에 대하여 마음교육을 함으로써 자신 스스로가 심리치료를 할 수 있도록 한다. 굳이 상처를 알지 못해도 심리장애별로 심리치료를 하는 것이 어렵지 않은 것이다.

심리치료과정은 오로지 상처치료와 행복만을 목표로 한다. 상처의 이야기나 위로는 치료와 행복능력을 만들면서 심리장애가 치료될 때 얼마든지 할 수 있기 때문에 굳이 여러분의 말과 행동보다는 치료와 행복에 초점을 갖는 것이다.

사람들이 심리치료상담 또는 심리치료교육을 하는 이유는 분명 상처에 대하여 치료하고 행복한 마음을 갖고자 원하기 때문이다. 그래서 원하는 치료를 한 후 행복한 마음을 가질 수 있도록 하면 되는 것이다. 이외 불필요한 삶과 인생의 사연과 상처를 굳이 알 필요는 없는 것이다.

대부분의 사람들은 처음에 자신의 이야기를 잘 들어 주지 않는다고 야속하게 생각하거나, 어떻게 상처의 원인을 알지 못한 채 상처를 치료할 수 있을까 하는 의구심을 가질 수 있겠지만, 상처치료를 한 후 행복심리가 만들어지면 오히려 감사하게 생각한다. 특히 자신의 상처를 모두 끌어내어 고통스럽지 않았던 것을 더욱 좋아하고, 이 상처들을 몰라도 심리치료를 하는 심리치료기법에 대한 신뢰가 더욱 확고해진다.

그래서 상처치료 후 행복심리를 갖게 된 분들이 공통적으로 하는 말이 있다. 현직 심리상담사, 정신과 의사, 유명 심리학자, 심리전문가 등과 같은 분들도 똑같은 말을 한다. "심리치료기법(상담, 마음교육)을 실제 하지 않았다면, 절대 알 수 없을 것이다.", "처음 듣는 마음이론과 심리치료기법이라 믿을 수 없는데, 실제 치료된 자신을 보니 놀랍다.", "다른 상담실에서 상처치료가 되지 않은 이유, 재발하는 이유, 행복능력을 만들지 못한 이유를 알겠다."

이러한 말은 그냥 우연히 하는 말이 아니다. 실제 심리치료상담 또는 심리치료교육을 경험하지 못한 사람들은 알 수 없는 상담기법과 치료기법을 사용하고 있고, 이는 새롭게 개발된 마음이론을 기초로 새로운 상담기법과 치료기법을 개발하였기 때문이고, 이를 모두 보유한 곳이 한국심리교육원뿐이기 때문이다.

심리장애의 인과관계

먼저 우리는 상처의 원인과 결과를 분석할 수 있어야 한다. 심리는 각 개인별로 원가정, 성장과정, 살아온 세월 동안 발생한 다양한 사건과 문제, 상황과 환경 등에 의하여 형성된 현재의 심리이다. 즉 과거의 많은 경험에 의하여 현재의 심리가 형성된 것이다. 이렇게 형성된 심리는 특별한 문제를 야기하지 않는다. 그러나 표현되는 말과 행동과 표정은 자신의 표현심리로서 심리의 결과로 나타나는 것이고 이를 성격이라고 한다. 이때 표현된 말과 행동과 표정이 자신 또는 다른 사람에게 피해를 입히기 시작하면 이를 심리문제라고 하고, 심리문제가 회복되지 못한 채 지속되면 심리장애라고 한다.

우리가 지금까지 알고 있었던 심리치료를 살펴보면 문제가 있음을 알 수 있다. 기존의 방법에 의한 심리문제의 해결 또는 심리장애의 치료를 보면 현재 나타난 심리문제와 심리장애를 원가정, 성장과정, 사건과 문제, 상황과 환경 등의 다양한 원인을 찾으려고 하고, 이를 분석함으로써 현재 나타난 심리문제와 심리장애를 분석한다. 즉 현재 나타난 문제의 원인을 과거의 경험에서 찾는 것이다. 그래서 과거의 사건들을 하나씩 치료하면 문제가 해결되리라는 것이 기존의 심리이론이고 심리치료방법이다.

그런데 현재의 심리문제 또는 심리장애는 현재의 심리에서 나타나는 현상이고, 현재의 심리는 과거의 다양한 경험이 원인이 되어 형성된 것임을 알 수 있다. 현재의 심리를 분석하기보다는 나타난 현상의 원인을 과거의 경험에서 찾기 때문에 심리문제를 해결하는 방법, 심리장애를 치료하는 방법을 제대로 개발할 수 없었다. 기존의 심리이론과 치료방법으로 심리치료를 하더라도 현재의 심리장애는 해결될지 모르지만 또 다른 심리장애가 발생하게 된다. 이는 현재의 심리장애가 치료되면서 또 다른 심리장애가 발생하는 '풍선효과'에 불과하다. 그러나 현재의 심리장애가 없어졌으니 심리치료를 한 것이라고 진단한다. 또 다른 심리장애가 발생하는 것은 중요하게 인식하지 않고, 그에 맞는 심리치료를 하면 된다고 한다. 즉 하나의 심리장애를 치료하면 또 다른 심리장애가 발생하는 악순환이 반복된다.

결국 인간의 마음과 심리가 작용하는 원리를 정확히 알면 현재의 심리문제 또는 심리장애를 유발한 과거의 원인을 분석할 필요가 없다. 현재의 심리문제와 심리장애는 표현심리에 의하여 나타나는 현상이기 때문에 현재의 심리를 정확히 안다는 것은 이미 심리문제와 심리장애의 원인을 분석했고, 어떤 심리를 조절하고 변화하면 현재의 심리문제와 심리장애를 없앨 수 있는지 알게 되면서 심리치료를 할 수 있다.

새롭게 개발된 마음이론에 의한 심리치료기법을 적용할 때, 심리검사와 성격검사를 하지 않고 원가정과 성장과정 및 경험에 대한 다양한 분석을 하지 않는다. 현재의 심리만 알면 된다. 인간의 마음과 심리가 작용하는 원리를 정확히 아는 것은 개발된 새로운 마음이론을 알면 쉽다. 그렇게 현재의 심리를 알면 심리문제와 심리장애가 이해되면서 치료된다. 즉 심리를 알고 이해되면 무의식의 습관이 변화하고, 이로 인하여 마음이 변화하면서 심리가 변화하게 되고, 심리치료가 된다.

따라서 자신의 심리가 치료되었음에도 무의식의 습관이 변화되면서 치료되기 때문에 의식으로는 자각하지 못한다. 다만 현재의 심리문제와 심리장애가 없어지고 행복을 느끼게 된다.

그래서 인간의 마음과 심리가 작용하는 원리를 정확히 아는 것이 중요하다. 심리를 알고 이해하면, 다양한 스트레스와 상처가 무의식인 습관에 의하여 저절로 치료되기 때문이다. 인간의 마음과 심리가 작용하는 원리가 마음이론이기 때문에 마음이론을 정확히 아는 것은 인간의 심리를 모두 해석할 수 있는 기본이다. 그래서 개발된 마음이론은 매우 획기적이면서, 새로운 개념의 심리이론이고, 차세대 심리이론이라고 할 수 있다.

아마도 프로이트가 '무의식'을 발견한 후, 마음이론의 발견은 인류 역사에 남을 만한 중요한 사건이 될 것이다. 다만 아직은 개발된 마음이론이 사람들에게 알려지지 않았기 때문에 생소하게 느껴질 뿐이다.

응용과 활용의 분야

마음이론(mimind)은 사람과 인간 그리고 인간관계와 연관되는 모든 분야에 적용할 수 있다. 의학, 학문, 생활, 사업, 교육, 기타 다양한 분야와 연계하여 연구할 수 있다. 마음이론은 심리의 기준과 표준, 원리와 규칙이기 때문에 인간이 추구하는 자아실현과 행복의 원리를 알게 됨으로써 자신의 분야에 맞도록 재해석을 할 수 있다. 따라서 마음이론은 다양한 분야에서 활용할 수 있다.

첫 번째, 교육의 분야에서는 전인교육, 교육심리, 교육의 방법과 기법, 학습능력과 학습방법, 이해력의 향상, 집중력의 향상, 기억력의 향상, 인성교육, 대안교육, 교수법, 강의기법, 기타 교육과 관련한 다양한 교육이론과 교육기법을 새롭게 해석하고 만들 수 있다.

두 번째, 종교의 분야에서는 신(神)의 존재에 대한 확신, 현실적인 믿음, 인간과 신의 관계, 경전의 해석과 실생활의 적용, 사이비 종교의 구별, 사회공헌, 선교활동, 성직자의 역할과 자세, 기타 종교와 성직자와 신도와 관련한 다양한 해석을 할 수 있다.

세 번째, 심리이론의 분야에서는 기존의 심리이론에 마음이론을 적용하면 인간의 심리연구, 심리분석, 심리진단, 심리예측, 심리예방, 심리치료가 가능하다. 또한 심리와 신체의 관계성을 연구하여 심리장애의 치료법을 비롯하여 신체의 질병치료에 대한 연구도 가능하다.

네 번째, 상담기법과 치료기법의 분야에서는 심리장애에 대하여 마음이론을 적용하면 심리장애의 상담기법과 치료기법을 새롭게 개발할 수 있다. 상담과 치료의 원리가 동일하기 때문이다. 마음이론을 개발하게 되면서 우울증, 중독증, 노이로제, PTSD, ADHD, 신체화현상, 심리화현상 등의 상담기법과 치료기법을 새롭게 개발할 수 있었다. 앞으로도 다양한 병증과 장애를 치료할 수 있는 상담기법과 치료기법의 연구와 개발이 다양해질 것이라 생각한다.

다섯 번째, 인터넷, 스마트폰, SNS, IT 등의 분야에서는 감정시스템의 개발, 감정을 가진 로봇의 연구와 개발, 감정분석, 심리스마트폰, 인간의 활동과 동일한 SNS, 감정 빅데이터분석… 등 인간의 심리와 감정을 기존의 정보와 함께 분석하고 활용할 수 있는 시스템과 솔루션을 개발할 수 있다.

여섯 번째, 경영과 사업의 분야에서는 경영심리, CEO 및 임원과 직원의 심리, 인간관계, 사업과 행복의 관계, 생산성 향상, 수익성 향상, 기업문화의 발전, 사회적 공헌, 홍보와 마케팅의 심리, 소비심리, 구매심리, 부가가치 창출, 사업 아이템 개발, 사업과 경영에 관련한 아이디어, 사업계획, 경영이론, 기타의 이론과 기법을 새롭게 해석하고 개발할 수 있다. 특히 인간의 마음과 심리를 알면 사업의 아이템이 많아지고, 경영기법을 쉽게 알 수 있다. 경영과 사업은 인간관계를 기초로 하기 때문이다.

일곱 번째, 의학과 생리학의 분야에서는 더욱 활용할 것이 많다. 의학과 생리학은 신체(몸, 뇌, 신체장기 포함)를 연구하여 질병의 예방과 치료를 목적으로 한다.

인간은 몸과 마음이 하나로 연결되어 작용하기 때문에 몸은 마음에 영향을 주고, 마음은 몸에 영향을 준다는 것은 잘 알고 있다. 지금까지 신체의 연구개발에 대한 결과에 대하여 마음이론을 적용하여 함께 연구한다면 새로운 의학과 생리학의 이론과 치료법을 개발할 수 있다. 신체질병의 발병원인으로 심리의 영향이 많을 것으로 예상하는데 이에 대한 연구와 개발은 미개척지나 다름없다. 따라서 앞으로 연구할 내용이 광범위하고 많은 분야이다.

이외에 사회, 문화, 예술, 인문, 철학, 사상, 인류, 문명, 역사, 언론, 정치, 대중, 수사와 범죄… 등 다양한 학문 분야별로 마음이론을 적용하면 기존의 학문이론과 다양한 기법을 개선하고 발전시킬 수 있으며, 새로운 학문이론과 기법을 개발할 수 있다. 인간이 연계된 분야는 무엇이든 연구하고 개발할 수 있다. 특히 다양한 이론의 연구와 기법의 개발에도 유용하지만, 사업적인 측면에서도 다양한 아이템과 사업화가 가능하기 때문에 마음이론은 미래의 부가가치를 만들 수 있을 것이다.

5
심리치료상담

인간의 심리는 희로애락의 감정에 의하여 작용하는데, 즐거움이 넘쳐도 문제이지만 어려움이 많아도 문제가 된다. 이렇게 즐거움이 넘치거나 어려움이 많아지면서 일정 기간 이상 심리문제가 지속되면 이를 심리장애라고 한다.

심리장애는 우울증, 불면증, 양극성장애(조울증), 공황장애, 섭식장애, 불안장애, 강박장애, 공포증… 등과 같은 감정기억장애(감정장애)와 성격장애, 인격장애, 충동장애, 망상증, 관계중독, 섹스중독, 알코올중독, 도박중독, 약물중독, 쇼핑중독, 게임중독… 등과 같은 표현장애(또는 인식장애)로 분류할 수 있다. 이러한 심리장애는 자신 또는 다른 사람들에게 피해를 주게 되면 심리치료를 해야 한다. 심리장애는 또 다른 심리장애를 유발하거나 다른 사람들에게 심리장애를 전파하기 때문에 확장성과 전염성이 강한 특징이 있다.

이와 같은 심리장애로 어려움을 겪게 될 때 심리치료를 위한 상담을 하고자 하는데, 과연 하고자 하는 상담이 심리치료를 위한 상담인지 알아야 한다. 특히 자살위험성의 심리장애, 극심한 고통을 동반하는 '외상 후 스트레스 장애', 외도의 관계중독(또는 섹스중독) 등은 급성(또는 만성) 심리장애를 유발하는, 다른 심리장애보다 위험성이 크고 전염성도 강하기 때문에 반드시 심리치료를 해야 한다.

　이때 상담하고자 하는 곳이 과연 심리치료를 위한 상담인지 알아야 한다. 지금까지 심리상담을 정확히 알고 있는 사람들은 거의 없기 때문에 상담의 종류와 기본 내용을 알려드리고자 하니 여러분은 심리상담의 유형을 알고 자신에게 필요한 심리상담을 해야 한다.

　심리상담은 심리분석상담, 심리진단상담, 상리예방상담, 심리예측상담, 심리치료상담 등 5가지로 분류할 수 있다.

　첫 번째는 심리분석상담이다.

　심리분석상담은 심리장애가 발생한 원인을 분석할 때 실시하는 상담이다. 심리분석상담은 원가정, 성장과정, 과거의 트라우마 등을 분석하여 현재의 심리장애가 발생한 원인을 분석한다. 전 세계 대부분의 상담이 심리분석상담에 해당하고, 한국의 심리상담 대다수도 이에 해당한다. 심리분석상담은 심리장애의 원인, 과정, 결과를 연구할 때 사용하는 상담으로서 심리치료를 할 때는 효과가 없다. 즉 연구목적의 상담을 할 때는 심리분석상담을 한다. 안타깝게도 현재 대부분의 사람들은 심리분석상담을 상담이라고 인식하고 있으며, 상담사 및 전문가들도 심리분석상담을 상담이라고 인식하고 있다. 이 심리분석상담은 심리인지의 의식과 심리표현의 습관을 분석하기 때문에 심리장애의 치료가 어렵게 되면서 다양하고 많은 심리치료 기법이 계속 개발될 수밖에 없었다.

　두 번째는 심리진단상담이다.

　심리진단상담은 심리장애를 진단하기 위한 상담으로서 심리검사, 성격검사, 인성검사, 적성검사, 기타 다양한 검사를 하는 상담이다. 또한 내담자들이 자신의 상황과 심리상태를 이야기함으로써 심리장애를 진단하기 위한 상담 등이 모두 심리진단상담에 포함된다. 심리진단상담은 심리분석상담의 연구결과에 의하여 일정한 양식으로 규정화되어 있고, 심리장애의 분류에 맞는지 판정할 때 사용한다. 즉 심리장애를 정확히 진단할 때 실시하는 상담이다. 이러한 심리진단상담은 주로 초보 상담사와 전문가들이 많이 사용하는 방법으로서 실전 상담경험이 부족하기 때문에 기존에 심리분석상담의 연구결과를 적용하여 상담할 때 많이 실시한다. 따라서 심리검사를 하는 대부분의 상담에서는 심리분석상담과 심리진단상담을 병행하는 경향이 많다. 즉 의식과 습관을 분석하고 진단하여 심리장애를 판정한다. 그래서 심리진단상담으로 심리치료를 하는 것은 어렵다.

세 번째는 심리예방상담이다.

심리예방상담은 심리장애보다 심리문제가 현실에 발생하였을 때, 심리문제가 심리장애로 발전하는 것을 예방하기 위한 상담이다. 이 심리예방상담은 주로 현실에 심리적 어려움을 겪고 있지만 심리장애는 아니기 때문에 심리적으로 불편하고 어렵기는 하지만 현실을 살아갈 때는 지장이 없는 경우에 실시한다. 그래서 심리장애가 이미 발생한 경우라면 심리예방상담은 효과가 없다. 그러나 현실적으로는 대부분의 상담이 심리분석상담 또는 심리진단상담을 한 후에 심리예방상담을 하는데, 이는 보이는 문제의 현상을 해결하기 위하여 기분전환을 위하여 상담하기 때문이며, 심리장애는 치료되지 않는다.

심리문제로 어려움을 겪는 사람들 중 심리장애의 발생가능성이 높은 사람들에게 심리예방상담은 효과적이다. 그러나 사람들은 심리장애가 발생하지 않은 상태이기 때문에 심리예방상담을 거의 하지 않는다. 대부분의 심리예방은 심리예방상담보다는 강연, 교육, 도서, 영화, 공연, 기타 테라피를 통하여 실시하는데 이는 잠시 의식적으로 느껴지는 기분전환으로 마치 예방의 효과가 있는 것으로 인식될 뿐, 실질적으로는 심리예방이 되지는 않는다. 정확한 인간심리를 알지 못하기 때문에 나타나는 현상이다. 따라서 심리예방상담을 하지 못하더라도 심리예방을 위한 정확한 인간심리에 대한 학습을 통하여 자가 예방법이 필요하다. 이에 따라서 새롭게 개발된 마음이론을 기초로 한 마음교육의 심리치료교육으로 인간심리를 정확히 알려 주고자 심리예방교육 프로그램도 개발하였다.

네 번째는 심리예측상담이다.

심리예측상담은 심리문제 또는 심리장애에 의하여 미래에 예측 가능한 심리문제와 심리장애를 분석하는 상담이다. 이는 심리장애가 빠른 확장성과 전염성을 갖고 있기 때문에 조기에 심리장애의 확대를 방지하고, 다른 사람들에게 전염되는 것을 예방하기 위하여 실시한다. 심리예측상담으로 심리문제가 심리장애로 발전하는 것을 예측하고, 이를 예방할 수 있도록 심리예방상담을 하거나, 심리장애의 위험성을 인지하고 이를 치료할 수 있는 명분과 당위성 및 의지를 갖도록 해야 한다. 따라서 심리예측상담은 자신과 다른 사람에게 심리장애가 어떻게 전염되어 확대되는지를 정확히 알 수 있다. 다만, 심리예측상담은 정확한 인간심리를 알지 못하면 잘못된 예측으로 인하여 심리문제를 예방하지 못하거나 심리장애를 치료하지는 못할 수 있다. 범죄의 프로파일링 기법, 심리장애의 확대경로 예측, 자살자의 심리부검, 심리문제와 심리장애의 원인에 대한 과정분석 등에서 많이 사용한다.

다섯 번째는 심리치료상담이다.

심리치료상담은 심리문제 또는 심리장애로 발생하는 심리적 어려움과 고통을 치료하고 행복한 심리를 만드는 상담이다. 이는 심리분석상담과 심리진단상담을 통하여 심리장애의 판정을 받은 경우에 실시하는 상담이다. 심리치료상담의 특징은 심리장애의 원인, 과정, 결과는 중요하지 않고 오로지 현재의 심리장애를 치료하고 행복심리로 전환하도록 상담한다. 따라서 심리분석상담, 심리진단상담, 심리예측상담, 심리예방상담 등은 필요하지 않다.

심리치료상담은 심리장애를 인식장애, 기억장애, 표현장애로 구분하고 이를 의식의 장애 또는 습관의 장애로 분리하며, 의식의 장애는 의식을 행복기준에 맞도록 조정하고, 습관의 장애는 습관을 행복기준에 맞도록 조정한다. 즉 마음을 행복기준에 맞도록 변화하여 심리를 치료하는 상담이다. 안타깝게도 심리치료상담을 하는 상담사와 전문가가 전 세계적으로 극소수에 불과하다. 한국에서도 찾아보기 힘들 정도로 심리치료상담을 하는 상담사와 전문가는 드물다.

또한, 심리치료상담의 특징은 ① 심리분석상담, 심리진단상담, 심리예측상담, 심리예방상담을 하지 않고, ② 내담자의 행복기준을 만드는 것에 집중한다. ③ 마음을 변화시킬 수 있는 심리이론과 심리치료기법을 보유하고 있으며, ④ 심리장애를 완치하여 다시는 심리장애가 재발하지 않는다. 또한 ⑤ 여러 심리장애를 동시에 완치한다.

이와 같이 5가지의 상담에 대하여 간략하게 살펴보았다. 여러분은 상기 5가지의 상담 중 어떤 상담을 하고 있는지 생각해 볼 수 있다. 또한 상담을 한다면 어떤 상담이 필요할지 신중하게 생각하고 상담이라도 모두 다 같은 상담이 아니라는 것을 정확히 알아야 한다. 잘못된 상담의 선택으로 쓸데없는 시간, 비용, 노력이 낭비되지 않아야 한다. 행복한 심리로 회복할 수 있는 상담을 선택하는 것이 중요한 이유이다.

한국심리교육원은 상기 5가지의 심리상담기법(심리치료상담, 심리치료교육)을 모두 개발하였고, 이 중에 다양한 심리장애를 치료하는 심리치료기법을 개발하였다. 그래서 심리치료상담과 심리치료교육을 통하여 우울증, 불면증, 양극성장애(조울증), 공황장애, 섭식장애, 불안장애, 강박장애, 공포증… 등과 같은 감정장애와 성격장애, 인격장애, 충동장애, 망상증, 관계중독, 섹스중독, 알코올중독, 도박중독, 약물중독, 쇼핑중독, 게임중독… 등과 같은 표현장애(또는 인식장애)를 상담 또는 마음교육으로 비교적 어렵지 않게 치료하고 있다. 자살위험성이 높은 심리장애, 극심한 고통을 동반하는 '외상 후 스트레스 장애', 배우자의 외도로 발생하는 관계중독(또는 섹스중독) 등도 어렵지 않게 치료한다. 이는 심리치료상담 또는 심리치료교육을 개발하지 못했다면 불가능했을 것이다.

다만 주의해야 할 것은 한국심리교육원의 심리치료상담 또는 심리치료교육을 어설프게 복제하여 상담 또는 교육을 하는 사람들이 생겨나고 있다는 것이다. 내담자들을 치료하지도 못하면서 돈만 벌려는 목적으로 상담과 교육을 하고 있지만, 이를 내담자들은 구별하지 못한다. 만일 한국심리교육원이 아닌 다른 곳에서 마음교육과 비슷하게 상담 또는 교육을 통하여 심리치료를 할 예정이거나 하는 중에 있다면 그곳에서 실시하는 심리치료상담과 심리치료교육의 근본 심리이론이 무엇인지, 개발된 심리치료기법을 정확하게 분석해야 한다. 상담을 조금 배웠다는 것만으로 상담과 교육이 난립하는 폐해를 예방하고, 왜곡되고 잘못된 심리치료상담과 심리치료교육이 없도록 해야 하며, 이들로 인하여 선의의 내담자들에게 피해가 발생하지 않기를 바란다.

6
심리치료교육

　심리치료교육을 마음교육이라고 명명하였다. 이 마음교육은 개발된 마음이론과 성마음이론을 기초로 개발한 치료교육 및 예방 프로그램이다. 태어나서 죽을 때까지 변하지 않는 마음과 성마음을 이용하여 의식과 습관의 문제를 해결함으로써 건강하고 행복하게 살아갈 수 있도록 하는 **심리치료를 위한 교육**이며, 인간관계(남녀관계 포함)의 심리를 분석하고 활용함으로써 자신과 타인의 **심리문제에 대한 예방, 대처, 해결을 쉽게 할 수 있는 교육**이고, **마음을 변화시킬 수 있는 교육**이다. 빠른 심리변화로 성격을 쉽고 빠르게 바꿀 수 있고 행복한 삶을 살아갈 수 있는 행복습관을 만든다.
　인간은 누구나 태어나면서 행복하게 살고자 하는 마음과 성마음을 갖고 있으며, 인간심리의 90% 이상을 차지할 만큼 인간의 마음은 성마음의 통제를 받고 있다. 이때 여자와 남자의 마음이 전혀 다르기 때문에 남자와 여자의 마음을 정확히 아는 것이 필요하다.
　따라서 한국심리교육원은 세계 최초로 마음이론과 성마음이론을 연구, 개발하였고, 심리장애의 치료뿐만 아니라 다양한 인간관계의 심리문제와 갈등을 해결할 수 있는 마음교육을 개발하였다.
　마음교육은 마음의 변화와 행복한 인생을 만든다. 의식으로는 할 수 없는 마음의 변화가 발생하는데, 이는 마음이론과 성마음이론에 의하여 무의식이 변화하기 때문에 빠르게 행복한 심리로 변화한다. 마음교육은 아동, 청소년, 여성, 남성, 부부, 가족, 단체 등 모든 인간관계와 사회현상에 적합하도록 교육과정을 세분화하였고, 심리장애의 유형별 심리치료교육의 과정을 세분화하였다.

심리치료교육과정 개설

한국심리교육원은 심리치료상담을 전문으로 하고 있으며, 오로지 내담자의 심리치료와 행복기준을 만드는 데 목표를 갖고 상담 또는 교육을 한다. 이때 심리치료상담보다 진일보한 심리치료교육인 마음교육을 개발하여 운영하고 있다.

이 심리치료교육은 이 책의 내용을 구체적이면서 다양한 심리장애에 맞는 마음교육을 함으로써 심리장애를 치료하는 심리치료기법이다. 총 20회차의 교육과정으로 구성되어 있으며, 심리장애를 완치하는 교육프로그램이다. 심리치료상담을 하지 않고도 자신의 어려움이나 상처를 이야기하지 않아도 심리치료를 할 수 있다.

심리치료교육은 ① 매주 1시간씩 20주를 진행하는 과정(부부테라피), ② 매주 2시간씩 10주를 진행하는 과정(일반 심리치료교육), ③ 매일 2시간씩 2주를 진행하는 과정(단기 심리치료교육), ④ 매일 4시간씩 6일을 진행하는 과정(테라피투어, 심리치료여행) 등 4가지의 방법으로 진행하고 있다.

기대효과

마음교육은 10대부터 80대까지의 남녀노소를 불문하고 모든 인간을 대상으로 하고 있으며, 건강하고 행복한 삶을 살아갈 수 있도록 행복습관을 만든다. 따라서 마음교육의 기대효과는 다양하다.

첫 번째, 심리치료의 효과를 기대할 수 있다. 감정장애(우울증, 조울증, 불면증, 섭식장애, 강박증, 불안증, 공포증, 공황장애, 기타 감정장애)의 심리치료, 표현장애(성격장애, 인격장애, 중동장애, 망상증, 섹스중독, 쇼핑중독, 관계중독, 이외 중독증과 같은 표현장애)의 심리치료 등에 효과가 있다.

두 번째, 청소년의 올바르고 건강한 인성을 함양한다. 인성교육, 심리문제의 해결, 자살예방, 학습장애의 해결, 가족갈등의 해결, 친구관계의 고민해결, 성적향상, 학습능력향상, 학교폭력과 따돌림의 예방과 대처방법, 대화방법, 상처의 예방과 대처방법, 성마음교육을 통한 성교육의 문제를 보완하는 등의 효과가 있다.

세 번째, 행복습관을 만든다. 심리문제해결, 자살예방, 가족갈등해결, 부부갈등해결, 대인관계 고민해결, 상처의 예방과 대처방법, 자존감과 자신감의 향상, 부부행복, 성문제과 성고민의 해결, 성생활의 즐거움과 행복, 사랑과 행복 등 행복습관을 형성하는 데 효과가 있다.

네 번째, 직업과 개인행복의 조화를 기대할 수 있다. 직업이 추구하는 목표의 달성, 개인의 행복을 조화롭게 만들 수 있는 능력, 스트레스의 해소, 즐겁고 행복한 직장생활의 방법, 행복한 대인관계 형성, 창의적이고 진취적인 사고와 실천, 자기 능력의 극대화 방법 등에 효과가 있다.

다섯 번째, 성문제를 해결하는 효과가 있다. 건강하고 아름다운 성마음교육을 통한 사랑과 행복 만들기, 성기능장애의 해결, 성고민과 성문제의 해결, 부부관계의 행복, 배우자 외도문제 해결 등에 효과가 있다.

이외 자신의 심리문제를 스스로 해결할 수 있는 능력을 갖게 되고, 모든 인간관계(부부관계, 남녀관계, 애인관계, 사랑관계, 성관계, 친구관계, 동료관계, 지인관계, 사업관계, 업무관계, 그 외 인간관계)를 원활하고 행복하게 할 수 있는 능력을 갖게 된다. 특히 자신과 상대의 심리분석능력, 감정조절능력을 통하여 행복습관을 갖게 되는 강력한 효과가 있다. 그만큼 마음교육은 인간관계의 핵심이고, 이를 학습하면 행복습관을 가질 수 있게 된다.

마음교육

마음교육은 심리치료를 위한 '교육프로그램'으로서 심리치료를 위해서 개발하였다. 마음교육은 제일 먼저 인간의 마음과 심리를 교육하여 학습하고, 상담과 치료가 동시에 병행되는 과정이다.

마음교육의 효과를 살펴보면, 첫 번째는 심리작용의 능력을 갖게 된다. 심리작용은 인간이 말과 행동과 표정을 서로 주고받는 것을 말한다. 따라서 자신과 상대가 서로 말과 행동과 표정을 주고받게 되면 심리작용을 한다고 하는데, 자신과 상대가 심리작용을 할 때 자신과 상대의 심리를 이해하고 활용할 수 있는 능력을 갖게 된다. 이때, 자신이 원하는 심리작용의 능력을 갖게 된다. 자신이 원하는 대로 심리작용을 이끌어 갈 수 있다. 상대가 어떤 심리이든 관계없이 자신이 의도한 방식으로 심리작용을 하면서 원하는 방향으로 끌어갈 수 있는 능력을 갖는다.

두 번째는 심리작용을 하고 난 후 자신과 상대에게 발생하는 감정을 조절하는 능력을 갖게 된다. 자신 또는 상대에게 발생하는 감정을 컨트롤할 수 있는 감정조절능력을 갖는 것이다.

세 번째는 자신과 상대에 대한 심리를 분석할 수 있는 능력을 갖게 된다. 심리분석의 능력은 한마디로 마음을 아는 능력이다. 이는 사람들에게 가장 관심이 많은 분야이다. 자신과 상대의 마음을 정확하게 알 수 있다.

네 번째는 인간관계를 자신이 원하는 대로 조절할 수 있는 능력을 갖게 된다. 그래서 자신과 상대, 또는 상대와 상대 등의 상호관계를 갖게 될 때 자신이 원하는 대로 마음을 조절할 수 있는 능력을 갖게 된다.

이때의 능력은 습관을 말한다. 즉 자기도 모르게 하면서 자신이 마치 원래부터 갖고 있었던 것처럼 인식되는 것이 능력이다. 따라서 자신에게 습관이 형성되지 않은 채, 의도적으로 노력하면 습관(능력)은 만들어지지 않는다. 진정한 능력은 자기도 모르는 사이에 할 수 있는 습관이라고 할 수 있다.

습관을 만드는 방법

습관을 만들기 위해서는 남자와 여자의 마음을 알아야 한다. 그래서 마음과 심리가 작용하는 원리를 학습하는 것이다. 일단은 배워서 정확하게 이해해야 한다. 그런 후 자신 또는 다른 사람에게 적용한다. 이렇게 적용하는 것을 계속 반복한다. 자신뿐만 아니라, 부모님, 배우자, 자식, 친구, 지인… 등 다양한 사람들에게 계속 적용하다 보면 자신도 모르는 사이에 습관이 만들어진다.

이때 가장 주의할 점은 마음교육의 교육전문가가 하라는 것을 그냥 하는 노력이다. 과제대로 하라는 것만 그냥 하면 된다. 과제를 왜 해야 하는지 생각하고, 분석하고, 잘하려고 하는 등의 노력을 하지 않아야 한다. 의도적인 노력을 하면, 생각이 많아지면서 부정감정이 형성되어 어색하고 답답하게 되기도 하고, 짜증 나기도 하고, 화나기도 하는 등의 부정감정이 발생한다. 이로 인하여 사람들은 노력하다가 중간에 그만두게 되는 것이다. 이를 방지하기 위하여 '과제니까 그냥 한다'라고 생각하고 과제대로 그냥 하면 된다. 하고자 하는 노력이 중요하지 잘하는 것이 중요하지 않다.

그러나 노력은 쉬운 것이 없고 편안하지 못하다. 노력은 무조건 어렵고 불편한 감정을 유발한다. 그래서 마음교육을 학습할 때, 자신의 심리에 상처가 있으면 마음교육이 끝날 때까지 힘들 수 있다. 그 이유는 노력하면서 심리상처에 의하여 부정감정이 만들어지기 때문이다. 따라서 마음교육을 할 때 힘들고, 어렵고, 불편하고, 답답한 감정이 만들어지는 것은 심리가 건강해지고 있다는 뜻이다.

그래서 마음교육은 끊임없이 과제를 적용함으로써 습관을 만들어 가는 과정이다. 과제는 분석하지도 말고, 애써 이해하려고 노력하지 말고, 잘하려고 하지도 않기를 바란다.

지식교육은 이해하고 잘하려고 노력해야 하지만, 마음교육은 지식을 쌓는 것이 아니라 습관을 만들기 때문에 잘하려고 노력하지 않아야 한다. 그냥 하면 된다. 그래서 과제를 할 때 생각하고 이해하려고 노력하는 것이 아니라 그냥 실천하는 노력을 하면 된다.

7
편안한 인생

　편안한 인생은 편안함을 행복으로 생각하는 인생이다. 편안한 인생은 대부분의 여자가 추구하며 현재의 편안함을 추구한다. 여자는 마음이 현재행복을 추구하기 때문에 편안한 인생을 추구하는 것은 정상심리를 가진 여자에게 나타나는 현상이지만, 심리장애를 갖게 되면 남자의 심리처럼 미래행복을 추구한다. 또한 남자는 마음이 미래행복을 추구하기 때문에 즐거운 인생을 추구하는 것은 정상심리를 가진 남자에게 나타나는 현상이지만, 심리장애를 갖게 되면 여자의 심리처럼 현재행복을 추구한다.

　과거, 미래, 상처, 행복, 불행, 즐거움, 기쁨, 아픔, 고통 등 희로애락의 기분이나 감정이 없는 상태를 편안함이라 한다.

　편안한 인생을 추구하는 원인은 현재의 부정감정(심리의 상처, 억압이나 강박으로 발생하는 기분이나 감정)을 제거하려는 심리작용 때문이다. 그래서 편안함은 안식처와 같고 행복한 것으로 느껴진다. 현재의 편안함이 미래에도 지속될 것이라고 생각하면서 지속적으로 편안한 인생을 추구한다.

　기혼여성의 경우는 자식들이 잘 성장하고 남편의 일이 잘되어 가정이 편안하면 행복한 인생이라고 생각하게 된다. 그래서 편안한 인생은 곧 행복한 인생이라고 인식한다. 이는 여자가 느끼는 현재의 마음이기 때문에 마치 편안한 인생이 최고인 것으로 인식되는 것이며, 편안한 인생이 행복한 인생이라고 생각한다.

반면 남자가 편안한 인생을 추구하면 심리장애가 발생한 것이다. 남자가 부정감정을 갖거나, 성취의 목표를 달성하면서 느껴지는 안정과 편안함을 갖는 심리장애를 말한다. 그래서 남자가 편안한 인생을 추구한다는 것은 열정도 없고 성취의 목표도 없다. 이러한 남자는 대부분 여성스럽게 느껴진다. 여성스러운 성격과 자상함, 타인에 대한 이해와 배려가 많고 자애심을 많이 갖고 있어서 좋게 인식된다. 그러나 보기에는 좋은 모습일 수는 있지만 남자는 열정과 성취욕을 통하여 미래행복을 추구하는 것이 정상심리이지만, 열정과 성취욕이 없이 안정과 편안함을 갖거나 추구하면서 우울증과 같은 심리를 갖게 되기 때문에 심리장애라고 한다.

이와 같이 남자는 편안한 인생을 추구하는 것 자체가 이미 심리장애를 갖는 것이며, 극단적으로 자살하는 원인 중에 높은 비율을 차지하는 원인이다. 또한 여자는 편안한 인생을 추구하는 남자를 상대하면 남자다움을 느낄 수 없게 되고 편안한 사람으로만 인식되면서 사랑의 감정, 성적인 감정 등을 비롯하여 희로애락의 감정을 느낄 수 없게 된다.

편안한 인생은 안식처도 아니고 행복한 것도 아니다. 편안하다는 것은 희로애락이 없기 때문에 상처도 없지만 행복도 없고 즐거움과 슬픔도 없다. 또한 불행하지도 행복하지 않기 때문에 특별한 감정이 없다. 힘든 것에서 벗어나는 것 자체가 편안함이라고 생각하고 이를 힘들고 불행한 것에 비하면 나은 것이기 때문에 행복한 것처럼 인식될 뿐이다.

따라서 편안하다는 것은 '태풍이 오기 전에 고요함'과 같은 것으로서 태풍이 크면 클수록 기압의 영향으로 인하여 더욱 고요함을 느끼는 것과 같다. 그러나 고요함은 잠시일 뿐이다. 곧 태풍이 닥치게 되면 힘들고 불행하게 된다. 그러면 다시 또 다른 태풍전야의 고요함을 찾는다. 즉 태풍(상처)을 회피하고자 또 다른 태풍(상처)을 찾는 것이다. 편안함을 행복이라고 인식하기 때문이다. 결국은 편안한 인생을 추구하는 것은 태풍 전의 고요함을 찾는 것과 같기 때문에 힘들고 불행한 상처가 지속적으로 반복된다.

자신의 인생이 왜 반복적으로 힘들고 상처받고 불행하게 되는지 알아야 한다. 이는 자신이 이미 상처와 불행을 가질 수밖에 없는 편안한 인생을 추구하고 있기 때문이다. 자신이 생각할 때는 행복을 추구한 것으로 느꼈기 때문에 모든 불행의 원인이 태풍(상처)이라 원망하고 탓하지만 결국은 자신이 편안한 인생을 추구했기 때문에 상처와 불행이 반복적으로 만들어졌음을 알아야 한다. 그래서 편안한 인생을 추구하면 즐거운 인생을 살 수 없고, 행복한 인생을 살 수 없는 것이다. 편안한 인생을 추구하는 것은 상처와 불행을 예고하고 결과로 나타나는 것을 추구하는 것과 같다.

이와 같이 상처와 불행이 계속 반복되는 인생을 살면서 심리장애가 발생하면, 궁극적으로는 반복되지 않는 불행을 겪지 않기 위하여 '태풍이 오기 전의 고요함'을 찾기보다는 자신이 '태풍의 눈'이 되어 궁극적인 편안함을 가지려고 노력한다.

이는 심리장애가 발생하였기 때문에 자신이 '태풍의 눈'이 된다는 것도 인식하지 못한 채 자신의 편안한 인생을 추구하기 때문에 나타나는 현상이다. 이 '태풍의 눈'도 고요함을 갖게 되면서 편안해지는데, 자신이 태풍(상처)이 되어 있다는 것은 인식하지 못한다. 결국 자신도 모르는 사이에 남자의 심리처럼 즐거운 인생을 추구하게 되는 것이다.

따라서 이제는 자신이 태풍이 되어 다른 많은 사람들에게 상처를 입히고 불행하게 만들면서도 자신은 편안하고 이를 행복이라고 느끼게 된다. 결국은 심리장애에서 편안한 인생을 추구하는 것은 즐거운 인생을 추구하는 것으로 자신이 태풍이 되었기 때문에 다른 모든 사람(가족, 자식, 남편, 친구, 기타 주변 사람들)을 불행하게 만드는 원인이 된다.

자신이 생각할 때는 행복을 추구한 것으로 느껴지기 때문에 다른 사람들이 불행해지는 것은 그 사람들이 잘못 살고 있기 때문이라고 생각하지만, 결국은 자신의 즐거움을 추구할수록 다른 사람들에게 상처를 주고 불행하게 만든 것이다.

편안한 인생을 추구하는 사람은 자신이 상처와 불행을 좇아가는 인생이고, 상처와 불행이 계속 반복되면 궁극으로는 자신이 타인의 상처와 불행을 유발하는 인생을 살게 된다. 이것을 행복이라고 느낀다. 따라서 행복을 추구하는 인생으로 느껴지지만 실제로는 상처와 불행을 추구하면서 살아가는 인생이 '편안한 인생'이다.

8
즐거운 인생

　즐거운 인생은 특정한 대상을 위하여 살아가는 것을 행복이라 생각하는 인생이다. 즐거운 인생은 대부분 남자가 미래행복을 추구하는 것이다. 남자는 마음이 미래행복을 추구하기 때문에 즐거운 인생을 추구하는 것은 정상심리를 가진 남자에게 나타나지만, 심리장애를 갖게 되면 여자의 심리처럼 현재행복을 추구한다. 또한 여자는 마음이 현재행복을 추구하기 때문에 편안한 인생을 추구하는 것은 정상심리를 가진 여자에게 나타나지만, 심리장애를 갖게 되면 남자의 심리처럼 미래행복을 추구한다.

　즐거움을 추구한다는 것은 재미, 즐거움, 기쁨, 열정 등의 기분만 있고, 과거의 희로애락보다는 미래가 행복할 것이라는 생각을 갖는 상태이다.

　즐거운 인생을 추구하는 원인은 열정과 성취욕에 필요한 긍정심리(심리의 재미, 즐거움, 쾌락으로 발생하는 기분)에 의하여 미래도 행복할 것이라는 생각 때문이다. 그래서 즐거움은 역동적이고 행복한 것이라고 느껴진다. 현재 느껴지는 즐거움이 미래에도 지속될 것이라고 인식하면서 즐거운 인생을 추구한다. 가족을 비롯하여 다른 사람들을 상관하지 않고 자신이 즐거우면 모두가 즐겁고 행복하게 될 것이라고 생각하고, 모두가 행복한 인생이 될 것이라고 생각한다. 그래서 즐거운 인생은 곧 미래가 행복한 인생이라는 느낌을 갖는다. 이는 남자가 느끼는 현재의 가치관이기 때문에 마치 즐거운 인생이 최고인 것으로 인식되는 것이며 즐거운 인생이 행복한 인생이라고 생각한다.

　반면 여자가 즐거운 인생을 추구하고 있다면 심리장애가 발생한 것이다. 여자가 긍정감정을 갖게 되거나, 사랑과 모성애가 특정 대상에게 이동하면서 느껴지는 대상에 대한 즐거움을 갖는 것이다. 이 특정 대상은 인간뿐만 아니라 직업, 취미, 운동 등과 같은 다양한 대상을 의미한다. 그래서 여자가 즐거운 인생을 추구하는 것은 사랑도 없고 모성애도 없는 것이다.

　이러한 여자는 대부분 남자의 심리처럼 열정과 성취욕이 많다. 남성적인 성격과 열정, 강한 성취욕을 갖고 있기 때문에 열정적으로 보이면서 좋은 인식을 갖는다. 보기에는 좋은 모습일 수는 있지만 여자는 현재행복을 추구하는 것이 정상심리인데, 사랑과 모성애가 없이 즐거움을 갖게 되면서 심리장애가 발생한다.

　이와 같이 여자는 즐거운 인생을 추구하는 것 자체가 이미 심리장애를 갖는 것이며, 극단적으로 쾌락 또는 중독증에 빠지는 원인 중에 높은 비율을 차지한다. 또한 남자는 즐거운 인생을 추구하는 여자를 상대하면 여자다운 것보다 즐거움을 함께 추구하는 동질감을 갖게 되면서 쾌락을 추구하는 하나의 대상으로 인식한다.

　그러나 즐거운 인생은 행복한 것이 아니다. 즐겁다는 것은 끊임없이 즐거움을 요구하는 쾌락을 추구하기 때문에 오로지 즐거움을 위한 기분만 존재한다. 또한 즐거움은 점점 더 강해지는 것을 원하기 때문에 중독증으로 발전할 가능성이 매우 높다. 편안한 것에 안주하지 않기 때문에 열정적으로 느껴진다. 열정이 있으니 어떠한 것도 모두 다 이룰 수 있을 것 같은 성취욕이 강화되고 이것이 앞으로도 계속될 것이라고 생각하면서 미래도 행복할 것으로 생각한다.

따라서 즐겁다는 것은 특정한 대상에 대한 열정과 성취욕을 갖는 것으로서 자신 또는 가족보다는 특정 대상을 위하여 자신의 인생을 모두 쏟아붓는다. 무엇이든 다 이룰 수 있을 것 같은 생각, 특정 대상을 위하는 것이 자신과 가족을 위한 것이라는 생각, 특정 대상이 없으면 자신의 인생도 없다는 생각을 하면서 자신의 인생을 전부 몰입하고, 이를 이루면 행복해질 것이라고 막연하게 생각한다. 또한 특정 대상에 대한 목표를 성취하면 또 다른 특정 대상을 찾아서 자신의 열정을 몰입한다.

결국 즐거운 인생을 추구하는 것은 특정 대상을 위하여 자신의 인생을 쏟아붓고서 막연하게 행복할 것이라고 확신하는 것이다. 이로 인하여 특정 대상에 열정과 성취욕을 갖고 자신의 인생을 쏟아붓는 것이 반복된다.

인생에서 가장 소중한 자신과 가족을 모두 잃어버리고 있지만 이를 전혀 인식하지 못하는 원인이다. 쾌락을 좇게 되고 열정만을 추구하게 되면서 몸과 마음은 모두 황폐해지고 인생의 허망함을 갖게 된다. 자신이 생각할 때 분명 행복을 추구한 것으로 느꼈기 때문에 인생의 허무감과 허망함, 자신의 실패 등 모든 불행의 원인은 자신보다는 가족 또는 다른 사람들이라 원망하고 탓하지만 결국은 자신 스스로가 즐거운 인생을 추구했기 때문에 파멸과 불행이 만들어졌음을 알아야 한다.

그래서 즐거운 인생을 추구하면 편안한 인생을 살 수 없고, 행복한 인생을 살 수 없는 것이다. 즐거운 인생을 추구하는 것은 삶의 파멸, 몸과 마음의 황폐화, 가족의 고통, 특정 대상을 위한 몰입과 자신에게는 남는 것이 하나도 없는 결과로 나타나는 것을 추구하는 것과 같다.

9
행복한 인생

　행복한 인생은 남자의 열정과 여자의 사랑이 결합하여 감동이 지속되는 인생이다. 행복한 인생은 '감동(희열로 벅차오르는 감정)'이 지속되는 인생을 말한다. 희열은 여자에게는 사랑으로 집중하여 최고의 기쁨으로 느껴지는 감정으로서 이 감정이 일상에서 지속되는 것이고, 남자에게는 열정으로 집중하여 특정 대상의 목표를 달성하는 과정에서 오는 기분이 일상에서 지속되는 것이다.

　남자이든 여자이든 일시적으로 감동을 느낀 경험은 있겠지만 일상에서 지속되는 경우는 거의 없다. 행복한 인생은 인간이면 누구나 추구하고 싶지만 쉽지 않다. 그래서 편안한 인생, 즐거운 인생을 추구하는 것을 마치 행복한 인생으로 생각하고 확신을 갖도록 만든 것이다. 이는 남자는 남자 자신, 여자는 여자 자신의 행복만을 추구하기 때문에 나타난다.

　행복한 인생을 살기 위해서는 반드시 필요한 조건이 있다. 남자는 상대 여자에 대한 무한책임(무의식의 사랑, 아가페 사랑, 인식되지 않는 사랑)과 열정(주는 사랑, 에로스 사랑과 플라토닉 사랑이 결합된 사랑)을 갖고 있어야 한다.

　또한 여자는 상대 남자로부터 받는 사랑(열정을 사랑으로 인식, 에로스 사랑과 플라토닉 사랑이 결합된 사랑)을 기초로 하여 모성애(주는 사랑,

아가페 사랑, 보이는 사랑)가 있어야 한다. 이러한 남자의 사랑과 열정, 여자의 사랑과 모성애가 결합되어야만 한다. 결국 행복한 인생은 남자와 여자가 개별로는 이룰 수 없는 인생이다.

　남자의 열정은 주는 사랑으로서 에로스 사랑과 플라토닉 사랑이 결합되어 있으며 상대에게 지속적으로 줄 수 있다는 막연한 미래행복을 추구하고, 여자는 남자의 열정은 받는 사랑으로 인식함으로써 현재행복을 갖는다. 그러면 여자는 주는 사랑인 아가페 사랑인 모성애가 작용하고, 남자는 여자의 모성애를 받아들여 무한책임 무의식의 사랑을 하게 된다. 이 순환구조를 갖게 될 때, 남자와 여자는 동시에 행복을 갖게 되면서 감동이 발생하고, 이 순환구조가 지속되면 감동이 지속된다. 이것이 남자와 여자의 행복한 인생이다.

　남자의 무한책임과 열정, 여자의 사랑과 모성애는 단순하게 판단하지 말아야 한다. 남자의 무한책임은 상대 여성과 희로애락을 함께하면서 무의식의 사랑으로 형성되고, 열정은 에너지로 작용하기 때문에 무한책임과 열정은 왜곡되지 않아야만 한다. 또한 여자의 사랑은 무한책임을 가진 남자로부터 열정을 받는 것이고, 모성애는 무한책임을 가진 남자와 자식에게 주는 사랑이다.

　남자와 여자의 결합과 순환구조로 만들어지는 행복한 인생은 감동을 동반한다. 그래서 남자와 여자는 상대와 가족, 주변 사람들, 자신들과 관계되는 모든 대상에게서 감동하고, 감사하고, 행복함을 함께한다.

　편안한 인생은 보기에는 편안해 보이니 행복하게 느껴질지는 모르겠지만 실제의 심리에서는 상처와 불행을 갖게 되는 인생이다. 또한 즐거운 인생은 보기에는 즐거우니 행복한 미래가 될 것이라는 생각을 할지는 모르겠지만 실제의 심리에서는 쾌락이 넘쳐서 몸과 마음이 황폐해져 결국에는 남는 것이 없는 허무한 인생이다. 따라서 지속적으로 감동을 느끼는 행복을 추구하는 인생이 인간으로서 살아가야 하는 목표이고 방향이 되어야 하는 것이다.

남자의 열정(플라토닉 사랑과 에로스 사랑의 결합)과 사랑(아가페 사랑과 무한책임의 주는 사랑) 그리고 여자의 사랑(플라토닉 사랑과 에로스 사랑의 결합)과 모성애(아가페 사랑과 조건 없이 주는 사랑)가 결합되어 순환하면 쉽게 만들 수 있는 것이 행복이다. 그래서 행복은 다른 곳에 있는 것이 아니고, 특정 대상에게 있는 것이 아니라 자신의 마음에 의하여 결정된다.

또한 행복한 인생을 살아가는 방법은 어렵지 않지만 남자와 여자의 마음을 알지 못하기 때문에 어떻게 해야 행복한 인생을 살 수 있는지 알 수 없다. 그래서 행복은 막연하고 추상적인 개념이었다. 그러나 행복은 멀리 있는 것이 아니다. 행복은 외부에 있는 것이 아니다. 행복은 자신의 마음에 있으니 마음과 심리가 작용하는 원리를 알고, 이해하고, 찾아야 한다. 그러면 행복한 인생을 살 수 있는 방법을 알게 된다.

II

심리와 습관

1
몸과 마음

 인간은 신체(몸)와 마음(심리, 영혼)이 하나로 되어 있다. 인간은 몸과 마음으로 구성되어 있다는 사실은 누구나 알고 있다. 그러나 신체인 몸은 두뇌, 다섯 개의 감각기관, 피부, 신체장기, 혈액 및 호르몬, 기타 DNA로 구성된 세포 등으로 구성되어 있고 눈으로 볼 수 있기 때문에 쉽게 알 수 있고 검증하기 쉽다. 신체는 인간이 생존하는 데 꼭 필요하고, 눈에 보이는 것이다.

 반면 마음은 몸의 어디에 있는지 보이지 않기 때문에 뇌에 있을 것이라 예상하고 이를 위한 연구를 많이 하고 있다. 이 연구 분야를 '뇌 과학'이라고 한다. 결국 눈에 보이지는 않지만 존재하고 있는 것이 마음이다. 마음은 '감정이나 생각, 기억 등이 저장되거나 발생하는 곳'으로서 희로애락의 감정과 이 감정의 작용인 심리를 마음이라고 한다. 이는 보이지 않기 때문에 추상적이다.

 따라서 인간은 신체인 몸과 마음인 심리와 영혼으로 일체화되어 하나로 구성되어 있고 이는 분리할 수 없다. 마음과 심리는 추상적이기 때문에 '~할 것이다'라고 생각해야 하고, '~하다'라고 확신할 수 없다. 이는 보이지 않기 때문에 검증되지 않다 보니 어쩔 수 없는 현상이다.

 심리는 마음이 어떻게 작용하는지, 의식하는 상태가 어떤 상태인지 등을 표현한다. 그래서 마음과 심리는 비슷한 말인데, 마음은 '감정이 저장된 장소'를 의미하는 것이고 심리는 '감정의 작용'을 의미한다. 따라서 사람들이 상식적으로 알고 있는 것은 결국 심리라고 할 수 있다. '마음이 아프다', '마음이 ~하다'라고 이야기할 때, 마음은 결국은 심리가 작용하는 것이다.

신체에 문제가 발생하면 마음에도 문제가 발생한다

신체와 마음이 하나로 결합되어 있기 때문에 신체에 문제가 발생하면 마음에도 문제가 발생하는데 이를 '심리화현상'이라고 하며 신체의 질병, 사고, 손실 등으로 인하여 심리의 어려움과 고통을 갖게 되면서 마음에 문제가 발생하는 현상이다. 수술 후유증으로 발생하는 심리문제, 교통사고의 신체장애로 인하여 심리적인 어려움을 겪는 문제, 화상사고로 인하여 은둔형 외톨이로 외롭게 살아가는 현상… 등 신체의 문제로 인하여 심리의 고통을 겪는 사례는 많다.

또한, 마음에 문제가 발생하면 신체에도 문제가 발생하는데 이를 '신체화현상'이라고 하며 심리장애로 인하여 신체질병의 증상으로 어려움을 겪게 되는 현상이다. 신체질병의 증상이 발생하여 병원을 찾아 진단을 받지만 정확한 원인을 찾지 못하는 경우가 발생하는데, '신경성 신체질병의 증상'이라고 진단하고, 신체질병에 대한 치료처방과 함께 스트레스를 받지 말고 안정을 취하라는 심리처방도 함께 한다.

이와 같이 신체의 문제로 인하여 심리에 문제가 발생하는 심리화현상과

Ⅱ 심리와 습관 **75**

심리의 문제로 인하여 신체에 문제가 발생하는 신체화현상은 신체와 심리가 하나로 결합되어 있기 때문에 발생하는 현상이다.

이 현상을 역으로 해석하면, 신체의 문제는 마음으로 치료할 수 있고, 마음의 문제는 신체로 치료할 수 있다는 것을 의미한다. 특히 신체는 보고 알 수 있어서 진단과 치료법에 대해서는 의학과 생리학으로 연구되어 발전했지만, 심리는 보이지 않고 정확히 알 수 없었기 때문에 심리치료의 방법은 어려움이 많았다. 그러나 심리를 정확히 알 수 있다면 충분히 심리치료가 가능하다. 따라서 심리치료를 하는 방법은 신체의 작용으로 심리에 영향을 줄 수 있기 때문에 신체의 작용을 조절하면 심리치료가 가능하다.

심리에 영향을 주기 위해서는 신체를 활용해야 한다. 다섯 개의 감각기관으로 정보가 인식되어야 심리에 영향을 주는 것과 같다. 보고, 듣고, 느껴져야 심리가 인식한다. 그래서 상담을 하는 것이고, 마음이론을 교육하는 것이며, 마음을 공부하는 것이다. 알아야만 심리에 영향을 줄 수 있기 때문이다.

신체는 보이지만, 마음은 보이지 않는다

신체는 눈에 보이지만 마음은 보이지 않는다. 그래서 마음은 추상적이고 막연하게 느껴지지만, 존재하지 않는 것은 아니다. 사람들에게 "마음이 없다고 생각하는 사람은 손들어 보세요"라고 말하면 대부분은 손을 들지 않는다. 즉 마음이 있다고 생각하는 것이다. 그러나 몇몇 사람들은 손을 들기도 한다. 이때 손을 든 사람들은 질문의 내용을 알고 생각한 후 그에 대한 행동을 하는 것이고 마음과 심리가 작용했다는 것이다. 그래서 "당신은 마음이 있는 것입니다. 당신이 생각할 때는 눈에 보이지 않기 때문에 없는 것처럼 보이지만 실제는 느껴지고 생각했기 때문입니다. 그래서 질문에 대하여 당신의 심리가 작용하여 손을 들게 된 것입니다. 마음이 있다는 것을 스스로가 증명한 것입니다."라고 말한다.

또 한 가지는 "저는 마음이 없어요"라고 말하는 사람이 있다. 그런데 마음이 없다고 말하는 사람도 마음이 작용하여 심리가 존재하기 때문에 마음이 없다고 말하는 것이다. 결국은 마음이 없는 사람은 없다. 인간은 누구나 마음을 갖고 심리가 작용한다. 마음이 없는 것이 아니라 마음을 제대로 연구하지 못하여 알 수 없었고 볼 수 없었기 때문에 마음이 없는 것처럼 생각되었던 것뿐이다.

지금까지 신체는 많은 의학자, 생리학자, 과학자 등에 의하여 많은 연구를 했다. 그래서 신체에 대해서는 많이 알고 있고, 앞으로도 더욱 많은 세밀한 부분까지 알게 될 것이다. 그러나 제일 힘든 것은 보이지 않는 마음이다. 그래서 뇌에 대한 연구가 지속되고 있다. 감정, 마음, 심리에 대하여 뇌와의 상관관계에 대한 연구이다. 그런데 뇌는 의학적 관점에서 볼 때는 신체의 일부분이지 마음은 아니다. 그러다 보니 심리는 신체와 연관되어 발전하였고, 실질적인 심리적 관점에서의 감정과 심리는 거의 연구되지 못했다.

지금까지 연구된 많은 심리이론, 상담이론, 심리치료기법 등을 살펴보면 보이지 않는 심리를 연구한 것이 아니라 보이는 신체와 연계하여 심리를 연구한 것이었다. 보고 듣고 느껴지는 것에 대한 연구였다. 심리는 볼 수 없다. 보고 듣고 느끼는 것만 마음이라고 확신하면 안 된다.

사람들은 누구나 안 보이는 마음이 존재하는 것은 알고 있다. 그래서 심리적 관점에서 심리를 체계적으로 분석하여 연구하고 싶었고, 마음유전자를 발견할 수 있었으며, 마음이론과 성마음이론을 개발할 수 있었다. 보이지 않는 마음이 존재하고 있다는 것을 증명하기 위해서는 마음이론을 알아야 한다.

우리는 보고 듣고 느껴지는 것을 인식하면서 인간의 마음을 다 알고 있다고 말하는 사람들을 종종 본다. 그러나 신체와 마음이 결합된 인간에 대해서 매우 왜곡(사실과 다르게 생각하고 확신하는 현상)된 사실만 알고 있는 경우가 많다. 즉 신체는 많이 알고 있지만 마음은 거의 모르기 때문에 마음을 추측하고 생각하면서 왜곡한다. 신체적으로 나타나는 현상을 보고 듣고 느끼면서 그 사람의 마음이라고 추측하는 것이다. 이는 마음을 정확히 알려는 것보다는 신체로 나타나는 현상으로 마음을 추측하고 생각하는 것이 중요하다고 생각하는 것을 알 수 있다.

그래서 인간의 마음에 대해서는 많은 부분이 왜곡되었다. 현실에서 우리가 알고 있는 마음과 심리의 지식들, 인터넷과 의학적인 지식들을 살펴보면 신체의 작용에 대한 마음의 추측과 생각이 대부분이다. 마음이 신체적 관점으로 편향되어 발전하고 있다는 뜻이다.

'신체 호르몬의 변화로 인하여 심리에 문제가 발생하였다'는 것은 쉽게 알 수 있다. 그러나 '심리의 문제로 인하여 신체 호르몬이 변화되었다'는 것은 이해하기 어렵다. 왜냐하면 검증되고 증명되지 않았으며, 심리문제가 정확한 원인이라는 것을 입증하기 어렵기 때문이다. 이는 마음과 심리를 정확히 알지 못한 채 신체의 현상에 의하여 추측하고 통계를 통하여 생각하는 등과 같이 편향적인 발전을 했기 때문이다.

현실에 폭력의 문제가 발생하면, '과거에 문제가 있었다. 어린 시절 불우한 가정환경에서 자랐다. 성장과정에서 어려움이 많았다. 폭력적인 환경에 많이 노출되었다.' 등으로 분석하면서 현재 나타난 폭력의 심리적인 원인을 찾는다. 이는 매우 잘못되고 왜곡된 내용이다. 물론 과거의 환경과 상황이 심리에 영향을 준 것은 맞지만 그 영향으로 인하여 나타난 폭력성향이 그 사람의 마음은 아니다. 폭력성향의 원인은 현재의 마음에서 강한 스트레스의 작용과 심리가 이를 처리하는 과정에서 발생하는 현상이지 과거의 원인에 의하여 나타난 결과가 아니다.

마음과 심리를 전혀 사실과 다르게 해석하는 학자와 전문가가 많다. 신체적 관점에서만 마음과 심리를 연구하였기 때문에 마음의 극히 일부분만 아는 것일 뿐, 마음을 거의 모르고 있다. 따라서 마음을 왜곡하여 생각하는 것이고, 심리치료를 할 수 없는 상황이 되면서 현실에 많은 문제가 발생하여도 이를 해결하는 방법을 찾지 못하고 있다. 마음을 왜곡하여 생각하면 심리문제가 해결되지 못한 채 반복되면서 점점 더 큰 심리문제가 발생한다.

신체와 심리의 상호작용을 정확하게 알면, 상대의 신체(말, 행동, 표정)를 보고 심리를 정확히 분석할 수 있다. 이 분석의 습관을 갖게 되면 심리분석능력이 생긴다. 그래서 신체와 마음의 상호작용을 아는 것은 중요하다.

사람과 인간의 차이

사람(人, People)은 '두 발로 서서 다니고 언어와 도구를 사용하며, 문화를 향유하고 생각과 웃음을 가진 동물'이라고 사전에 정의하였고, 인간(人間, Human)은 '직립 보행을 하며, 사고와 언어 능력을 바탕으로 문명과 사회를 이루고 사는 고등 동물'이라고 사전에 정의하였다. 용어로 정의를 한 것을 보면 비슷한 말로 인식될 수 있다.

사람은 인간의 각각에 대한 독립적인 개념으로서 개인별 주체를 말한다. 이러한 사람과 사람이 관계를 갖게 될 때 사람이라 하지 않고 인간이라고 한다. 즉 사람은 하나를 의미하고 인간은 사람의 복수를 의미한다. 따라서 개별 주체인 사람이 모여서 서로 연관성을 갖게 될 때 인간이라고 하는 것이다.

우리가 보편적으로 말을 할 때 한 사람 한 사람이라고 표현하지 한 인간 한 인간이라고 하지 않는다. 사람이라는 말은 각 개별의 주체적 관점이다. 그래서 사람들이라고 하면 그 사람이 누군지는 중요하지 않고 한 사람 한 사람씩 총칭해서 사람이라고 한다. 즉 객체적인 존재, 독립적인 존재로서의 개념을 갖는 것이 사람이고, 인간은 사람과 사람이 서로 소통하는 관계로서 상호 연관성을 갖는 관계가 될 때 인간이라고 한다.

그래서 인간(人間)을 人(사람 인) 자에 間(사이 간)을 쓰는 것이다. 이 말은 대부분의 사람들은 알고 있지만, 실체를 아는 사람은 없다. 주변 사람들 누구에게든 질문해 보라. "사람과 인간이 다른 점은 무엇인가?" 그러면 우물쭈물하면서 뭔가 알 것 같은데 대답을 못 하거나, 인터넷이나 정보를 찾으면서 사전적 정의만을 대답하는 경우가 많다. 즉 생각으로는 알고 있는 것 같지만 실제는 생각해 본 적이 없어서 모른다는 것이다.

사람과 인간의 차이점을 말할 때, 사람은 한문으로 '사람 인(人)'을 쓰지만, 인간은 '사람 인(人)'에 '사이 간(間)'을 쓴다. 그래서 각자 객체적 독립적으로 존재할 때는 사람이라고 표현하고 인간이라고 표현하지 않는다. 반면 사람과 사람 간의 관계를 인간관계라고 하는데 이 인간관계를 엄격하게 해석하면 인간관계가 아니고 인간이라는 말 자체로 이미 인간관계를 의미하는 것이다. 그 관계가 특정한 목적 또는 상황을 형성하거나 인식하기 위하여 관계라고 표현한 것이다. 그래서 인간이라는 말 그 자체가 사람과 사람 간의 관계성을 갖는다. 이때 사람이라는 말을 쓰지 않고 인간이라는 말을 쓴다. 그래서 의사소통 또는 인간관계로서 서로의 개념에서 쓸 때는 인간이라고 표현하고, 한 명의 관점에서 볼 때는 사람이라는 표현을 쓴다.

우리는 상대방을 표현할 때 뭐라고 하는가? 어떤 경우에는 사람이라 하고, 어떤 경우에는 인간이라고 한다. 자신과는 관계가 없을 때는 사람이라고 하고, 이는 상대를 사람으로 존재하는 그 자체를 지칭할 때 표현한다. 반면 자신과 관계가 있을 때는 인간이라고 하고, 이는 상대를 나와 연관되는 존재로서 지칭할 때 표현한다. 나와 연관이 있는데도 상대를 사람이라고 지칭하는 것은 용어를 잘못 선택한 것이다. 이와 같이 통상적으로 서로가 언어로 표현할 때 사람이라는 말을 쓰면 친근감을 느끼지만 감정이 느껴지지 않는다. 그러나 인간이라는 표현은 부정감정이든 긍정감정이든 감정이 느껴진다. 그 원인은 인간은 관계성을 내포하기 때문이다.

결국은 자신뿐만 아니라 부모님, 가족, 친구, 지인, 선생님, 기타 모든 다른 사람과의 관계는 사람과 사람이 연관되는 관계로서 인간이 되는 것이다. 부모님과의 관계를 살펴보면, 아버지도 어머니도 나도 모두가 인간이다. 이때 어머니는 한 사람으로서 존재하지만 함께 존재할 때는 한 인간으로서 존재한다. 그래서 나를 기준으로 볼 때 어머니로서 역할을 하지만 어머니도 한 사람이라는 것을 알아야 한다. 아버지도 나도 마찬가지로 한 사람으로 존재한다.

　이와 같이 어머니라는 한 사람, 아버지라는 한 사람, 나라는 한 사람이 함께 연결되어 인간관계가 형성되면 가족관계가 형성된다. 이 가족관계는 또다시 어머니와 아버지의 인간관계를 부부관계라고 하고, 어머니 아버지와 나와의 관계는 부모자식관계라고 한다.

　이처럼 모든 인간은 사람과 사람이 함께 연결되면서 특정한 상황, 환경, 목적에 의하여 인간관계를 형성하면서 살고 있다. 만일 무인도에서 혼자 살고 있다고 가정한다면, 그곳에는 인간은 없고 사람만 존재하고 있는 것이다. 무인도든 숲속이든 어디서든 상관없이 혼자 살고 있다면 이는 사람으로 살고 있는 것이지 인간으로서 사는 것이 아니다. 인간은 2명 이상의 사람이 관계성을 갖고 있을 때를 지칭한다.

　이처럼 우리가 흔히 사용하는 용어 중에도 인간의 마음과 연관되는 것이 매우 많음에도 불구하고 이를 정확히 인지하지 못한다. 사람은 누구나 몸과 마음으로 구성되어 있다. 신체와 심리가 일체화되어 구성되었다. 그래서 사람이든 인간이든 누구나 존중해야 하고, 존중받을 권리가 있는 것이다. 모두 똑같은 신체와 심리를 갖고 있기 때문이다.

　신체는 보이지만 심리는 보이지 않는다. 그러나 보이지 않는다고 없는 것은 아니다. 나 자신뿐만 아니라 다른 모든 사람도 마찬가지이다. 나도 사람이면서 인간이고, 다른 모든 사람도 똑같은 사람이면서 인간이라는 사실을 알아야 한다.

2
인간심리의 이해

　인간은 심리인식과 심리표현의 수단이 다르다. 인간의 심리인식은 신체의 다섯 개 감각기관을 통해서 정보를 받아들여서 생각이 감각정보와 감정을 결합하면서 인식하는 데 의식이 작용한다. 그래서 외부정보를 인식하면 무조건 의식이 작용한다. 또한 심리표현은 말과 행동과 표정을 통해서 외부로 심리를 표현하는데, 말과 행동과 표정 이외의 표현방법은 없다. 이때 생각이 작용해서 의도적으로 표현하는 것은 불과 5% 미만으로, 의식하는 하나만 말과 행동과 표정으로 표현한다. 그 외 나머지 95% 이상의 대부분은 무의식인 습관이 작용한다. 따라서 심리표현은 무의식인 습관이 작용한다.

　이와 같이 말과 행동과 표정으로 심리를 표현하는 것은 무의식으로 하고, 외부정보를 심리로 받아들이는 것은 생각을 통해서 의식으로 받아들인다. 그래서 심리인식의 오류가 생기고, 심리작용의 오류가 발생한다. 이때 오류는 잘못되었다는 뜻이 아니라 사실과 다르게 왜곡된다는 뜻이다. 이런 인간심리는 남녀노소를 불문하고 누구에게나 작용한다. 즉 잘못되었다는 것이 아니라 사실과 다르게 작용한다는 것이다.

　인간을 이야기할 때 '열 길 물속은 알아도 한 길 사람 속은 모른다'라고 하는 것은 인간의 마음과 심리를 모르기 때문이다. 인간의 마음을 알면 사람의 마음을 아는 것은 어렵지 않다. 그러나 인간의 마음을 모르면 사람의 마음을 알 수 없다. 이로 인하여 자신이 생각하는 것은 왜곡되고 오류인 채로 생각하게 된다.

여러분이 상대에 대하여 생각할 때 올바른 경우는 1% 미만이다. 상대의 마음을 생각할 때 99%는 왜곡된다. 그래서 인간의 마음은 99%가 왜곡되게 해석한다. 인간의 마음을 알면 인간의 의식과 습관을 모두 통제할 수 있고, 인간의 모든 말과 행동과 표정의 심리표현을 왜 하는지 알 수 있다.

인간심리를 이해할 때 심리표현은 무의식으로 하고 심리로 받아들이는 심리인식은 의식으로 한다는 사실을 정확히 알아야 한다. 인간이 심리를 표현하는 것은 표현하는 자신은 의식하지 못하기 때문에 기억하는 부분이 적다. 그러나 심리로 인식하는 것은 의식이 작용하기 때문에 상대의 말과 행동과 표정은 잘 기억한다. 이로 인하여 자신과 상대에 감정문제가 발생하면 기억되는 것은 대부분 상대의 말과 행동과 표정인 반면 자신이 했던 말과 행동과 표정은 잘 기억하지 못하기 때문에 문제의 원인은 모두 상대에게 있다고 확신하게 된다. 실제 상처를 자신이 만들었지만 이 상처에 대하여 상대를 탓하는 현상이 발생한다. 이는 인간의 심리를 알지 못하면 이해할 수 없다. 인간이면 누구에게나 발생하는 당연한 현상이지만, 심리를 이해하지 못하기 때문에 갈등과 대립의 원인이 되는 것이다. 이런 현상은 남녀노소를 불문하고 주변에서 많이 발생한다.

이러한 현상은 자신 또는 다른 사람들을 분석해 보면 확연히 알 수 있다. 심리인식은 의식으로 하고, 심리표현은 무의식으로 한다는 것을 분석해 보기 바란다. 그러면 모든 사람들이 똑같다는 것을 알게 될 것이다. 그만큼 그동안은 자신이 상대의 감정을 생각할 때 확신한 것이 올바른 것은 불과

1%로 채 안 된다는 사실도 알게 된다. 이는 여러분을 비롯하여 다른 모든 사람들이 동일하다.

　인간의 마음은 의식과 무의식으로 구성되고, 무의식은 다시 습관과 마음에너지로 구성된다. 인간은 습관에 의한 내면의 심리처리 또는 다른 사람들의 외부표현에 의하여 자신의 심리로 인식하는 경우에는 생각을 통하여 의식으로 전환된다. 따라서 자신의 마음이 습관으로 외부표현이 되거나, 의식으로 전환되는 경우에는 모두가 100% 의식으로 전환되는 것을 알 수 있다. 또한 마음이 습관을 통하여 외부표현이 되는 경우, 또는 의식이 습관을 통하여 외부표현이 되는 경우에는 말과 행동과 표정으로 나타나게 된다.

　심리로 인식할 때는 외부정보를 신체의 다섯 개 감각기관으로 받아들여서 심리로 전환하는데 이를 생각이 자각하기 때문에 의식이 작용한다. 반면 심리를 외부로 표현할 때는 자신의 심리를 신체인 말, 행동, 표정 등으로 표현하는데 이때 습관이 작용한다. 이처럼 심리로 인식할 때는 의식이 작용하고, 심리를 표현할 때는 무의식인 습관이 작용한다.

　A와 B가 대화를 하는 과정을 살펴보면, A가 말과 행동을 B에게 하면, A는 자신도 모르게 표현하였지만, B는 A의 말과 행동을 신체의 감각기관의 정보로 받아들여서 의식으로 전환한다. 이후 B가 A에게 말과 행동을 하게 되면, B는 자신도 모르게 표현하였지만, A는 B의 말과 행동을 신체의 감각기관의 정보로 받아들여서 의식으로 전환한다. 그래서 심리인식의 오류, 심리표현의 오류 그리고 심리작용의 오류가 흔히 발생한다.

　심리장애는 심리의 장애로서 의식과 습관의 장애이며, 마음은 변하지 않는다. 습관의 장애는 감정장애(이상심리)로 나타나고, 의식의 장애는 표현장애 또는 인식장애로 나타난다. 따라서 심리장애는 의식과 습관의 장애이기 때문에 변하지 않는 마음을 이용하여 의식과 습관을 치료해야 한다.

인간의 심리(남자심리, 여자심리)는 인간관계의 심리작용을 아는 것이며, 이는 상대심리의 외부표현(말과 행동)을 통하여 상대의 의식, 습관, 성격 등을 분석함으로써 심리를 분석하여 상대와 자신의 심리를 활용하고 응용할 수 있게 된다. 이를 습관으로 만들게 되면 자신과 상대의 심리조절능력과 감정조절능력을 갖게 되면서 행복습관을 갖게 된다.

심리치료교육인 마음교육의 과정은 ① 마음이론을 체계적으로 학습하여 지식으로 기억하고, ② 기억된 지식을 현실에 적용하여, ③ 경험학습으로 지식을 만드는 반복적인 노력을 지속함으로써, ④ 익숙하고 편안한 긍정감정을 갖도록 하여 ⑤ 자신도 모르게 습관을 만드는 과정이다. 이 과정은 마음의 이론적 지식을 현실적용, 과제실행, 지속적인 환경노출 등을 통하여 느낌과 감정의 경험지식을 쌓으면서 생각과 표현의 일상을 통하여 습관을 만든다.

상대의 말과 행동은 생각을 통하여 의식으로 받아들이게 되고, 자신의 마음과 의식은 습관을 통하여 표현으로 나타낸다. 또한 마음은 습관을 통하여 의식으로 받아들이게 된다. 이 과정은 자신과 상대가 심리작용을 할 때 매우 중요한 절차로서 반드시 기억해야 하고, 이를 알아야만 심리분석을 할 수 있다.

3
상처와 스트레스

　남자와 여자의 스트레스와 상처는 다르게 작용한다. 남자와 여자는 부정감정을 처리하는 방법이 다르다. 여자는 부정감정을 받아들여서 치료하는 마음의 방어기제가 작용하기 때문에 부정감정을 받아들여서 기억하고 이 부정감정의 기억이 상처로 남는다. 그래서 상처의 크기에 따라서 치료되기도 하고 치료되지 않기도 하는데, 치료되지 않은 상처는 지속적으로 치료하려는 마음의 방어기제가 작용한다. 이때 상처의 크기에 따라서 부정감정을 생각하고 기억하고 표현하는 정도가 다르게 나타난다. 따라서 여자는 상처가 발생하더라도 갑자기 극대화되지 않고, 치료를 위한 노력을 지속하기 때문에 갑자기 치료되지도 않는다.
　반면 남자는 부정기분을 거부하는 마음의 방어기제가 작용하기 때문에 부정기분이 인식되면 즉시 부정기분을 제거하기 위한 노력을 한다. 따라서 남자는 부정기분인 스트레스가 발생하면 최대치의 심리적 어려움을 겪지만, 스트레스가 제거되면 즉시 회복된다. 그래서 남자는 감정의 기복이 매우 큰 것으로 나타난다. 결국 남자는 스트레스를 받느냐 받지 않느냐로 구분되기 때문에 스트레스의 크기와는 관련이 없다.
　여자의 상처는 시간에 따라서 상처의 크기인 부정감정의 정도가 존재한다. 그래서 상처에 크기에 따라서 부정감정을 표현하거나 생각하는 크기가 다르다. 또한 상처가 갑자기 극대화되지 않으며, 생겼다 갑자기 사라지지 않는다. 왜냐하면 여자는 상처의 크기로 기억하고 있고, 이를 마음이 치료하기 때문이다.

그러나 남자는 스트레스가 있으면 극대화된다. 남자의 감정기복이 매우 심하고 감정에 매우 즉흥적인 이유도 스트레스의 작용 때문이다. 그래서 남자는 스트레스를 받느냐 안 받느냐의 두 가지로만 구분한다. 스트레스의 크기와는 관계없다.

여자는 상처의 크기에 의하여 정도가 존재하다 보니 강박(불안, 걱정, 초조) 또는 억압(참고 인내)하는 정도가 존재한다. 반면 남자는 스트레스를 부정기분으로 인식하여 자각하면서 있다 없다로만 구분하기 때문에 강박 또는 억압이 형성되지 않고 즉시 부정기분이 표현 또는 생각되는 것이다. 이것이 여자와 남자의 차이이다.

여자는 분노와 상처의 크기에 정도가 있다. 시간에 따라서 증가되는 정도가 보이고 정점에서 상처의 크기가 줄어들 때도 시간이 필요하듯이, 여자는 1에서 2만큼, 2에서 5만큼, 10에서 20 … 100 등과 같이 상처의 강도가 커지는 것이 자각되고, 줄어드는 것도 100에서 90만큼, 90에서 80만큼, 80에서 70 … 30, 20, 10 등과 같이 자각된다.

그러나 남자는 스트레스가 없을 때는 부정기분의 크기가 0이라서 아무렇지도 않다가 스트레스의 부정기분이 발생하면 그 크기와 관계없이 90 이상으로 강도가 높아진다. 즉 0에서 갑자기 90 이상의 부정기분이 발생하는 것이다. 그 후 스트레스가 지속되면 90 이상의 부정기분의 크기가 지속되면서 극한의 어려움을 겪는다. 그러다가 스트레스가 중단되거나 사라지면 갑자기 90 이상의 부정기분의 크기에서 0으로 떨어지면서 편안해지면서 일상으로 돌아간다.

따라서 남자는 스트레스에 매우 민감하게 반응하고 즉흥적이며 견딜 수 없지만, 여자는 상처를 참고 견디면서 이를 치료하려고 노력하기 때문에 남자와는 다르게 반응한다.

이때 여자의 상처가 매우 크면 마치 없는 것처럼 느껴지기도 하고, 상처의 부정감정을 기억하지 못하는 경우도 있다. '시냇물이 흘러갈 때는 소리가 많이 나는데 자갈소리도 나고 물소리도 난다. 이유는 물의 깊이가 얕기 때문이다. 그러나 물이 매우 깊은 경우에는 물살이 매우 빠르고 강하지만 겉에서 보면 소리도 나지 않고 잔잔하게 보인다. 또한 흘러가는 것도 제대로 안 보이고 천천히 가는 것처럼 보인다. 그렇지만 실제로는 매우 빠르고 강하다. 또한 물속은 소용돌이도 치고 있다. 그래서 자칫 빨려 들어가면 위험해진다.'

이와 같이 여자는 상처가 매우 크면 상처의 부정감정에 대한 해리현상이 발생하는데, 이 원인은 여자가 의도적으로 잊어버리려고 해서 잊어버리는 것이 아니라 상처의 크기가 매우 크다 보니 느껴지지 않고 자각되지 않는 것이다. 상처가 워낙 많고 크다 보니 의식이 끌어내지를 못하고 인지를 못하는 것이다. 실제로는 기억된 상처가 매우 많고 크기 때문에 마음은 계속 치료하려고 하지만, 의식이 자각하지 못하기 때문에 이를 처리하고자 습관으로 즐기는 것을 추구할 수밖에 없다. 즉 심리에 장애가 발생한 것이고 심리가 병든 것이다. 심리장애가 발생하지 않으면 여자는 견딜 수 없다.

이때 즐거움을 추구하는 것은 마음과는 다르게 습관으로 위로를 받고자 하는 현상이다. 문제는 치료가 되지 않는다는 것이다. 그래서 또다시 치료하고자 노력하게 되고, 그러면 습관으로 즐거움을 추구하는 현상이 반복될 수밖에 없다. 따라서 한 번 상처의 부정감정에 대한 해리가 발생하면 치료하기 매우 힘들고 어렵다. 또한, 심리장애로 인하여 습관으로 즐거움을 추구할 때, 즐거움의 대상이 일이 되면 일중독이 되고, 섹스가 되면 섹스중독이 되며, 남자가 되면 관계중독이 되면서 즐거움으로 빠져들게 되고 이를 마치 행복인 것으로 착각한다.

여자가 생각할 때 '남자의 스트레스에 대하여 여자가 생각하는 것처럼 1만큼이니 스트레스의 크기도 1만큼 받겠지'라고 생각하면 안 된다. 남자에게 스트레스는 1, 10, 30, 50… 등의 크기와는 관계없이 스트레스가 발생하면 무조건 90 이상의 크기로 느낀다. 따라서 스트레스를 받으면 무조건 90 이상의 어려움을 갖는다는 사실을 생각해야 한다. 따라서 남자는 스트레스가 있느냐 없느냐가 매우 중요하다.

반면 남자가 생각할 때 '여자의 상처에 대하여 남자가 생각하는 것처럼 있느냐 없느냐로 구분하겠지'라고 생각하면 안 된다. 여자에게 상처는 1, 10, 30, 50… 등의 크기로 존재하고 이를 치료하기 위하여 심리표현을 한다는 사실을 생각해야 한다. 따라서 여자에게 상처의 크기와 정도가 존재하는 것은 상처를 치료했느냐 하지 않았느냐에 의하여 결정된다.

4
우울증의 차이

　남자의 우울증과 여자의 우울증은 다르게 작용한다. 남자와 여자의 마음이 다르기 때문에 심리장애인 감정장애의 우울증도 다르게 작용한다. 남자와 여자의 우울증을 비교해 보면 남자와 여자의 상처와 스트레스를 다르게 처리하기 때문에 우울증도 전혀 다르다는 것을 알 수 있다.
　남자는 스트레스의 부정기분을 제거하여 없애려는 마음이 작용하기 때문에 스트레스의 부정기분이 있느냐 없느냐로 구분한다. 반면 여자는 상처의 부정감정을 받아들여서 이를 치료하려고 하는 마음이 작용하기 때문에 상처의 크기와 관련된다.
　참고로 우울증과 우울감은 다르다. 우울감은 우울한 부정감정을 느낄 때, 자신의 기분전환이나 노력으로 우울한 감정의 이전 감정으로 회복된다. 이렇게 자신 스스로 우울한 감정을 없애려고 노력하여 예전의 감정으로 전환할 수 있으면 이를 우울감이라고 한다. 이렇게 우울한 감정이 되었다가 다시 회복되는 과정이 반복적으로 나타날 수 있다. 이때 자칫 우울증으로 오해하기 쉽지만, 다시 원래의 감정으로 회복할 수 있기 때문에 우울증은 아니다. 따라서 우울감이 나타났다가 사라졌다 다시 나타났다 사라지는 등이 반복하는 경우에는 우울증이 아니다.

그러나 우울증은 우울한 감정이 나타났을 때 자신이 회복하려고 노력하지만 뜻대로 잘 회복되지 못한 채 일정 기간 이상 우울한 감정이 지속되는 심리장애이다. 즉 감정에 문제가 발생한 것으로 대부분의 우울증은 습관의 문제로 인하여 발생한다.

여자의 우울증은 상처의 크기에 따라서 우울한 감정의 크기가 지속되는 것으로 우울한 감정의 크기가 일정하게 작용된다. 즉 여자의 우울증은 상처에 크기에 따라서 결정된다. 그래서 우울한 감정의 극대치를 100이라고 했을 때, 우울감이 90 이상으로 지속되는 경우에는 중증 우울증이라고 하고 자살위험 군으로 분류할 수 있다. 실제 여자 우울증 중 1% 미만이 중증 우울증에 해당한다. 이렇게 극도로 우울한 감정을 갖게 되는 경우에는 자기 생명에 위협을 느낄 만큼의 고통과 어려움이 일상생활에 지속되는 것인데, 이러한 경우는 드물다는 뜻이다. 그 이유는 상처의 크기가 다르게 작용되기 때문이다.

그러나 남자는 우울한 기분이 발생하면 이를 제거하려는 마음이 작용하기 때문에 3일 이내에 우울한 기분이 제거된다. 만일 3일 이내에 제거되지 않은 채 우울한 기분이 지속되면 즉시 90% 이상의 우울한 기분을 갖게 되면서 이것이 지속된다. 이때 우울증이라고 한다. 그래서 남자에게 우울증이 발생하면 단기간에 중증 우울증이 되면서 자살위험이 높아진다. 남자 우울증의 80% 이상이 자살위험 군이라고 볼 수 있다.

이와 같이 여자의 우울증과 남자의 우울증은 극명한 차이가 있다. 그래서 우울증은 남자에게 매우 위험한 심리장애이다. 문제는 상처에 크기와는 관계가 없다는 것이다. 즉 우울감이 있느냐 없느냐, 중증이냐 아니면 없느냐로 구분된다. 남자는 우울증이 발생하면 무조건 중증 우울증이 된다.

따라서 남자의 우울증은 즉흥적으로 극단적인 선택을 하는 경우가 많고, 여자의 우울증은 오래 지속되는 경향이 많다. 남자의 우울증이 지속되고 있다면 이는 극단적인 선택을 예고하고 있는 것과 같다.

남자의 스트레스와 여자의 상처가 어떻게 작용하는지 알고 난 후, 이것을 역으로 우울증에 적용하면 여자는 −20만큼 −50만큼 −100만큼 우울증을 갖게 되는데 이는 상처의 크기만큼 일상생활에서 지속되는 것이다. 만일 상처의 크기가 −90 이상이면 매일 고통스럽고 힘든 시간을 보내게 되면서 중증 우울증이 되고, 매일 죽고 싶어지는 것이다. −20만큼 가면 힘들기는 하지만 죽고 싶은 생각은 없다. −50만큼만 가도 그렇다. 그러나 −90 이상을 넘어가면 매우 고통스러운 우울함을 지속적으로 느끼기 때문에 중증 우울증이 되면서 죽고 싶은 마음이 강해진다. 이럴 때는 약물치료가 우선되어야 하고, 약물치료와 병행하여 심리치료를 하면 완치할 수 있다.

반면 남자의 경우 평상시에는 우울증이 없다. 상처의 부정감정을 기억하지 않기 때문이다. 그러나 남자가 부정기분을 기억하고 상처를 받게 되면 −90 이상으로 즉시 빠져든다. 즉 우울감이 −90 이상으로 높아진다. 그래서 남자는 우울증이 있다 없다가 매우 중요하다. 남자에게 우울증이 발생하면 −90 이상의 중증 우울증이 되기 때문이다. 만일 남자가 과거에 스트레스를 기억한다면, 상처의 감정을 기억하는 것인데, 이럴 경우에는 심리장애인 정신병증으로 발전할 수 있거나 또는 극단적인 선택을 하게 된다. 즉 견딜 수 없는 심리적 고통을 겪게 된다.

이와 같은 현상으로 인하여 자살하는 여자의 경우에는 중증 우울증의 상황이 되면 위험성이 높아지는데, 여자로서의 행복도 없고, 아내로서의 행복도 없으며, 엄마로서의 행복도 없어지는 등 3개의 행복이 모두 사라지고 고통을 겪게 될 때 −90 이상의 중증 우울증에 빠져들게 된다.

반면 남자의 경우에는 우울증이 발생하면 위험성이 높아진다. 성취욕과 열정이 남자의 미래행복을 추구하는 원동력인데, 이 두 개가 모두 사라지고 희망을 갖지 못하면 더 이상은 미래행복이 없을 것이라 생각하게 되면서 중증 우울증으로 빠져든다. 그래서 더 이상 살고 싶지가 않게 된다. 이것은 돈이 많고 능력이 뛰어나고 사회적 위치에 올라가 있거나 성공을 한 것과는 관계가 없다. 앞으로의 삶과 인생이 이제는 의미가 사라져 버렸고 자신은 살아야 할 가치를 상실하기 때문이다.

그래서 여자들은 우울증이 발생하였을 때 중증 우울증인 −90 이상의 크기로 우울증이 발생하는 경우는 1% 미만으로 그리 많지 않다. 그런데 남자들은 우울증이 발생하였을 때 80% 이상이 중증 우울증으로 빠져들면서 자살 위험성이 높아진다. 그만큼 남자에게 우울증이 발생하면 무조건 자살 위험성이 높다고 생각해야 한다.

따라서 남자는 부정기분인 스트레스를 완강하게 거부하면서 살아야 한다. 그렇지 않으면 심리장애인 정신병증이 발생하든가 아니면 자살과 같은 극단적인 선택을 하게 된다. 따라서 남자는 스트레스에 민감할 수밖에 없고, 스트레스를 거부할 수밖에 없는 것이다. 아주 평범한 남자, 지극히 정상적인 남자는 미래행복을 추구하는 마음에 의하여 스트레스의 부정기분을 거부할 수밖에 없다.

5
습관과 성격

성격은 습관과 감정이 결합되어 나타나는 결과이다. 인간심리는 의식과 습관에 의하여 마음이 작용하는데, 습관은 마음이 말과 행동으로 표현될 수 있는 통로의 역할을 하고, 의식을 만드는 요인으로서 생각의 습관이며, 의식을 말과 행동으로 표현하는 통로의 역할을 한다. 즉 의식과 마음의 중간역할을 실행하고 마음의 외부표현(말과 행동)과 외부에서 표현되는 말과 행동을 받아들이는 의식의 중간 역할을 한다.

습관은 자신에게 편안하고 익숙한 감정표현을 하는 수단으로 마음이 작용한 결과라고 할 수 있으며 의식적인 말과 행동, 환경, 상황의 반복노출과 경험학습에 의하여 형성되는 무의식이다.

성격은 습관과 감정의 결합이기 때문에 성격에 대해서는 별도로 논하지 않지만 성격이 어떻게 형성되었는지는 알 필요성이 있다. 따라서 성격보다는 사실상 습관과 감정이 분리되어 상호 작용되는 원리를 아는 것이 중요하다. 즉 성격은 습관과 감정에 의하여 결정되는 것으로서 성격문제의 원인이 습관과 감정이기 때문에 성격문제를 거론할 때는 성격보다는 습관과 감정을 정확히 분리하여 해석해야만 성격문제를 해결할 수 있다.

마음은 독단적으로 외부표현이 되지 않는다. 다만 마음 중 1%를 차지하는 생존본능은 습관으로 형성되지 않기 때문에 독단적으로 외부표현이 된다. 99% 이상의 자아본능 또는 행복본능은 습관을 통해서만 외부표현이 되고, 외부로 표현된 말과 행동은 습관을 통하여 의식으로 받아들여진다.

사람들은 대체적으로 성격은 변화할 수 없다고 하는데 실제 성격은 습관과 감정의 결합으로 나타나기 때문에 습관의 변화 또는 감정의 변화를 통하여 성격은 쉽게 변화할 수 있다. 따라서 성격장애 또는 성격문제로 발생하는 모든 심리장애는 문제가 있는 성격의 변화 즉 습관 또는 감정의 변화를 통하여 쉽게 변화하여 심리장애를 치료할 수 있다.

기존의 정신분석이론, 상담이론, 심리이론 등에서는 습관을 본능이라고 왜곡된 해석을 하고 있는데 이는 마음이 습관을 통하여 표현되기 때문이다. 이로 인하여 습관으로 표현되는 문제에 초점을 맞추어서 이를 해결 또는 치료하는 연구를 지속하였기 때문에 실제 정신치료나 심리치료가 어려웠다. 이는 마음을 전혀 연구하지 못한 채 심리를 정확하게 해석하지 못하게 된 원인이 되었다. 따라서 습관과 감정의 분리가 반드시 필요하며, 이는 심리장애를 해결하고 치료하는 획기적인 전환점이 될 것이다.

습관은 자신에게 편안하고 익숙해진 것을 표현하게 만든다. 그래서 습관은 말과 행동과 표정으로 마음을 표현하는 수단이고, 생각하는 수단으로서 자신도 모르게 익숙하고 편안해지도록 만들어진다.

습관은 의식과 마음의 중간에서 통로의 역할을 한다. 그런데 습관은 마음이 만드는 것이 아니라 의식이 만든다. 그래서 오랫동안 성장하고 학습하면서 보고 듣고 느끼는 것과 함께 자신도 모르는 환경과 상황에 노출되면서, 반복적으로 지속되어 자기도 모르게 만들어지는 것이 습관이다. 그래서 습관은 자신이 의도적으로 노력한다고 해서 형성되는 것이 아니고,

자기가 만들고 싶지 않다고 형성되지 않는 것도 아니다. 그래서 의식적인 노력보다 자신도 모르게 만들어지는 것이 습관이다.

이러한 습관은 성격과 직접적으로 관련이 있기 때문에 중요하다. 자녀들에게 이거 해라 저거 해라 하면서 심리를 억압하는 것은 결코 좋지 않다. 그렇다고 내버려 두는 것도 좋은 것은 아니다. 자녀가 어떻게 습관을 만들어 가느냐에 따라서 자녀의 성격과 인생이 좌지우지된다. 이를 위해서는 우선 자신이 먼저 행복해져야 한다. 자신이 행복하고 가정이 행복하면, 자녀는 다른 것은 몰라도 기본적으로 행복의 습관은 갖게 된다. 자녀가 성장하고 살아가면서 다양한 상처를 겪고 여러 가지 다른 습관들이 만들어지더라도 행복의 습관에 기초하면서 형성된다.

인간의 심리는 마음의 작용으로 만들어지는데, 마음은 자아본능이고 행복을 추구하는 본능으로서 여자는 현재행복을 추구하는 마음이고, 남자는 미래행복을 추구하는 마음이다. 그래서 남자와 여자의 마음과 심리가 전혀 다른 것이다. 생각하는 의식, 무의식의 습관, 마음이 모두 다르다.

여자는 상처의 감정을 잘 기억하고, 남자는 상처의 감정을 잊는다. 여자는 상처의 부정감정을 기억하면 자신도 모르는 사이에 현재행복을 추구하기 때문에 부정감정을 이해하고 치료한다. 그래서 치료하기 위하여 부정감정을 표현하면서 화내고 짜증 내고 신경질 내는 것이다. 그것이 습관이 되면 부정감정이 없을 때도 습관적으로 표현하게 된다. 그러면 감정장애(이상심리)가 발생한다. 습관에 문제가 생기면 감정장애가 발생하고, 의식에 문제가 생기면 표현장애 또는 인식장애가 발생한다. 이렇게 심리장애가 발생하면 이를 치료하고자 하는 마음이 작용한다. 그래서 마음이 계속 치료하려고 작용하기 때문에 아프고 힘들고 고통스럽게 되는 것이다.

그런데 여자의 상처를 치료하는 방식은 두 가지가 있다. 하나는 진짜 사랑을 받는 것이다. 즉 남자의 열정을 통하여 심리작용의 욕구와 헌신의 욕구로 이어지는 순기능이 작용하면서 그 남자에게 진정으로 사랑이 움직이게 되었을 때, 상처가 치료되면서 완치된다. 그리고 상처를 기억하더라도 아프지 않게 기억하고 긍정심리가 형성되면서 사랑의 감정을 만들고 현재행복을 느낀다. 그래서 여자는 상처가 치료되면 현재의 행복을 느끼게 된다.

그러나 또 다른 방법으로는 위로를 받는 것이 있다. 위로는 사랑과 비슷하지만 남자의 열정이 필요하지 않다. 열정 대신에 위로를 해 주면 심리작용의 욕구가 일어나는 것은 같다. 하지만 상대 남자의 열정은 없다. 위로를 사랑으로 착각하는 이유는 마치 상처가 치료된 듯 착각하기 때문이다, 이로 인하여 사랑으로 착각하게 되면서 섹스를 하여 행복한 것처럼 인식된다.

남자와 여자의 성심리를 살펴보면 확연한 차이가 있다. 남자의 성심리에서 성욕은 남자의 열정과 동일하게 작용한다. 마음에서 열정을 만들고, 열정이 생기면 심리작용의 말과 행동을 서로 주고받는 욕구가 만들어지고, 상대에게 헌신하고자 하는 욕구가 만들어진다. 남자가 여자에게 커피 한 잔하자고 했을 때 상대 여자가 이를 차단하는 것이 아니라 "고맙습니다." 하고, 그러면 다음에 식사하자고 하고, "네, 그러시죠."라고 반응하면, 그다음에 만나게 되면서 심리작용의 욕구와 헌신의 욕구가 충족되면서 만들어지는 것이 성욕이고 열정이고 성심리이다.

이와 같이 남자는 열정이 있다고 하여 성심리가 처음부터 작용하지 않는다. 그래서 사람들은 성욕이라고 하면 착각한다. 성욕은 사실상 섹스의 욕구가 아니다. 이러한 성심리는 나중에 별도로 논하도록 하겠다. 그만큼 습관은 삶에서 중요한 역할을 하는데, 습관은 의식에 의하여 형성된다. 그러나 의식은 생각하고 자각하지만 습관은 의식이 지속적으로 반복되면서 자신이 자각하지 못하도록 패턴화된 것이다. 이때 마음은 반드시 습관을 통해서만 심리처리를 한다.

기존의 상담이론에서는 습관을 본능이라고 한다. 습관적으로 나타나는 것을 본능으로 해석하기 때문에 심리분석과 심리치료를 할 수 없었다. 기존 심리학의 무의식은 습관과 동일하다. 그런데 습관은 의식에 의하여 만들어지는 것이지 본능이 아니다.

습관

'세 살 버릇 여든까지 간다'는 말이 있다. 버릇은 습관을 말하고, 습관은 한 번 만들어지면 변화가 힘들다. 그래서 습관은 인간의 행복에 중요한 표현이다.

마음과 심리가 작용할 때 습관은 마음의 통제에 의하여 말과 행동을 통해 외부로 표현하거나 생각하도록 내부표현을 하며, 의식에 의하여 일정하게 패턴화된 무의식으로서 무의식화된 의식이 습관이다. 또한, 습관은 의식과 마음의 중간에서 일정한 패턴으로 생각과 말과 행동을 하는 역할을 실행함으로써 인간심리를 외부로 표현하거나 생각할 수 있도록 하고, 심리로 받아들여 생각하도록 한다.

습관은 자신에게 편안하고 익숙한 말과 행동, 생각을 일정하게 반복하도록 함으로써 무의식으로 실행하는 의식의 패턴이고, 의식과 마음이 함께 작용된 결과라고 할 수 있다. 이것은 의식적인 말과 행동, 환경, 상황의 반복과 경험에 의하여 형성된 일정한 패턴을 갖는 무의식이다. 또한 습관으로 발생하는 감정은 습관이 형성되면서 패턴화될 때 작용하고 기억된 감정 또는 현재의 감정으로 나타난다.

성격심리는 습관의 결과로 발생하는 심리표현 또는 심리로 받아들이는 생각이기 때문에 성격심리보다는 습관을 정확히 분석하는 것이 중요하다. 습관의 결과로 나타난 말, 행동, 표정, 생각을 분류한 것이 성격심리이다. 그래서 사실상 성격심리는 습관에 의하여 표현된 결과일 뿐이며, 심리라고 볼 수 없다.

마음은 심리의 기준으로서 의식과 습관을 통제하기 때문에 독단적으로 외부로 표현하거나 생각으로 전환하지 못한다. 그래서 이 마음은 습관을 통해서만 말과 행동과 표정으로 외부에 표현하고, 생각으로 내부표현을 한다. 또한 외부에서 심리로 받아들일 때에도 습관에 의하여 생각으로 받아들여 의식으로 전환한다.

화가 나면 폭력을 휘두르는 사람이 있다고 하자. "화가 나면 저도 모르는 사이에 폭언하고 폭력을 쓰게 됩니다. 저도 안 된다고 생각하고 있지만, 막상 화가 나면 저도 모르게 폭력을 쓰게 되고, 나중에는 후회합니다." 이 사람은 스트레스의 부정감정이 발생하면, 습관에 의하여 폭력성향의 말과 행동을 한다. 의식으로는 하면 안 된다고 생각하더라도 무의식인 습관이 더 우선순위를 갖기 때문에 폭력을 사용하면 안 된다는 생각의 의식보다 습관이 작용한다. 이것이 습관의 무서운 힘이다.

6
습관 만들기

　습관은 생각으로 의식하면 만들어지지 않는다. 마음이 습관을 통하여 외부표현 또는 의식으로 전환이 되는 것을 이용하여 마음이론을 개발하였고 이 마음이론을 학습한 후 지식으로 만들고, 학습된 지식을 통하여 현실에 적용하여 경험지식을 쌓는 노력을 반복함으로써 새로운 습관을 만든다. 이 새로운 습관은 기존의 습관을 대체함으로써 마음이 새로운 습관을 통하여 외부표현 또는 의식으로 전환되도록 한다.

　학습과 경험된 마음이론을 지속적으로 의식하면 습관으로 전환되지 못한 채 의식으로만 남아 있게 된다. 따라서 마음이론을 학습하여 지식을 만드는 것이 중요한 것이 아니라 반복적인 적용과 경험을 통하여 습관을 만드는 것이 중요하며 이것이 심리치료의 핵심개념이다.

　마음이론을 학습한 후 현실에 적용하여 경험지식을 쌓으면서 새로운 습관으로 만들 때, 기존의 습관으로 인하여 새로운 습관이 만들어지면서 부정감정(불편함, 어색함, 답답함, 짜증…)이 발생하는데, 이 부정감정으로 인하여 반복적인 경험을 방해하는 요인이 된다. 따라서 이 부정감정을 극복하여 긍정감정(편안하고 좋은 감정, 습관이 형성되었다는 뜻)이 될 때까지는 의지를 갖고 노력해야 한다. 부정감정은 새로운 습관을 만드는 데 반드시 나타나는 방해요소이다.

　또한 마음이론의 지식은 반복적인 경험을 통하여 습관으로 형성되고, 습관이 만들어지면 마음이론의 지식은 더 이상 필요없어지면서 마음이 새로운 습관을 통하여 외부로 표현되고, 새로운 의식이 되면서 마음이론은 기억하지 못하게 된다. 그렇기 때문에 마음이론에 대한 지식을 쌓기 위하여 이론을 분석하고 알아가는 과정보다는 경험으로 전환하는 것이 필요하다.

　새로운 습관이 형성되면 기존의 습관을 대체하는데, 기존의 습관은 없어지는 것이 아니라 새로운 습관으로 대체되면서 기존습관은 남아 있지만 외부표현이 되지 않고 의식으로 전환되어 기억된다. 또한 기존의 습관은 상황과 환경, 필요에 의해 다시 나타날 수 있다.

　새로운 습관을 만들 때는 반드시 기존의 습관과 새로운 습관의 장점과 단점을 정확히 분석해야만 한다. 모든 습관은 장점과 단점이 함께 공존하기 때문에 단점이라고 무조건 없애는 것은 자칫 장점을 없애는 결과를 초래하게 된다. 따라서 대체되는 새로운 습관의 장점과 단점, 기존 습관의 장점과 단점 등을 분석한 후 새로운 습관을 만들어야 한다.

　성격은 습관에 감정이 결합된 것으로서 성격을 변화하려면 습관을 변화하거나 감정을 변화하면 된다. 그만큼 마음을 알게 되면 습관 또는 감정을 변화하는 것은 쉬우며, 성격을 변화하는 것도 쉽다.

　습관은 의도적인 노력으로는 만들어지지 않는다. 물론 습관은 의식에 의해서 만들어지는 것은 맞는데, 의식의 작용은 이해의 과정이고 실제로 습관을 만들어 가는 과정은 자신도 모르게 그냥 하는 것이 중요하기 때문에 의도적으로 노력하면 부정감정이 만들어지면서 실제로 습관으로는 형성되지 않는다.

이때 심리대칭이론이 매우 중요한데 심리대칭이론을 간단하게 설명하면, 좋은 것과 나쁜 것이 함께 공존하고 있다는 이론이다. 즉 인간은 습관을 가지고 있는데 이때 긍정감정 또는 부정감정에 따라서 성격은 정반대로 나타난다. 이것이 심리대칭이론이기 때문에 좋은 것이 좋은 것이 아니고, 나쁜 게 나쁜 것이 아니다. 반드시 나쁜 것의 이면에는 나쁜 것에 버금가는 좋은 것이 존재하고 있다는 것을 항상 생각해야 한다. 그래서 보이지 않는다고 없는 게 아니라는 이론이 심리대칭이론이다.

그래서 습관을 만들 때는 기본적으로 마음이론을 학습해야 한다. 마음과 심리가 작용하는 원리를 알고 이해한 후, 변화를 위한 행동을 할 때는 의식적으로 의도하지 말고 그냥 실천하면서 반복하는 것이다. 의도하는 의식이 작용하면 안 된다. 습관을 만드는 과정에서 부정감정이 발생한다. 그러면서 불편하고 답답하고 어려워지고 화나고 짜증 난다. 이러한 부정감정이 있더라도 의지를 갖고 노력을 계속하면 어느 순간에 부정감정이 긍정감정으로 전환한다. 긍정감정으로 전환한 후 긍정감정이 지속적으로 발생하면 이때 습관이 형성된다.

그런데 기존에 있었던 습관이 없어지는 것이 아니라 새롭게 만들어진 습관으로 대체가 된다. 최고와 최악은 같은 습관에서 나온다. 습관은 감정에 의해서 대칭적으로 나타난다. 예를 들어 '인터넷에 글을 올리는 습관을 가지고 있다. 그런데 감정이 안 좋다면 욕하고, 비판하고, 명예훼손을 하고, 악플러가 된다.' 이처럼 악플러의 경우는 글 쓰는 습관에 부정감정이 결합된 성격으로 나타나는 것이고, 선플러의 경우는 글 쓰는 습관에 긍정감정이 결합된 성격으로 나타나는 것이다.

그리고 무엇이든 잘 참는 사람이 있다면, 사람들이 뭐라고 하더라도 잘 참는 습관을 갖고 있으니 감정이 좋을 때는 참아도 힘들지 않지만, 감정이 안 좋을 때는 모두 표현된다. 그것도 일반 사람들보다 훨씬 강하게 표현한다. 이렇듯이 습관은 감정에 의해서 최악이 될 수도 있고 최선 또는 최고가 될 수도 있다.

따라서 사람들에게 안 좋은 것이 나타났다면, 그 안 좋은 것이 꼭 안 좋은 것은 아니다. 좋지 않은 이면을 보면 최고 장점이 있다는 뜻이다.

습관을 만들 때는 반드시 마음과 심리가 작용하는 원리를 알아야 한다. 마음을 이해하지 못하면 절대 습관을 만들 수 없다. 그리고 자칫 잘못하면 현재보다 심각한 큰 문제가 발생할 수도 있다. 그냥 습관을 바꾸는 것은 자칫 '빈대 잡자고 초가삼간 태울 수도 있다'는 뜻이다. 괜히 습관 하나 잘못 바꿔 놨다가 인생이 불행해질 수도 있다.

그래서 습관을 바꿀 때는 마음과 심리가 작용하는 원리를 정확하게 알고 이해해야 한다. 이후, 습관을 변화할 것이냐 감정을 변화할 것이냐를 판단해야 한다. 습관을 변화하는 것에 대한 필요성을 검토하고 분석하고 예측해야 한다. 자칫 최고의 장점이 최고의 단점이 될 수 있기 때문이다. 그래서 없애거나 또는 변화할 때는 자칫 잘못하면 최고의 장점을 없앨 수도 있다. 이처럼 습관을 변화시킬 때는 신중해야 한다.

가능하다면 습관보다는 감정을 바꾸는 것이 좋다. 괜히 습관을 바꾸려고 하기보다는 차라리 없는 습관을 만드는 것이 좋다. 기존에 있는 것은 기존에 있는 습관 자체가 나쁜 것이 아니라면 습관을 바꾸면 안 된다. 왜냐면 그 사람이 갖고 있는 최고의 장점을 없애버리는 결과가 발생하기 때문이다. 따라서 습관을 바꿀 것인지 감정을 바꿀 것인지는 반드시 검토해야 한다. 긍정감정이면 최고의 장점이 되고, 부정감정이면 최고의 단점이 되기 때문에 감정에 의하여 장점이 될 수도 있고 단점이 될 수 있고, 능력이 될 수도 있고 병증이 될 수 있다는 것을 꼭 생각해야 한다.

특히 심리장애에서 중요하다. 심리장애가 있다는 것은 분명 다른 사람과 다르게 심리가 작용한다. 그런데 그것이 좋은 감정과 결합되어 자신도 좋고, 상대도 좋고, 다른 사람들도 다 좋게 만들어 주는 그러한 감정과 결합이 되면, 다른 사람이 갖고 있지 않은 가장 강력한 능력을 갖게 된다. 그것이 바로 심리장애인 사람이 가지고 있는 최고의 장점이 된다. 다른 사람이 가지고 있지 못하는 장점이다. 그래서 잘못됐든 잘됐든 간에 특별한 성격이 있다면, 최고의 장점이자 최악의 단점을 가지고 있다고 생각하면 된다.

따라서 습관을 만들 때는 반드시 그 사람에게 정말 변화해야 될 또는 없애 버려야 될 그런 사유가 있는지 검증해야 한다. 그리고 변화될 습관을 예측해야 한다. 습관은 쉽게 그냥 자기 멋대로 필요하다고 바꾸는 것이 아니다. 잘못하면 가지고 있는 최고의 장점을 무너뜨릴 수 있다.

여러분이 현재가 힘들어서 미래의 행복을 위하여 변화하고 싶을 때, 자신의 능력을 찾는 가장 좋은 방법이 있다. 도덕, 윤리, 법, 사회 등을 떠나서 좋든 나쁘든 최악이든 상관없이 자신이 많이 한 경험, 남들이 못한 나만의 경험, 그리고 특별한 경험을 찾는 것이다. 다른 사람들과는 다르다고 생각하는 것을 찾아보면 분명 싫은 것, 아픈 것, 나쁜 것이 많을 것이다. 이것이 최악으로 생각되겠지만, 최고의 자산이고 최고의 능력이 될 수 있다.

7
여자의 의미

여자의 4대 요소는 몸(신체), 심리(마음의 작용), 외형, 표현(말, 행동)이다. 여자와 여성은 다르다. 성적 개념을 포함하지 않을 때 여자라고 하고 성적 개념을 포함할 때는 여성이라고 한다.

여자들에게 묻는다. "당신은 여자입니까?" 이 물음에 선뜻 "여자가 맞습니다"라고 대답하기도 하고 어떤 여자는 대답을 못 한 채 우물쭈물한다. 물론 갑자기 한 질문에 당황하여 대답을 못 하는 경우도 많다. 이처럼 대답하든 못하든 상관없이 의식에서는 여자를 섹스에 연관하여 인식하는 경향이 많다. 즉 "당신은 여자입니까?"라고 물었을 때 "예. 여자입니다. 그런데 섹스는 별로 좋아하는 편은 아닙니다."라고 대답하면서 꼭 여자라는 말 뒤에 섹스를 언급한다. 또한 대답하지 못하는 여자가 당황해하는 이유는 질문 자체가 마치 자신에게 섹스를 묻는 것으로 인식하기 때문이다.

결국 여자는 살아오면서 여자와 섹스를 동일한 의미로 받아들이면서 여자를 부정하는 의식과 습관을 갖고 살아왔다는 것을 의미한다. 남자에게 여자에 대한 이야기를 하는 것 자체가 섹스를 의미하는 것이라는 사회적 인식이라 할 수 있다.

그렇다면 여자의 의미는 무엇인가? 네 가지의 구성요소가 여자로서 조화를 이룰 때 진정한 여자가 되고 매력을 갖게 된다. 첫째 신체(몸)가 여자이고, 둘째 심리(마음의 작용)가 여자여야 하며, 셋째 외형이 여자여야 하고, 넷째 표현하는 말과 행동이 여자여야 한다. 이처럼 네 가지가 조화를 이룰 때 비로소 여자인 것이다.

이 네 가지는 서로 밀접한 연관성을 갖고 있고, 마음이 이 네 가지를 충족하기 위하여 끊임없이 작용하기 때문에 네 가지의 구성요소가 상호작용을 한다. 따라서 네 가지 구성요소 중 어느 하나라도 문제가 발생하면 조화가 깨지면서 세 가지도 연계되어 시간이 지나면서 남은 세 가지도 순차적으로 문제가 발생하게 된다.

또한, 문제가 발생한 여자의 경우는 네 가지의 구성요소 중 어느 하나를 여자로 회복하면 세 가지도 연계되면서 시간이 지나면서 남은 세 가지도 여자로 회복하게 되었을 때 이를 조화롭게 하면 진정한 여자가 되고 매력을 갖게 된다. 따라서 여자가 된다는 것은 그 자체가 매력이며, 이는 몸매, 외모, 체형 등과는 전혀 관계없이 진정한 여자의 매력을 갖게 된다.

이때 외형의 변화를 통하여 세 가지를 회복하는 대표적인 기법이 '패션테라피'이다. 패션테라피는 '패션을 이용하여 심리를 치료하는 기법'이다. 이때 여자의 의미에 대하여 여자이면서도 정확히 아는 사람은 많지 않다. 상담을 할 때 아내들에게 꼭 물어보는 말이 있다. "당신은 살아오면서 여자로 살았나요?" 그러면 "여자였죠. 당연히."라고 대답한다. 경우에 따라서는 말을 잘 못 하는 경우도 있지만, 대부분은 여자였다고 말한다. "그러면 연애할 때의 여자와 결혼생활 하면서의 여자와 다른 점은 무엇이었습니까?"라고 묻는다. "많이 다르죠"라고 대답한다. 그때에 비하면 나이와 몸을 생각하고 자녀들 또는 주변 사람들을 의식한다. 여자라고 하면 이상하게 보일 것이라는 생각한다. 그래서 여자이면서도 여자의 의미를 모른다.

여자는 4가지의 구성요소가 조화를 이룰 때를 말한다. 첫 번째는 몸(신체)이 여자여야 된다. 몸은 분명 여자인 것은 부인할 수 없기 때문에 더 말할 필요가 없다. 문제는 자신의 몸이 여자라는 사실을 잊고 산다는 것이다. 즉 마음에서 여자인 것을 잊고 사는 것이다. 남편도 아이들도 모두 아내나 엄마로는 인식하지만 여자라는 것을 인식하지 않는다. 그래서 심리는 이미 여자가 아니다. 자신이 여자라서 행복하다고 생각하지 않는다.

두 번째는 몸(신체)이 외부로 표현되는 외형이 여자여야 한다. 대부분은 편안한 패션을 선호한다. 일상의 편안한 옷을 입게 되면서 그저 패션은 불편하지 않으면 된다고 생각한다. 그러면 "왜 이렇게 입으시나요?"라고 물으면, "편하잖아요. 그렇지 않으면 청소, 빨래, 식사 준비 등을 할 때 불편하잖아요."라고 말한다. 그래서 집에서는 여자가 되는 것보다는 아내와 엄마로 살고 있다는 것이다. 집에서 여자로 산다는 것은 불편하게 인식하는 것이다. 그러다 보니 여자를 잊고 사는 것을 알 수 있다.

세 번째는 마음이 여자여야 하는데 모든 여자는 마음이 동일하지만, 의식과 습관으로 작용하는 마음은 자신이 여자인 것을 잊고 산다. 아내와 엄마로서의 역할에 치중하고 여자로는 생각하지 않는 것이다. 여자를 성적개념의 여자로 인식하는 것이다.

네 번째는 마음의 표현인 말과 행동과 표정이 여자여야 한다. 마음의 표현은 마음을 외부로 표현하는 것으로서 습관이 작용한다. 그래서 아내와 엄마로서의 습관이 형성되면서 여자의 습관을 잊고 산 것을 알 수 있다. 말이 거친 여자, 자기주장이 강한 여자, 신경질적인 여자, 화를 잘 내는 여자, 히스테리의 여자, 스트레스를 못 견디는 여자, 좋은 것만 찾는 여자… 등은 여자의 심리가 아니다. 여자의 심리는 부드러움과 상냥함인데 이는 사랑하는 사람들에 대한 모성애를 뜻한다. 상대에게 맞춰지는 것이 아니라 자신의 모성애에 의하여 표현되는 것이다. 여자의 공격은 화내면서 싸우는 것이 아니다. 웃으면서 부드럽게 하는 말 한마디에 상대를 무너트릴 수 있다. 그것이 여자에 강력한 힘이다. 그런데 여자가 마치 남자가 된 듯이 싸우고 경쟁하듯이 살고 있으면 말과 행동과 표정이 여자는 아니다.

이와 같이 4가지의 구성요소가 조화를 이룰 때 여자로 인식되고, 여자라고 할 수 있다. 4가지 구성요소가 조화를 이루면 남자는 무조건 여자에 대한 열정이 발생한다. 그래서 여자에게 끌려가고 맞춰 주고 이해와 배려를 하게 된다. 남자는 상대가 아내이든 아니든 관계없이 여자로 인식되면 열정이 생성되면서 자신도 모르게 심리작용의 욕구, 희생과 헌신의 욕구가 발생한다. 그래서 무엇이든 다 해 주려고 하는 심리가 형성된다.

참고로 유치원부터 실시하고 있는 성교육과 성폭력예방교육이 있다. 이는 "너희들은 여자다"라는 것을 가르쳐 준다. 유치원부터 아이들에게 "너는 여자이기 때문에 생리도 하는 것이고, 임신이 어떻고, 난자가 정자를 만나면 어떻게 되고…" 등과 같이 다양한 여자에 대하여 가르쳐 준다. 그래서 여자이기 때문에 자신을 보호하기 위하여 알아야 한다면서 여자라는 것을 알려 준다. 그러면 아이들은 '내가 여자구나. 남자와는 달라.'라고 생각하면서 의식에서는 여자로 자신을 인식하고, 부모님이 예쁘게 꾸며 주고, 말과 행동과 표정은 귀엽고 예쁘게 하게 된다. 당연한 것이다. 그런데 이러한 아이들을 성인들이 볼 때, 그 아이들을 여자라고 인식된다. 이미 그 아이들은 몸은 당연히 여자이고, 마음은 여자인 것을 인식하고 있고, 예쁜 외형으로 꾸미고 있고, 말과 행동과 표정도 예쁘게 하고 있으면서 4가지의 구성요소가 조화를 이루고 있으니 당연히 여자가 된다. 그러면 남자라면 누구든 열정이 생기게 되는 것이다. 이것이 왜곡되면 매우 심각한 사태가 발생하고 성범죄가 발생한다.

그렇다면 성교육은 무엇을 위한 교육인가? 아이들의 심리에 여자와 성이라는 의식을 넣어 주는 것이다. 그래서 남자에게 그 아이들이 아이가 아니라 여성으로 인식되도록 하는 교육이 되는 것이다.

성교육을 할 때는 반드시 성마음교육이 함께 되어야 하는 이유이다. 아이들을 상대로 하는 성범죄가 급격히 많아지기 시작한 시점이 성교육이 활성화된 시점과 같은 것은 시사되는 바가 크다고 할 수 있다. 즉 사회가 그렇게 만든 것이다. 지금의 성교육은 성마음이 작용하는 성심리를 가르쳐 주지 않기 때문에 성심리가 모두 무너지고 있다는 것을 인식하지 못하고 있다. 생각보다 심각한 상황이다. 아이들의 잘못이 아니다. 성심리를 모른 채 성교육에 열을 올리는 어른들이 문제이다. 마치 아빠가 어린 딸을 여성으로 인식하여 열정을 갖도록 가르치는 것과 같은 것이다. 언론과 방송에서도 점점 어린아이들을 여성으로 인식하도록 섹시함을 지속할 수밖에 없는 것도 이러한 사회추세를 따라가기 때문인데, 이 또한 비슷한 맥락이라 할 수 있다.

또한 의무적으로 인성교육을 한다고 하지만, 과연 인간의 마음과 심리를 정확히 전달할 수 있는 마음교육을 할 수 있을까? 의식과 습관의 일부만을 알고 있는 현실, 그것도 마음의 개념조차 잡히지 않은 현실에서는 아무리 좋은 취지의 인성교육을 하더라도, 그것은 의식인 생각의 추측일 뿐이고, 나타나는 결과의 현상은 일시적인 생각과 기억일 뿐이다. 마음교육은 매우 정교하고 치밀해야 하며, 마음과 심리가 작용하는 원리를 정확히 알아야만 할 수 있다는 사실을 모두들 간과하고 있다.

8
여자의 외형

　패션테라피는 외형의 패션을 이용한 심리치료기법이다. 여자의 4대 구성요소는 신체(몸), 심리(마음의 작용), 외형, 말과 행동 등인데, 여자가 되고 여자의 매력을 회복하기 위해서는 4가지 구성요소 중 하나를 반드시 여자로 회복하여 습관으로 만들어야만 다른 3가지의 요소도 동일한 여자로 회복할 수 있게 된다. 그러면 무엇을 가장 우선으로 회복을 할 것인지 결정해야 하는데, 이 결정을 하는 가장 현명한 방법은 의식으로 쉽고 빠르게 회복을 할 수 있는 요소를 찾는 것이다.

　신체(몸), 심리(마음의 작용), 말과 행동 등의 3가지 요소는 의식으로 회복하기에는 매우 추상적이고 시간도 오래 소요되고 현실적용이 힘들기 때문에 회복이 어렵고 시간도 많이 소요된다. 따라서 의식이 가장 쉽고 빠르게 회복할 수 있는 요소가 외형이다.

　이 외형의 변화는 일명 '패션테라피(Fashion Therapy)'라고 하는데 '패션의 변화를 이용하여 심리치료'를 하는 심리치료기법의 하나로서 패션의 변화를 통하여 의식이 학습과 경험을 반복함으로써 변화된 패션으로 습관을 만들게 되면서 심리를 치료하는 방법이다.

　여자의 외형이라 함은 여자만이 할 수 있는 외형(패션)이라 생각하면 된다. 즉 남자는 할 수 없는 외형(패션)을 생각하면 된다. 사례를 들어 보자.

첫 번째, 바지는 남자도 입을 수 있지만, 미니스커트는 남자가 입을 수 없는 패션이다. 그래서 패션테라피에서는 최대한 몸에 밀착되고 H라인 스커트를 입으라고 한다. 이는 남자는 도저히 입을 수 없기 때문이다.

두 번째는 속옷에 대해서도 보이지 않는 부분이기는 하지만 여자만이 입을 수 있는 일반적인 속옷이 아니라 끈, 레이스, 기타 최고의 섹시함을 느끼는 속옷을 입도록 한다.

세 번째는 구두나 운동화는 남자도 신을 수 있지만, 하이힐은 남자가 신을 수 없다.

네 번째는 액세서리도 마찬가지로 남자는 할 수 없는 것으로 하도록 한다. 액세서리를 하지 않는 것은 역시 남자도 할 수 있기 때문에 액세서리를 꼭 남자는 할 수 없는 것으로 하라고 한다. 크고 화려한 액세서리는 남자가 할 수 없다.

이와 같이 남자는 할 수 없고 여자만이 할 수 있는 패션을 하는 것으로 패션테라피를 시작하는데 이렇게 되어야만 심리를 치료하고 회복된다.

패션테라피를 시작할 때는 기존의 습관으로 인하여 부정감정(어색함, 불편함, 답답함, 힘든…)이 발생하여 의식에게 그만두라는 영향을 주면서 힘들어진다. 그러나 여자로 회복이 된다는 의지를 갖고 경험을 반복하면 차츰 부정감정이 없어지면서 긍정감정이 형성되어 습관으로 만들어진다. 그래서 변화를 시작할 때는 부정감정이 만들어지면서 자신이 다른 사람을 의식하게 되고, 습관이 되어 긍정감정이 만들어지면 다른 사람이 자신을 의식하게 된다. 즉 자신은 편안해지면서 여자가 되고 심리(마음의 작용), 신체(몸), 말과 행동 등 3가지가 모두 여자로 회복이 된다. 가장 빠르고 쉬운 방법이 패션테라피이다.

여자의 외형과 마음은 매우 밀접한 관계가 있다. 여자가 마음보다 외형에 관심이 더 커지는 때는 연애의 감정을 가질 때이며, 이는 남자의 열정(여자는 이를 사랑으로 인식)이 필요하기 때문에 나타나는 감정이다. 그래서 여자는 사랑의 감정이 필요한 연애의 감정을 갖고자 할 때는 마음보다는 외형이 우선이다. 즉 남자의 열정과 여자의 사랑이 필요한 심리작용을 할 때는 여자는 외형으로 표현하는 것이 우선되기 때문이다. 마음보다는 외형이 우선되는 관계가 연애관계이기 때문에 여자는 자신도 모르게 외형을 중요하게 인식하고 남자는 여자의 외형에서 열정을 갖는다.

결혼을 하고 난 후 남자는 열정이 줄어들고 여자는 사랑이 줄어들면서 여자의 외형보다는 마음을 더욱 중요하게 인식하면서 삶과 인생의 감정을 갖는다. 행복의 가치성을 갖기 위하여 여자는 아내의 행복과 엄마의 행복을 가질 수 있도록 현재행복을 추구하고, 남자는 무한책임의 무의식적 사랑을 갖고 외부 성취욕을 강화하면서 미래행복을 추구한다.

그래서 남편과 아내는 서로 익숙하고 편안해지면서 안정감을 가질 수 있도록 노력한다. 이렇게 안정감, 익숙함, 편안함을 지속하는 습관이 형성된다. 그래서 남자의 열정이 없어지고 여자의 사랑이 없어져도 남자는 무한책임의 사랑을 갖고 아내와 자식에 대하여 안정감, 익숙함, 편안함을 갖게 되면서 외부에 열정과 성취욕을 강화하면서 미래행복을 추구한다. 또한 여자는 모성애의 사랑을 갖고 남편과 자식에 대하여 안정감, 익숙함, 편안함을 갖게 되면서 현재행복을 추구한다.

그러나 이와 같은 부부는 결정적인 문제점을 갖게 된다. 없어진 남자의 열정과 여자의 사랑을 인식하지 못하기 때문에 섹스리스, 무관심, 부부갈등, 부부문제, 기타 문제가 발생하면서 위기를 겪게 된다. 이러한 문제가 발생하면 모두가 상대의 탓이라 생각하면서 부부위기를 겪는다. 이를 예방하거나 문제해결을 위해서는 남자의 열정과 여자의 사랑을 회복해야 한다. 그래야 진정한 부부행복과 가정행복을 만들 수 있다.

먼저 연애감정과 같은 남자의 열정과 여자의 사랑을 형성할 수 있도록 아내는 여자로서의 외형을 중요하게 인식하고 남편은 남자로서의 열정을 만들어서 연애감정을 갖도록 한다. 그러면 이미 형성된 남편의 무한책임의 무의식 사랑과 아내의 모성애 사랑이 결합할 수 있다. 그러면 남편과 아내는 남자의 미래행복추구와 여자의 현재행복추구가 상호 교류하면서 행복이 만들어진다.

패션테라피

패션테라피는 외형을 변화하여 심리를 치료하는 기법이다. 이는 여자에게 적용하는 심리치료기법으로서 심리문제가 발생하고 기간이 오래 지속된 경우에는 이미 신체(몸), 심리(마음의 작용), 말과 행동, 외형 등 여자의 4가지 요소가 모두 문제가 발생하였다는 것을 알 수 있다. 이때 여자의 4가지 요소를 모두 여자로 회복하여 심리치료를 하는 방법으로 외형(패션)을 변화하여 습관을 만들어서 습관의 문제를 해결하고, 새롭게 만들어진 습관으로 다시 의식의 문제를 해결하는 심리작용의 원리에 의하여 심리치료가 되도록 하는 방법이다. 또한, 남자도 여자의 패션테라피 원리를 이해하고, 상대 여자에게 패션테라피를 적용함으로써 상대 여자의 심리치료와 남자 자신의 열정이 회복되는 효과를 동시에 갖게 된다.

여자의 패션이 변화하면, 먼저 편안했던 기존의 습관이 부정감정(불편함, 어색함, 답답함, 어려움…)을 표현하여 의식에 의하여 패션을 변화하지 못하도록 방해하게 된다. 두 번째, 변화에 대한 의지를 갖고 패션 변화를 위한 노력을 지속하면 점점 부정감정이 사라지고 긍정감정이 형성될 수 있도록 하여, 세 번째는 변화된 패션이 습관으로 만들어지도록 한다. 이런 과정을 통하게 되면 변화된 패션은 패션스타일을 변화하게 되는데 이때 스타일이 변화하면서 심리도 변화한다. 이 심리가 변화하는 것이 새로운 습관과 의식이 만들어지는 것이다.

이렇게 습관이 만들어지면 편안하고 익숙하게 되면서 더 이상의 부정감정이 발생하지 않게 되는데 이때 여자로의 심리가 회복되고, 신체(몸), 외형, 말과 행동이 함께 변화하여 여자로 회복된다. 또한, 여자의 마음이 새로운 습관으로 표현되면서 말과 행동이 변화하여 여자로 회복하고, 여자의 마음이 새로운 습관을 통하여 의식을 변화하여 여자로 회복한다. 이러한 과정을 갖게 되면 여자로 회복하여 매력을 갖게 되면서 자존감과 자신감을 모두 회복하게 된다.

패션테라피를 한 여자들의 특징을 보면 패션테라피를 시작하기 이전의 우울증, 불안감, 불면증, 기타 감정장애 등이 모두 사라지면서 자신감을 갖고 당당하고 자존감이 있는 여자로 변화한다. 따라서 패션테라피는 우울증과 같은 감정장애의 치료에 효과가 뛰어난 심리치료기법이다.

패션의 효과는 세 가지의 측면에서 살펴보아야 하는데 첫째는 여자 자신의 효과, 두 번째는 상대 남성의 효과, 세 번째는 상대 여성의 효과이다. 이 중 상대 여성의 효과는 여성의 마음이 동일하기 때문에 의식과 습관에 긍정감정을 만들기도 하지만, 상대 여성이 의식과 습관의 문제가 있는 경우에는 질투나 경쟁이 발생하면서 오히려 부정감정이 만들어질 수도 있다. 이는 상대 여성의 심리에 따라서 정반대의 반응이 나타날 수 있다.

우선 여자 자신의 효과를 보면, 패션은 외형의 가장 중요한 핵심이고 여자로서의 패션은 자신의 신체(몸), 심리(마음의 작용), 말과 행동을 모두 여자로 회복하는 효과를 갖게 된다. 이렇게 여자로 회복되면 자존감과 자신감을 회복하고, 여자로서의 삶을 행복하게 살아갈 수 있는 기초가 만들어진다. 그러나 과유불급(過猶不及)이라는 말이 있듯이 과도한 패션변화는 오히려 또 다른 문제가 발생하게 되면서 신체, 심리, 말과 행동에 문제를 야기할 수 있기 때문에 과도한 패션변화는 조심해야 할 부분이다.

따라서 패션을 통하여 심리치료를 하는 패션테라피는 단순한 패션을 변화하는 것이 아니라 신체, 심리, 말과 행동에도 영향을 주기 때문에 패션심리전문가의 도움이 반드시 필요하다. 자칫 감당할 수 없는 심리장애가 발생할 수 있으니 매우 주의하여 실행해야 한다.

다음은 상대 남자의 효과인데, 이 부분은 인간관계에서 매우 중요하다. 여자의 인간관계 중 부부관계, 애정관계, 연인관계, 성관계, 기타관계 등에서 여자는 상대 남자와의 심리작용으로 희로애락, 상처와 사랑, 불행과 행복 등이 만들어진다. 즉 여자의 인간관계는 남자와의 관계라고 해도 과언이 아닐 만큼 매우 중요한 요소이다.

남자의 마음은 상대를 여자로 인식하는 순간 열정(기분의 마음에너지)이 만들어지고, 열정이 발생하면 심리작용의 욕구와 헌신의 욕구가 동시에 발생한다. 그래서 남자는 여자에게 말을 걸거나 무엇인가 심리작용을 하면서 여자의 심리에 맞춰서 무엇이든 다 하려고 노력한다. 이와는 정반대로 여자가 거부를 하였음에도 열정이 지속되고 심리작용의 욕구와 헌신의 욕구가 지속되면 스토킹, 짝사랑, 훔쳐보기, 괴롭히기 등을 통하여 자신의 욕구를 충족하려고 하는 경우도 있다. 이 모든 것이 열정의 마음에너지가 생기면서 나타나는 현상이다.

여자의 외형(패션)이 여자로 변화하여 신체, 심리, 말과 행동이 여자로 변화를 하고 이 4가지가 조화를 이루게 되면 남자는 누구든 여자로 인식을 하게 되면서 열정이 생긴다. 이 열정이 생기면 남자에게는 활력과 에너지가 만들어지기 때문에 상대 남자에게는 매우 중요하다.

9
알몸수면요법

　알몸수면요법은 잠을 자면서 심리를 치료하는 기법이다. 알몸이라는 말을 하면 우선은 섹스를 떠올리면서 거부감을 갖는다. 아니 한 번도 알몸으로 잠을 잔 적이 없다면서 부담스러워하는 반응이 대부분이다.

　알몸은 여자의 4가지 요소 중 하나인 신체(몸)이다. 여자의 몸은 섹스가 아니고 다른 사람에게 성적대상이 되어서도 안 되는 신체(몸)일 뿐이다. 알몸을 섹스라고 인식하고 있는 우리들의 의식이 왜곡된 것으로 남자와 여자 모두 부정감정을 갖게 되는 것임을 알아야 한다. 알몸을 섹스와 연관하지 말고 부끄러움이나 수치심을 갖지 않도록 해야 한다. 특히 상대중심의 생각을 하지 말고 자기중심의 생각을 하는 것이 필요하다. 다른 누구도 신경 쓰지 말고 오로지 자신을 위한 것이라는 생각으로 알몸수면을 실행한다.

　또한 알몸수면요법은 이미 오랜 시간을 통하여 검증된 것이니 오랜 시간 꾸준히 노력하는 것이 비결이다. 이는 패션테라피의 원리와 동일하게 적용하도록 한다.

　알몸수면요법은 잠을 자면서 심리안정과 심리치료를 하도록 하는 효과에 착안한 것이며 효과성이 매우 좋다. 알몸을 절대 섹스와 연관한 부끄러움, 수치심, 창피함으로 생각하지 말고, 인간으로서 잠을 잘 때만이라도 신체를 편안하게 유지하여 심리도 함께 편안하게 유지될 수 있도록 하는 효과를 갖는다고 생각해야 한다. 잠잘 때만이라도 신체를 억압하지 않는 것이다. 또한 알몸수면요법은 처음 태어났을 때의 모습으로 되돌아가도록 하여 태어날 때 인간의 모습으로 되돌리는 노력이라고 생각하면 좋다.

옷을 모두 벗고 알몸으로 잠을 자면 여러 가지 증상을 치유하는 데 도움이 된다. 다이어트와 피부미용에도 효과가 있고 몇 종류의 통증과 코골이에도 도움이 된다. 요통이나 두통으로 불편을 겪고 있다면 전혀 돈을 들일 필요가 없는 알몸수면요법을 실시해 보면 생각보다 효과가 좋다는 것을 알 수 있다. 우선 팬티를 벗고 알몸으로 자게 되면 고혈압, 요통, 신경통, 두통, 치질, 코 고는 버릇 등이 사라지고, 몸이 날씬해지고, 피부가 희어지며 매끈매끈해지는 것으로 알려지고 있다.

팬티의 착용 특히 꼭 조이는 팬티일수록 자연스러운 체온조절을 방해할 수 있는 가능성이 매우 높다. 그런데 혹시 팬티를 벗고 자면 '몸이 차서 감기 걸리지 않겠는가?'라는 의문을 갖게 될 수도 있지만 우리 인체는 필요에 의해 자신이 열을 만들어 내는 자연적인 능력을 갖추고 있다. 피부에 공기를 쏘이게 함으로 열을 조절하는 자연적인 능력이 높아진다. 일부분이라고는 하지만 피부에 짝 달라붙은 팬티로 가리면 열은 제대로 만들어질 수 없다. 특히 몸이 만들어 낸 열을 최대한 활용하기 위해선 되도록 두터운 공기의 층을 만들어 줄 필요가 있다. 몸에 팬티가 착 달라붙으면 공기층이 없어 보온엔 아무런 역할을 하지 못한다. 그뿐 아니라 혈액의 순환을 방해해서 몸을 차게 한다.

팬티를 벗으면 어깨 결림, 요통, 생리통, 야간 빈뇨 등에 좋은데 이런 관점에서도 알몸수면은 필요하다. 잠자리에서 팬티를 입고 잔다는 것은 지극히 부자연스러운 일이다. 이 부자연스러움을 강요하면 몸은 여러 가지의 폐해에 시달리게 되며 병을 부르게 된다. 특히 부인과 질환엔 그 영향이 크게 나타날 수 있다. 팬티를 벗고 자면 부인과 질병에 도움이 되고 개선될 수 있다. 물론 예방에도 좋다. 이 약 저 약 찾아서 약만 복용하지 말고 팬티를 벗고 자는 것을 한번 시행해 봄직하다. 그러나 팬티를 벗고 자라고 하면 무엇인지 모르게 야한 생각과 저속한 유행어 따위를 연상하게 되지만 실은 그런 차원이 아니라 실질적인 실효를 거둘 수 있다는 데 의미가 있다.

현대 여성은 '화장실에 갈 때나 목욕할 때 말고는 팬티를 입고 있는 게 당연하다', '팬티를 벗는 행위는 수치스럽고 창피하다' 이렇게 굳게 믿고 있다. 그러나 위생의 측면으로 봐서도 결코 좋다고 볼 수 없다. 이 점 오해하고 계신 분들이 꽤 많은 것 같은데 팬티는 결코 세균의 침입을 막아 주는 것이 아니다. 24시간 내내 팬티로 밀폐돼 있으면 오히려 세균의 번식을 촉진하게 된다.

하루에 최소한 몇 시간 만이라도 공기욕(空氣浴)을 하는 것이 청결을 유지하는 데 더 도움이 된다. 음모가 있는 데다가 공기의 소통이 저해되기 쉬운 성기의 경우는 더더욱 그렇다. 혹시 면같이 통기성이 높은 소재라면 괜찮다고 생각하실지 모르지만 사람은 하룻밤에 대략 200㎖나 되는 땀을 흘리게 된다고 한다. 수분을 품은 팬티는 당장에 통기성을 잃게 된다. 작은 팬티 또는 밀착한 팬티일수록 통기성을 쉬 잃게 돼서 피부호흡이 방해받게 된다.

결국 가장 이상적이며 자연스럽게 잠자는 방법은 실오라기 하나 걸치지 않고 알몸으로 자는 것이다. 왜냐하면 복부에 팬티의 고무줄 부분의 압박으로 기혈의 흐름을 방해하기 때문이다.

요를 깔고 시트를 씌우고 알몸으로 드러누워 홑이불을 대신한 이불을 덮고 자면 아주 이상적이라 하겠다. 시트 밑에 담요를 깔면 더욱 포근하고 따뜻하게 잘 수 있겠다. 시트나 덮는 수건은 청결하고 잘 건조된 것을 사용해야 한다.

알몸으로 자게 되면 자연히 땀은 그들에게 흡수되기 때문에 팬티나 파자마를 입고 잘 때보다 훨씬 쉬 더럽혀지겠지만 그게 당연한 사용 방법이다. 시트나 수건 자체가 속옷이라고 생각하면 된다.

그러나 당장에 알몸으로 잘 때 저항을 느끼시는 분은 우선 팬티만이라도 벗어 보자. 사람들의 통증에 대한 호소를 가끔 듣는데 견갑골 내측, 척추부위(동맥, 브래지어 끈이 만나는 부분)에 통증을 호소하는 경우가 많다. 이는 거의 24시간 긴장된 상태가 지속됨으로써 독맥부위(督脈部位)를 압박하여 소통이 원활치 않아 통증을 호소하는 것으로 볼 수 있다. 그리고 서서히 윗 브래지어 부위로 24시간 내내 압박이 되어서 견배부위(肩背部位) 즉, 브래지어 압박부위에 통증을 많이 호소하는 경우를 종종 볼 수 있다. 이러한 압박은 결국 인체경락의 흐름을 저해한다고 볼 수 있다.

병원에 입원하게 되면 환자들에게 헐렁한 잠옷을 입게 한다. 몸을 졸라매지 않게 한 앞이 열린 편안한 잠옷이다. 간호하기도 쉽겠으나 환자의 스트레스를 되도록 적게 하고자 하는 배려이다. 만약 꼭 잠옷을 입어야만 한다면 이런 식의 헐렁한 잠옷이 바람직하겠다.

여성의 경우 생리 중엔 아무것도 걸치지 않을 수 없을 것이니 큼직한 팬티의 고무줄을 빼고 끈을 끼워 사용하면 훨씬 편안하다. 여성뿐 아니라 남성에도 똑같은 이야기를 할 수 있다. 어쨌든 팬티로부터 해방되어서 여러 가지 질병을 몰아내고 상쾌한 단잠으로 힘찬 아침을 열었으면 한다.

둘째로 팬티를 벗고 잠으로 해소되고 개선되는 증상이나 질병을 들어본다면 요통, 어깨 결림, 두통, 불면증, 부종, 고혈압, 저혈압, 변비, 치질, 신경통, 생리통, 생리불순, 냉, 방광염, 질염… 등이다. 또한 실행해 보니 뜻밖에 효과를 봤다는 사례가 많다. 예를 들면 피부에 기가 돌고 팽팽해졌으며, 감기에 잘 걸리지 않고, 코를 골지 않게 됐다. 푹 잘 수 있다. 피로가 확 풀린다. 숙취로 고생하지 않는다. … 등등이다. 여성의 경우 가슴이 커졌다는 사람도 가끔 있다.

팬티를 벗고 자면 여러 가지 증상이 개선되는 것은 다음과 같은 이유에서다. 생물학적으로는 인간에게는 팬티가 불필요하다. 하지만 사회질서를 위해 성기를 감추는 목적과 습관화된 생활로 사람을 만나고 활동적으로 움직여야만 하는 날에는 팬티를 입고 있어야 한다. 그러나 심신을 충분히 휴식시켜야만 하는 수면에서까지 팬티를 입고 있을 필요는 없다.

넥타이를 매고 긴장상태에서 일터로 나가는 사람들도 집으로 돌아오면 우선 맨 먼저 넥타이를 풀기 마련이다. 팬티를 입고 잔다는 것은 집에 돌아와 반주를 곁들이며 넥타이를 매고 있는 것이나 마찬가지다.

팬티의 고무줄은 가벼운 힘이기는 하지만 항상 신체 일부를 조이고 있다. 그 구속에 의한 스트레스는 오랜 시간을 두고 서서히 몸으로 파고든다. 고무줄뿐 아니라 팬티 전체에 의한 마찰도 스트레스의 원인이 될 수 있다. 팬티를 입고, 파자마를 입고, 담요나 이불을 덮고 자는 상태에서는 돌아눕게 될 때에 불필요한 에너지가 소요된다. 덮고 숨기려는 데에 에너지의 소모를 초래하고 있다. 이러한 스트레스에 의해 수면 중의 휴식을 저해한다는 것이 팬티의 첫째 해이다. 수면 중엔 호흡수와 맥박수가 저하돼서 안정상태가 되는 것이 정상인데, 팬티를 입으면 이것이 저해될 수 있다는 것이다.

스트레스가 크게 영향을 주는 질병과 증상은 수없이 많지만 고혈압, 만성 두통, 위장병 등은 대표적이다. 팬티를 벗고 잠으로 그런 증상들이 개선된 사례가 있는 것으로 보더라도 여태껏 얼마나 수면 중의 팬티착용이 신체에 스트레스를 쌓이게 했는지, 또한 벗음으로써 얼마나 편해지는가를 여실히 말해 주고 있다. 또한 호르몬 중에는 편안한 상태가 아니면 분비되지 않는 것들이 있다. 낮의 긴장상태를 밤에까지 연장하게 되면 호르몬의 밸런스가 정상적인 움직임을 가질 수가 없다. 팬티에 의해 호르몬의 분비가 저해되거나 밸런스가 깨진 사람은 팬티를 벗으므로 건강한 상태로 되돌아갈 수 있다.

알몸수면요법을 시행해 본 사람들이 피부가 고와지고 가슴이 커지고, 생리통·생리불순이 개선된 사례로 보더라도 그 주원인이 그런 점에 있었음을 익히 알 수 있다. 더 나아가 팬티를 벗고 심신이 충분히 안정됨으로써 혈액의 순환이나 신진대사도 촉진될 수 있다.

혈액순환이 개선되면 요통이나 어깨 결림, 저혈압, 불면증, 신경통, 치질의 개선·해소에 크게 도움이 되어 신진대사가 활발해지고, 신진대사가 활발해지면 변비, 부종, 숙취를 예방하고 비만증도 어느 정도는 감량할 수도 있다. 여기에서 브래지어 착용이나 팬티의 착용으로 경락흐름을 저해할 수 있다는 것은 12경맥과 기경팔맥(奇經八脈)이라는 인체의 기혈순환을 지나친 압박과 조임으로 인해서 기혈순환이 약해져 질환을 일으킬 수 있다고 보는 것이다. 특히 건강한 사람은 별문제가 안 되겠지만 약한 체질은 영향을 받을 수 있다고 보며, 이런 상태를 시행해 보면 편안한 컨디션을 유지할 수 있을 것이다. 꾸준히 장기간 실행하면 좋은 결과를 얻을 수 있다.

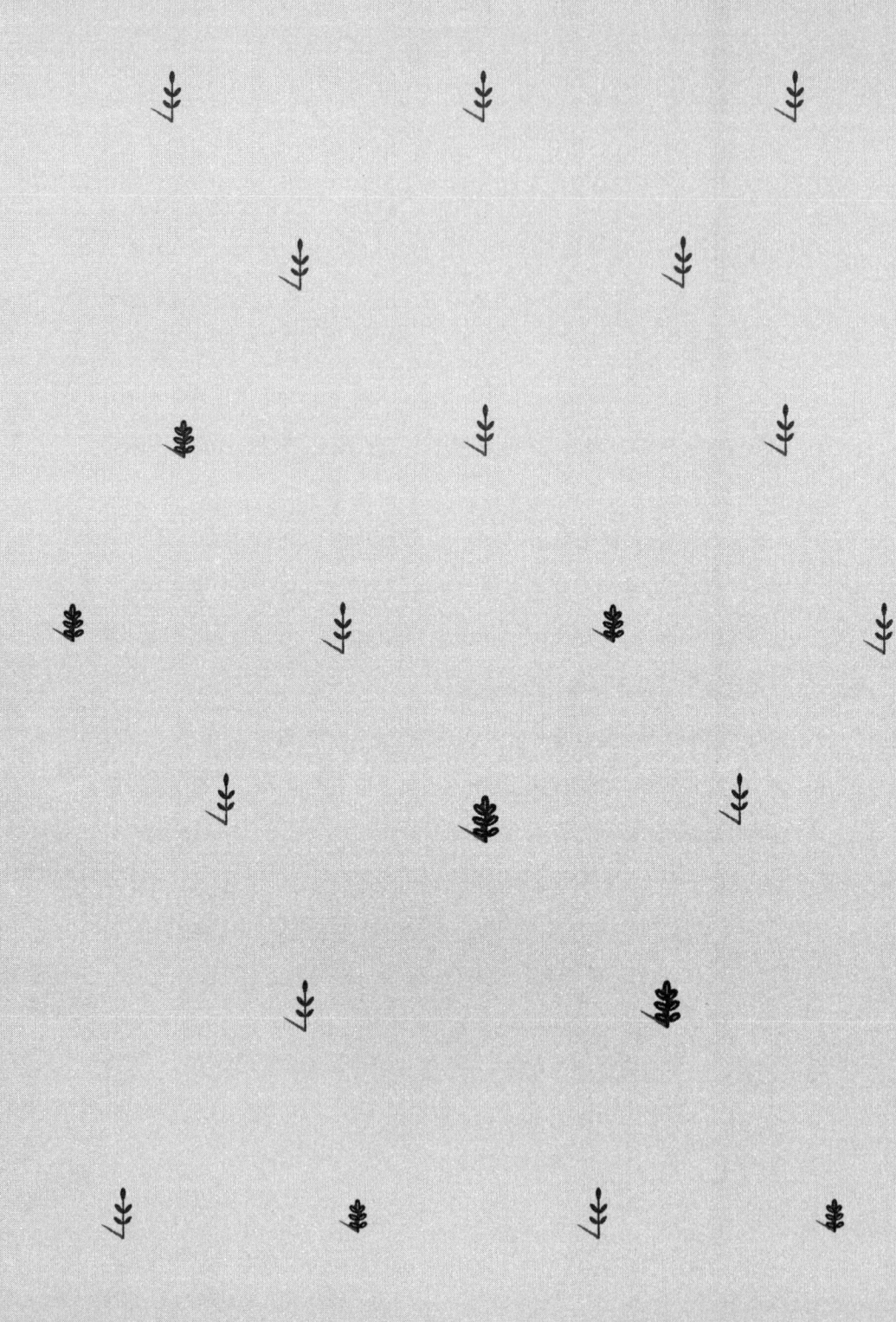

III

남자와 여자의 행복

1
행복심리

　남자와 여자는 행복을 추구하는 심리기준이 다르다. 남자는 미래행복을 추구하기 위하여 열정이 필요하고, 여자는 현재행복을 추구하기 위하여 사랑이 필요하다. 즉 남자는 열정을 갖도록 마음이 작용하고, 여자는 사랑을 갖도록 마음이 작용한다. 또한 마음에서는 행복을 추구하는 행복기준에 맞추어서 감정기준(감정을 발생하는 기준, 감정을 기억하는 기준)을 갖고 있고, 방어기준(감정에 대한 수용방어기제 또는 거부방어기제의 기준)을 갖고 있으며, 충동기준(남자의 열정과 여자의 사랑을 생성하도록 하는 마음에너지)을 갖고 있다.

　여자는 남자의 열정을 '남자의 사랑'으로 인식하고, 남자는 여자의 사랑을 '여자의 열정'으로 인식한다. 이는 남자와 여자가 행복을 추구하는 데 필요한 마음에너지를 교류하기 위하여 상호의 마음에너지를 자신의 마음에너지로 전환하는 기능의 하나로서 작용하기 때문에 여자는 사랑을 갖기 위해서는 남자의 열정이 필요하고, 남자는 열정을 갖기 위해서는 여자의 사랑이 필요한 것이다. 그래서 여자의 사랑과 남자의 열정 중에 우선순위는 남자의 열정이라 할 수 있다.

　여자는 자신이 여자인 것을 인식하고 4대 구성요소가 자연스럽게 조화를 이루면 남자의 열정이 저절로 발생한다. 즉 남자의 열정을 유발하기 위해서는 여자가 되면 된다. 또한 여자는 남자에게 사랑을 원하지 말고, 사랑받기 위해서 남자에게 맞춰 주지 말아야 하며, 오로지 남자의 열정을 받기만 하면 된다.

남자는 미래행복을 추구하고, 여자는 현재행복을 추구하는 행복기준을 갖고 있다. 이 마음의 행복기준은 의식과 습관에서 모두 작용한다. 따라서 감각정보에 감정을 결합할 때, 생각의 감정을 결정할 때, 감정을 기억할 때, 기억된 감정을 유출할 때, 감정을 표현할 때 등에서 작용한다. 또한, 일정한 패턴에 의하여 감정에 대한 인식, 생각, 기억, 표현 등에서도 작용한다.

남자는 열정을 통하여 즐거움의 긍정감정을 갖고, 미래행복을 추구하기 때문에 현재행복보다는 미래행복을 더욱 중요하게 인식한다. 이는 남자가 긍정기분을 기억하고, 부정기분을 기억하지 않는 것과 밀접한 연관성을 갖고 있다. 만일 남자가 부정기분을 기억하게 되면, 기억된 부정기분을 치료하려는 욕구를 갖게 되므로 부정기분은 미래행복을 추구하는 심리의 기준에 방해요소가 된다. 그래서 부정기분을 기억하지 못하도록 마음의 방어기준이 작용한다. 또한, 긍정기분을 기억하는 것은 미래행복을 추구하도록 하는 힘이 되기 때문에 지속적인 긍정기분을 필요로 한다. 이것이 남자의 열정이고 삶의 활력과 에너지로 작용한다.

만일 남자가 현재행복을 갖게 되면, 편안하고 여유롭게 되지만, 편안함을 유지하기 위해서는 열정이 없어지면서 미래행복이 차단된다. 그래서 남자는 현재행복을 갖게 된 후 일정 기간이 지나면서 우울한 감정을 갖거나, 삶의 가치를 잃어버리는 심리장애가 발생한다. 따라서 남자는 미래행복을 추구하면서 살아가도록 열정을 갖고, 즐거움의 긍정기분을 필요로 하면서 미래행복을 추구하는 심리의 기준인 마음을 갖고 있는 것이다. 이것이 남자의 마음이고, 모든 남자의 심리기준이다.

여자는 받는 사랑과 주는 사랑을 통하여 현재행복을 추구하기 때문에 미래행복보다는 현재행복을 중요하게 인식한다. 또한 현재행복을 갖게 될 때, 비로소 미래행복을 생각할 수 있게 된다. 이는 부정감정을 기억하고 긍정감정을 기억하지 않는 것과 밀접한 연관성을 갖는다. 만일 여자가 긍정감정을 기억하면, 미래행복을 추구하기 위하여 지속적인 긍정감정을 필요로 하는 열정을 갖게 되어 주는 사랑과 받는 사랑이 중요하지 않게 된다. 그래서 긍정감정은 현재행복을 추구하는 데 방해가 된다. 따라서 여자는 긍정감정을 기억하지 못하도록 마음의 방어기준이 작용한다.

또한, 여자가 부정감정을 기억하는 것은 부정감정에 대한 치료가 필요하기 때문이다. 사랑의 감정에 의하여 부정감정을 치료하며, 부정감정을 치료하면 부정감정이 무감정으로 전환(이때 긍정감정을 갖는 효과가 발생한다.)되면서 행복감정을 느끼고 현재행복을 갖게 된다. 그러나 여자가 미래행복을 추구하면 현재행복을 위한 사랑보다는 열정을 통하여 미래행복을 추구하게 되어 주고받는 사랑을 모두 잊게 되어 현재행복이 차단된다. 이럴 때 여자는 심리장애가 발생하고, 심리장애가 심각해지면 정신질환이 발생하기도 한다. 그래서 여자는 현재행복을 추구하기 위한 삶을 살아갈 수 있도록 사랑을 주고받으면서 현재행복을 느낀다. 이것이 여자의 마음이고, 모든 여자의 심리기준이다.

남자의 행복기준을 살펴보면, 남자의 마음은 미래행복을 추구하는 심리의 기준을 갖는데, 미래행복을 위한 기준은 남자의 열정과 성취욕이다. 남자의 열정은 기쁨과 즐거움을 지속적으로 유발함으로써 긍정감정을 생성하는 원천이 되고 삶의 에너지가 되기 때문에 항상 열정을 갖고 있어야 한다. 이 열정은 몰입과 같기 때문에 여러 가지 대상에서 열정을 갖는다. 남자의 열정은 특정한 대상에 대한 호기심과 재미, 즐거움을 통하여 이를 반복할 때, 특정한 대상을 좋아하게 되면서 몰입하고, 긍정감정을 지속하게 된다. 그래서 남자의 열정은 남자가 미래행복을 추구하도록 하는 원동력이다.

성취욕은 열정을 갖게 된 대상에 대한 목표를 이루고자 하는 욕구이며 사업, 일, 공부와 학력, 명예, 경쟁, 기타에서 성공과 목표를 설정하고 이를 이루기 위하여 몰입하게 되는데 이것은 열정과 함께 작용한다. 이는 미혼인 남성, 기혼인 남성, 이혼한 남성, 사별한 남성 모두에게 동일하게 적용되기 때문에 현재의 상황과는 관계없이 미래의 행복에 초점을 갖는다. 따라서 남자의 마음에서 행복을 추구하는 심리의 기준은 미래의 행복을 추구하기 위한 열정과 성취욕이라 할 수 있으며, 이에 맞으면 긍정기분이 발생하여 미래의 행복추구 기준에 적용되기 때문에 수용방어기제가 작용하고, 심리의 기준에 어긋나면 부정기분이 발생하기 때문에 거부방어기제가 작용한다.

남자는 현재의 행복을 느낄 수 없는 것이 정상의 심리인데, 만일 현재의 행복을 실제 느낀다면 '무념무상(無念無想)'의 상황이 되어 미래도 없고 부정기분도 없는 상태에서 어떠한 생각도 하지 않게 되어 미래의 행복을 차단한다. 현재의 행복을 느끼는 것이 지속되면 남자는 심리문제와 심리장애가 발생한다. 따라서 남자는 현재행복을 지속적으로 느끼지 못하도록 미래행복을 추구하는 심리의 기준을 갖고 있다. 오롯이 미래의 행복을 추구하도록 마음이 작용하기 때문에 열정을 지속하며, 성취욕을 추구하면서 미래의 계획과 목표를 만들고 끊임없이 노력하고 몰입한다.

여자의 행복기준을 살펴보면, 여자의 마음은 현재행복을 추구하는 심리의 기준을 갖는데, 현재의 행복을 위한 심리의 기준은 사랑의 감정이다. 따라서 여자는 사랑의 감정을 통하여 부정감정을 치료하여 긍정감정을 생성하는 원천과 삶의 에너지가 되기 때문에 지속적으로 사랑을 추구한다. 이 사랑은 여자로서 남자의 열정에서 갖게 되는 사랑의 감정으로 발생하는 여자의 행복, 아내로서 남편에게 주는 사랑의 감정으로 발생하는 아내의 행복, 엄마로서 자식에게 주는 사랑의 감정으로 발생하는 엄마의 행복으로 구성되어 있다. 그래서 여자는 미래행복보다는 현재의 사랑과 행복을 추구하기 때문에 현재의 상황에 많은 영향을 받는다.

미혼인 여자는 남자로부터 사랑받는 현재의 행복을 추구하는 기준을 갖는다. 기혼인 여자는 남자로부터 사랑받는 여자의 행복, 아내로서 남편에게 주는 사랑으로 발생하는 아내의 행복, 엄마로서 자식에게 주는 사랑으로 발생하는 엄마의 행복을 모두 충족하는 현재의 행복을 기준으로 한다. 이혼한 여자는 남자로부터 사랑받는 여자의 행복, 엄마로서 자식에게 주는 사랑으로 발생하는 엄마의 행복을 충족하는 현재의 행복을 기준으로 한다. 사별한 여자는 남자로부터 사랑받는 여자의 행복과 아내로서 남편에게 주는 사랑으로 발생하는 아내의 행복을 현실에 적용하지 못하고 정신적으로 적용하면서 엄마로서 자식에게 주는 사랑으로 발생하는 엄마의 행복을 충족하는 현재의 행복을 기준으로 한다. 그래서 여자의 마음은 현재의 행복을 추구하는 심리의 기준을 갖고 있으며, 현재의 행복을 위한 기준은 사랑의 감정이다.

여자는 현재의 상황이 어떠한 경우가 될지라도 남자로부터 받는 사랑을 기초로 하며, 사랑을 느끼고자 하는 마음으로 인하여 부정감정을 심리로 받아들여 치료함으로써 부정감정을 긍정감정으로 전환하여 사랑의 감정과 행복의 감정을 느낀다. 여자에게 부정감정이 발생하는 원천은 대부분 남자, 남편, 자식이다. 또한 부정감정을 치료할 때 부정감정을 치료해 준 남자 또는 대상에 대하여 긍정감정이 발생하면서 좋아하고 사랑하는 감정을 갖게 된다. 그래서 여자의 사랑은 여자가 현재의 행복을 추구하도록 하는 원동력이기 때문에 여자는 사랑하는 대상에 몰입한다.

여자의 마음에서 행복을 추구하는 심리의 기준은 현재의 행복을 추구하기 위한 사랑이며, 사랑이 충족되면 긍정감정이 발생하여 현재의 행복을 추구하는 심리의 기준에 맞는 것이고, 이에 어긋나면 부정감정이 치료되지 않아 현재의 행복을 추구하는 심리의 기준에 어긋나게 되면 심리적 어려움과 고통을 느낀다.

정상의 심리를 가진 여자는 미래의 행복을 추구할 수 없는데, 만일 미래의 행복을 추구하게 되면 현재의 사랑은 불필요하게 되고, 남자의 심리처럼 열정과 성취욕을 추구하면서 부정감정에 대한 거부방어기제가 작용하고, 기존에 기억된 부정감정에 대해서는 해리현상 또는 거부현상이 발생하면서 현재의 행복을 차단한다. 이 미래의 행복을 추구하는 현상이 지속되면 여자는 심리문제와 심리장애가 발생하면서 남자의 심리처럼 다양한 대상에 몰입하고 즐거움과 재미를 추구하는 목표를 갖게 되지만 만족을 모르게 된다. 따라서 여자는 미래의 행복을 추구하지 못하도록 현재의 행복을 추구하는 심리의 기준을 갖고 있어서 오롯이 현재의 행복을 추구하도록 마음이 작용하여 사랑에 몰입하게 된다.

행복은 마음에 달려 있다

행복은 '삶에서 기쁨과 만족감'을 갖는 것을 말하기 때문에 긍정감정의 작용이라 할 수 있다. 인간의 감정을 희로애락(喜怒哀樂)에 많이 표현하는데, 희(喜)는 기쁨, 노(怒)는 노여움, 애(哀)는 슬픔, 락(樂)은 즐거움을 뜻하고, 긍정감정은 희(喜)의 기쁜 감정과 락(樂)의 즐거운 감정이며, 부정감정은 노(怒)의 노여움과 애(哀)의 슬픈 감정이다. 긍정감정인 기쁨과 즐거움을 갖고 살아가는 것은 행복이고, 부정감정인 노여움과 슬픔을 갖고 살아가는 것은 불행이다.

인간은 긍정감정을 갖고 살아가는 것을 고유한 심리로 갖고 있으며, 부정감정을 제거 또는 치료하여 긍정감정으로 전환하는 고유의 심리를 갖고 있다. 이러한 고유의 심리가 마음이며, 모든 인간심리의 기준이고 인간이 태어나서 생애 동안 변하지 않고 작용한다.

마음은 의식과 습관에 관계없이 인간이 고유하게 갖고 있으며, 남자와 여자의 마음이 전혀 다르다는 사실을 알지 못하면 서로를 이해하고 배려할 수 없다. 마음은 일명 행복심리라고도 하며, 이는 마음이 행복을 추구하는 심리의 기준이기 때문이다. 인간심리는 마음의 행복을 기준으로 의식과 습관을 통제하고, 마음의 행복기준에 맞으면 긍정감정을 갖게 되고, 마음의 행복기준에 어긋나면 부정감정이 발생하여 이를 처리하기 위한 심리가 작용한다. 이렇게 마음은 행복의 심리로 인간이 행복을 추구하면서 살아갈 수 있도록 만든다.

남자는 미래의 행복을 추구하는 기준을 갖고, 긍정기분을 요구하는 열정과 성취욕을 추구한다. 반면 여자는 현재의 행복을 추구하는 기준을 갖고, 부정감정을 치료하는 사랑을 추구한다. 그래서 남자는 내부에서 긍정기분을 생산할 수 없기 때문에 즐거움의 긍정기분을 외부로부터 받아들이도록 열정의 과정을 갖는 것이고, 여자는 상처의 부정감정을 받아들여 치료하도록 사랑의 과정을 갖게 되어 내부에서 긍정감정을 생산하기 때문에 외부에서 긍정감정을 받아들이지 않는다.

남자의 마음은 긍정기분을 지속적으로 받아들이기 위하여 긍정기분에 대한 수용방어기제와 부정기분을 받아들이지 않는 거부방어기제를 갖고 있으며, 여자의 마음은 부정감정을 지속적으로 받아들이기 위하여 부정감정에 대한 수용방어기제와 긍정감정을 받아들이지 않는 거부방어기제를 갖고 있다. 이와 같이 마음의 방어기제는 마음의 행복의 기준 때문이다.

따라서 마음이 행복을 추구하는 기준을 갖기 위하여 수용방어기제와 거부방어기제의 통제체계를 갖고 있다. 이 방어기제에 의하여 행복을 추구할 수 있도록 의식과 습관을 통제한다.

2
기혼여성의 행복

먼저 기혼여성의 범위를 정해야 한다. 결혼한 후 남편과 자식이 함께 살고 있는 여성, 사실혼 관계 또는 동거를 하면서 남자와 자식이 함께 살고 있는 여성, 이혼을 했지만 이혼 후에도 남편과 자식이 함께 사는 여성 등은 모두 기혼여성의 행복을 추구한다.

기혼여성의 행복은 남편과 자식이 있는 여자를 말하며 애정관계에서 여자의 행복, 부부관계에서 아내의 행복, 자식관계에서 엄마의 행복 등 3가지의 행복이 동시에 충족되면 기혼여성은 현실의 행복을 갖게 된다.

현실의 행복을 논하기에 앞서서 여성의 습관에 작용하는 상처를 알아야만 행복의 습관을 볼 수 있다. 초혼여성의 경우에는 과거 남자관계의 상처가 습관으로 작용하고, 재혼여성의 경우에는 과거 결혼생활의 상처가 습관으로 작용한다.

애정관계에서 여자의 행복을 살펴보자. 아내라는 여자는 남편이라는 남자의 사랑을 받음으로써 행복감정을 갖게 되는 관계로서 남편이라는 남자는 아내를 여자로 인식하면서 열정이 생성되어 심리작용욕구, 헌신욕구를 충족하면서 여자의 반응에 행복감을 가지면서 미래의 희망과 기대감으로 열정적인 사랑을 여자에게 주게 되며, 여자는 남자에게 열정, 헌신, 이해와 배려 등의 노력을 요구하게 되고, 여자가 남자를 사랑하는 대가를 요구하는 등의 상호 사랑의 거래관계가 형성된다.

부부관계에서 아내의 행복을 살펴보자. 아내는 남편에게 희생과 헌신의 내조를 하고 남편의 반응에 의하여 행복 또는 상처를 갖는다. 또한 남편은 내조를 하는 아내를 보호는 책임의식이 습관으로 만들어지면서 남편에게 아내의 내조에 대한 행복감을 주게 된다. 이때 아내는 남편에게 사랑을 요구하거나 대가를 바라지 않고 무조건적인 사랑을 주고 이 사랑에 대하여 남편으로서의 역할을 충실하게 되면 행복감을 갖게 된다.

부모자식관계에서 엄마의 행복을 살펴보자. 엄마는 자식에게 희생과 헌신의 모성애를 갖게 되면서 자식에게 희생과 헌신을 하고 자식의 반응에 의하여 행복 또는 상처를 갖는다. 이때 엄마는 자식에게 사랑을 요구하거나 대가를 바라지 않고 무조건적인 내리사랑을 주면서 자식의 양육에 집중하면서 행복감을 갖게 된다.

여자의 행복과 상처는 남편과 자식으로 인하여 발생하여 습관 또는 의식에 영향을 받는다. 따라서 기혼여성의 행복에서는 무엇보다 남편과 남편이라는 남자를 분리하여 생각하고 습관을 만드는 것이 중요하며, 자신은 여자와 아내와 엄마를 분리하여 생각하고 습관을 만드는 것이 중요하다.

기혼여성의 3가지 행복에 대한 우선순위를 살펴보면 대부분의 기혼여성이 1순위로 자식관계에서 엄마의 행복, 2순위로 부부관계에서 아내의 행복, 3순위로 애정관계에서 여자의 행복 등으로 볼 수 있는데 이로 인하여 기혼여성은 여자라는 생각을 거의 하지 못하게 되는 현상이 발생한다. 대부분의 기혼여성이 해당한다.

이 과정에서 남자의 사랑을 받지 못한 채 남편과 자식에게 사랑을 주면서 남자, 남편, 자식 등에 의하여 상처를 입는 경우가 대부분이다. 그래서 기혼여성의 상처는 남편이라는 남자, 남편, 자식에 의하여 형성된다.

따라서 행복한 여자로 살기 위해서는 우선순위의 변화가 반드시 필요한데 1순위로 애정관계에서 여자의 행복, 2순위로 부부관계에서 아내의 행복, 3순위로 자식관계에서 엄마의 행복 등이 가장 이상적이다. 부부관계를 지탱하는 가장 큰 원동력은 남자와 여자의 애정관계이다. 이 애정관계는 남자가 여자에게 열정을 갖고, 여자는 남자의 열정을 사랑으로 인식하면서 사랑받고 있다는 행복을 갖는다. 따라서 남편이라는 남자의 열정과 아내라는 여자의 사랑이 결합할 때 행복을 만들 수 있다. 이 여자의 행복을 기초로 하여 남편에게 사랑을 주면서 행복을 느끼는 아내의 행복, 자식에게 사랑을 주면서 행복을 느끼는 엄마의 행복을 자연스럽게 만든다.

3
미혼여성의 행복

　먼저 미혼여성의 범위를 정해야 한다. 부모님과 함께 살면서 부모님으로부터 양육되는 과정에 있는 미혼여성의 경우에는 해당하지 않는다. 부모님으로부터 독립하여 혼자 사는 여성, 이혼을 하고 혼자 사는 여성, 사별을 하고 혼자 사는 여성, 기혼여성이지만 별거 또는 상황에 의하여 혼자 사는 여성 등이 미혼여성의 행복을 추구한다.
　미혼여성의 행복은 여자의 행복만 충족되면 행복감을 갖게 되고, 이는 사랑을 바탕으로 하는 현실의 행복이다. 미혼여성의 행복을 분석할 때는 미혼여성 또는 혼자 살고 있는 이혼여성, 혼자 살고 있는 사별여성 등이 동일하게 여자의 행복만 충족되면 행복감을 갖는 것을 알 수 있다.
　미혼여성의 행복을 분석하기 전에 상처의 감정을 알아야 하는데 미혼여성은 과거 남자관계(애정관계)에서의 상처가 습관으로 작용하기 때문에 과거 애정관계에 대한 습관을 분석해야만 한다.
　여자의 행복은 남자에게서 사랑을 받는 것이 중요한데 남자의 사랑은 우선 남자가 여자로 인식하여 열정이 생기는 것이 필요하다. 이때 여자로 인식이 되기 위해서는 신체, 심리, 외형, 말과 행동 등의 4가지 요소가 조화를 이루는 매력을 갖게 되면 남자는 저절로 여자로 인식하면서 열정이 만들어진다. 의도적인 열정은 오래 지속되지 못한다. 남자는 열정이 만들어지면 여자에게 심리작용의 욕구와 헌신의 욕구가 생성되어 성취욕과 성욕으로 발전한다. 또한 여자는 남자의 열정과 헌신을 통하여 사랑의 감정을 갖게 되고 행복을 느낀다. 이것이 여자의 행복이다.

여자의 행복은 애정관계가 중요한데, 애정관계는 남자의 열정과 헌신에 의하여 성적충족과 미래행복을 추구하는 심리작용과 여자의 사랑과 행복에 의하여 성적확인과 현재행복의 심리작용이 결합된 관계이다. 이때, 여자가 치료되지 않은 심리상처를 갖고 있으면 여자는 위로와 치료의 욕구를 갖게 되고, 위로와 치료가 되면 치료해 준 대상을 좋아하고 사랑하는 감정을 갖게 된다. 결국 여자의 상처 또는 행복은 남자와의 심리작용의 결과로 발생하는 것이며, 이 과정이 지속적으로 반복되면서 습관으로 형성된다. 따라서 여자는 자신의 상처를 살펴서 사랑으로 치료해야 한다. 만일 위로에 의하여 치료된 것으로 착각하는 경우, 또는 왜곡된 남자의 열정에 의한 경우 등에서는 사랑의 착각, 행복의 착각 등이 발생하면서 여자는 행복의 감정을 착각하면서 매우 불행하게 된다. 따라서 여자는 과거 남자관계(애정관계)에서 발생한 상처(치료되지 않은 상처)로 형성된 습관을 정확히 분석하여 상처에 의한 습관을 치료하고 마음을 행복하게 할 필요성이 있다.

4
이혼여성의 행복

먼저 이혼여성의 범위를 설정해야 한다. 이혼여성은 이혼 후 남편 없이 자식과 함께 사는 여성, 결혼을 한 기혼여성이지만 별거 또는 상황에 의하여 남편 없이 자식과 함께 사는 여성, 미혼여성 중에 미혼모 또는 자식과 함께 사는 여성 등이 이혼여성의 행복에 해당한다.

이혼여성의 행복은 자식과 함께 살고 있는 이혼여성, 자식과 함께 살지 않는 이혼여성으로 구분할 수 있는데 자식과 함께 살지 않는 이혼여성은 미혼여성의 행복과 동일하게 작용한다. 따라서 이혼여성의 행복을 말할 때는 자식과 함께 살고 있는 이혼여성을 의미한다. 특히 이혼여성의 경우에는 딸(여자) 또는 아들(남자)의 양육방식에 문제가 발생할 가능성이 매우 높기 때문에 마음교육이 반드시 필요하다. 여자의 심리와 남자의 심리를 모른 채 자녀를 양육하는 것은 엄마(여자)의 심리만으로는 어려움이 많기 때문이다. 특히 아들(남자)의 심리는 엄마(여자)의 심리와 다르기 때문에 아들(남자)의 양육과정에서 어려움이 발생할 가능성이 높고, 아들(남자)의 경우에도 엄마(여자)의 심리만 영향을 받기 때문에 남자의 마음을 학습할 수 없는 경우가 발생할 가능성이 높다.

이혼여성의 행복은 여자의 행복과 엄마의 행복이 함께 충족될 때 행복을 갖게 된다. 이는 남자로부터 사랑을 받는 행복과 엄마로서 자식에게 사랑을 주는 행복이 공존해야 하는 것이다. 문제는 우선순위로 인하여 이혼여성이 불행하게 사는 경우가 많다는 것이다. 특히 여자의 행복 또는 엄마의 행복 중 어느 일방으로 치우쳐진 행복만을 추구하게 되면서 심각한 심리장애를 갖게 된다. 즉 여자의 행복만을 추구하게 되면 엄마의 행복을 포기하게 되면서 모성애가 사라지고 남자의 사랑을 받는 것이 행복이라고 인식하고 노력하게 된다. 반면 엄마의 행복만을 추구하게 되면 여자의 행복을 포기하게 되면서 자식들에 대한 집착이 형성되어 자식들에게 큰 심리적 부담과 함께 심리장애가 유발된다.

대부분의 이혼여성은 1순위로 엄마로서 자식에게 사랑을 주는 행복, 2순위로 여자로서 남자에게 사랑을 받는 행복으로 살고 있는데 이렇게 되면 여자의 행복보다는 엄마의 행복을 추구하면서 자식은 부담감(강박)이 형성되고 자식에 대한 왜곡된 애착관계를 갖게 되어 자식을 위한 삶을 살면서 희생하는 삶을 행복이라고 생각한다. 이는 매우 불행한 삶이 된다.

따라서 이혼여성의 행복은 1순위로 여자로서 남자에게 사랑을 받는 행복, 2순위로 엄마로서 자식에게 주는 행복의 순서로 습관을 갖도록 해야 한다. 그래야 남자에게서 사랑을 받는 행복을 갖고 이 행복으로 자식에게 헌신적인 사랑을 하여 엄마로서의 행복도 동시에 가질 수 있게 된다.

남자에게 사랑을 받는 것은 과거의 상처를 위로받는 것이 아니라 남자의 열정과 헌신, 이해와 배려가 결합된 진정한 사랑을 받는 것이 중요하다. 그래야만 현실의 행복을 갖게 되면서 엄마로서도 안정적인 모성애의 작용과 함께 자식을 행복하게 양육할 수 있게 되어 자식도 심리안정을 갖게 된다. 또한, 남자에게 사랑을 받게 되면 남자를 남편과 동일시하려는 욕구가 발생하게 되어 재혼을 생각하게 된다.

  이혼여성은 행복과 상처가 대부분 자식에 의하여 만들어지기 때문에 남자에게 사랑을 받은 행복으로 상처를 치료하는 지혜가 필요하다. 그래야 자식에게 자신의 상처를 대물림하지 않게 된다.

  이혼여성은 여자와 엄마를 분리하여 생각해야 하며, 여자로서 남자를 만날 때는 자식의 엄마로서의 말과 행동을 하지 않아야만 남자는 열정이 생성, 유지, 발전될 수 있다. 남자는 상대가 여자로 인식될 때 열정이 발생하기 때문이다. 또한, 사랑하는 남자를 남편으로 동일시하는 마음이 작용하게 되어 의식으로 전환되면 상처로 작용하여 오히려 불행을 갖게 된다는 것을 잊어서는 안 된다.

5
사별여성의 행복

　사별여성의 행복을 분석하는 것이 제일 난해하고 힘들다. 왜냐하면 사별여성은 사별한 남편(남자)에 대해 정신적으로 교감하기 때문이다. 이 정신교감은 사별을 할 당시의 감정기억으로서 수년 이상 오랫동안 유지하므로 애정관계에서 남편이라는 남자에게 사랑을 받는 여자의 행복, 부부관계에서 아내로서 남편에게 사랑을 주는 아내의 행복이 모두 현실행복이 아니라 정신교감에 의한 행복의 감정이기 때문이다. 따라서 사별여성의 행복은 엄마로서의 행복만 현실에 존재하고 여자의 행복과 아내의 행복은 정신교감으로 대체가 되어 습관으로 존재하게 된다.

　결국 여자는 사랑을 기초로 하는 현실행복을 갖는 마음이 작용하는데 사별여성의 경우에는 사랑을 기초로 하고는 있지만, 엄마의 행복만 현실의 행복으로 추구하고, 여자의 행복과 아내의 행복은 정신교감으로서 과거의 행복에 머물러 있게 되면서 습관 또는 의식의 문제가 발생한다. 그래서 사별여성은 우울증과 같은 감정장애(이상심리)가 많이 발생한다.

　사별여성의 경우에도 이혼여성과 마찬가지로 자식이 있는 경우에는 딸(여자) 또는 아들(남자)의 양육방식에 문제가 발생할 가능성이 매우 높기 때문에 반드시 마음교육이 필요하다. 여자의 심리와 남자의 심리를 모른 채 자녀를 양육하는 것은 여자의 심리만으로는 어려움이 많기 때문이다. 아들(남자)의 심리는 엄마(여자)의 심리와 다르기 때문에 아들(남자)의 양육과정에서 어려움이 발생할 가능성이 높고, 아들(남자)의 경우에도 엄마(여자)의 심리만 영향을 받기 때문에 남자의 마음을 학습할 수 없는 경우가 발생할 가능성이 높다.

특히 사별여성은 남자와 남편이 정신교감을 이룰 뿐 현실에는 존재하지 않기 때문에 엄마로서의 행복에 집착을 하는 경우가 많은데 이렇게 자식에게 집착하게 되는 경우 자식은 부담감(강박)이 형성되고 자식에 대한 왜곡된 애착관계를 갖게 되어 자식을 위한 삶을 살면서 희생하는 삶을 행복이라고 생각한다. 이 또한 매우 불행한 삶이 된다.

따라서 사별여성은 우선순위가 존재하지 않고 엄마의 행복만 존재한다. 만일 자식이 있는 사별여성의 경우에는 이혼여성의 행복으로 전환해야 하고, 자식이 없는 사별여성의 경우에는 미혼여성의 행복으로 전환해야 한다. 이를 위하여 사별여성은 여자의 행복, 아내의 행복에 대하여 버릴 것인지 아니면 만들 것인지를 선택하고 결정해야만 한다. 다만 사별 당시의 감정기억으로 정신교감을 하는 기간에는 선택과 결정을 할 수 없다.

사별여성의 이상적인 행복은 사별 당시의 감정기억을 모두 수용하고 사별의 상처를 치료하면서 열정을 갖고 헌신의 노력을 하는 남자를 만나는 것이 필요하게 되고, 이 남자에게서 사별 당시 남편에 대한 감정을 동일시하면서 남자의 사랑을 받는 여자의 행복, 사별 당시 남편에 대한 감정을 동일시하면서 아내로서 남편에게 사랑을 주는 아내의 행복을 갖도록 하는 것이다. 이렇게 사별여성이 행복을 갖게 되면 사별의 상처는 행복의 추억으로 전환되고, 자식은 심리안정을 갖게 된다.

6
남자의 행복추구

　남자의 행복추구는 기혼남성, 미혼남성, 이혼남성, 사별남성 모두가 동일하게 작용하는데 이는 현재행복보다는 미래행복을 추구하는 마음 때문이다. 따라서 아내, 자식, 사랑하는 여자 등은 오랜 습관을 통하여 자기 자신과 동일시하여 편안하고 안정적인 상태를 유지하는데 이는 습관과 마음이 결합한 남자의 사랑이고 무의식으로 작용하는 심리안정이다.

　아내, 자식, 사랑하는 여자 등에 대해서는 인식하지 못하고 자각하지 못하며 보이지 않는 습관과 마음에 의하여 작용하기 때문에 무한책임(무조건적이고 제한과 기한이 없는 보호심리와 책임감)을 갖게 되며 무한책임은 위기에만 나타난다. 이 무한책임을 무의식의 사랑이라고 한다. 여자의 모성애와 같은 것으로서 여자의 모성애는 현실의 행복으로 나타나지만, 남자의 무한책임은 위기 때에만 나타난다. 또한, 이 무한책임은 오로지 한 번만 형성되기 때문에 이혼, 별거, 사별 등에 의하여 아내, 자식 등과 헤어지게 되더라도 무의식의 사랑인 무한책임은 죽는 날까지 지속된다. 그래서 남자는 결혼을 무덤이라고 할 만큼 무한책임은 매우 중요한 무의식의 사랑이다.

　남자는 열정을 기초로 하는 성욕(Libido)과 성취욕을 갖게 되면서 미래행복을 추구하는 마음을 갖고 있는데, 이때 성욕은 섹스를 의미하는 것이 아니라 삶의 에너지이며 마음의 충동기준(성충동)에 기초하고 있다. 또한 열정과 성욕과 성취욕은 별개로 구분되는 것이 아니라 동시에 작용한다.

남자는 미래행복을 추구하기 위하여 열정과 성취욕을 갖고 성공, 사회지위, 명예, 학위와 지식, 경제력, 경쟁우위… 등을 추구하기 때문에 상처의 감정을 기억하지 않고 즐거움을 추구하는 마음을 갖고 있다. 따라서 남자는 현재의 행복보다는 지속적인 미래행복을 추구하는 것에 중요한 가치를 갖는다.

남자의 열정, 성욕, 성취욕은 모두 같은 마음으로 동시에 발생하고, 동시에 작용한다. 따라서 남자에게 우울증이 발생한다는 것은 열정, 성욕, 성취욕이 모두 없어지면서 미래행복이 차단될 때 나타나게 되며 심각한 심리장애가 발생하면서 자살률이 80% 이상일 만큼 매우 위험한 감정장애로 작용한다. 이는 여자의 우울증과는 전혀 다르게 작용하는 것을 알아야 한다.

따라서 남자는 상대를 여자로 인식하게 되면 마음이 작용하여 열정이 생성되고, 이와 동시에 성욕(재미와 즐거움, 삶의 에너지, Libido)이 발생하면서 성취욕이 강화된다. 그래서 여자에 대한 심리작용(말과 행동)의 욕구와 헌신의 욕구가 발생하여 이해와 배려를 하는 노력을 지속적으로 할 수 있게 되면서 여자와의 섹스를 원하게 된다. 이것이 여자에게는 남자의 관심과 사랑으로 인식되어 남자와의 섹스를 통하여 사랑을 확인하고 행복을 갖게 된다. 이 순환구조가 바로 사랑과 행복이다.

여자가 사랑의 과정을 중요하게 인식을 하는 것과 같이 남자는 열정의 과정을 중요하게 인식하기 때문에 열정을 갖고 심리작용과 헌신의 욕구충족이 되는 과정이 중요하다. 즉 남자는 섹스를 목적으로 하는 것이 아니라 실제로는 열정의 과정(열정생성, 심리작용, 헌신, 이해와 배려)을 목적으로 하고 있고 이 결과로 섹스의 희망과 기대감을 갖는 미래행복을 추구하는 것이다. 따라서 여자는 사랑을 추구하고 남자는 섹스를 추구하는 것처럼 인식되는 것이다.

7
남자의 사랑

　남자의 행복은 열정을 기초로 하여 열정의 과정에서 발생하는 미래의 행복을 추구하면서 형성되기 때문에 현재의 행복이 중요한 것이 아니라 미래의 행복이 중요하다. 따라서 남자는 현재의 행복을 알지 못하고 오로지 미래의 행복만을 좇기 때문에 마치 행복이라는 신기루를 향하여 살아가는 것이 삶의 의미이고 행복이고 힘이 된다는 것을 알아야 한다.

　또한 남자의 사랑은 오랫동안 습관으로 형성되는데 자신과 동일시하는 현상에서 발생하는 무한책임을 갖게 되어 이를 안정화시키고 편안하게 만드는 마음이 작용할 때 비로소 사랑을 하게 되는데 이 사랑은 무한책임의 위기(불안)에서만 마음이 작용하기 때문에 습관으로 표현되는 것은 남자의 위기에서만 볼 수 있게 된다.

　그래서 남자의 사랑은 무의식의 사랑이라고 하고, 무의식의 습관에 존재하는 것이라 할 수 있다. 현실에 표현되는 사랑은 성욕과 열정이 발생하여 심리작용의 욕구에 의한 이해와 배려의 말과 행동일 뿐, 실제 남자의 사랑은 아닌 것임을 알아야 한다.

　그렇다면 남자의 사랑은 어떻게 형성되는지 살펴보아야 한다. 남자는 먼저 상대를 여자로 인식하게 되면, 마음에 의하여 열정이 발생하게 되는데,

이 열정은 심리작용의 욕구에 의하여 이해와 배려의 말과 행동을 하게 되고, 헌신의 욕구에 의하여 희생과 헌신의 노력을 하게 된다.

이 과정이 반복되면서 습관이 만들어지게 되는데 이 과정에서 상대 여자의 헌신적인 사랑을 받게 된다. 이것이 오랜 시간 지속되면 남자는 여자를 보호하고 관계를 유지하여 미래행복을 추구하는 핵심으로 작용하면서 상대를 자신과 동일하게 만들어서(자신과 동일시하는 현상) 무한책임(조건, 제한, 한계, 기간을 갖지 않는 책임의식)이 발생하게 된다. 이때 열정, 성욕, 성취욕이 매우 강화되어 미래행복을 추구하는 가장 큰 힘이 발생하게 되면서 습관과 마음이 결합하여 이를 습관과 의식으로 모두 적용하도록 만들게 된다.

이것이 바로 남자의 사랑이 만들어지는 과정이다. 따라서 남자의 사랑은 자신과 동일시하는 현상과 무한책임이 동시에 작용하기 때문에 평상시에는 사랑이 전혀 표현되지 않고 오롯이 편안하고 안정적으로 유지될 수 있도록 해야 자기 자신이 안정되고 편안해지면서 외부 대상에 열정을 갖고 성취욕을 강화시켜 갈 수 있게 된다.

그러나 자신에게 무한책임의 위기(어려움)가 형성되거나 무의식의 사랑에 문제가 발생하게 되면 매우 큰 고통을 겪게 되면서 사랑의 습관과 마음이 작용하게 되면서 이를 지키려는 노력을 하게 된다. 이때는 미래행복의 가치보다 사랑을 지키려는 힘이 더욱 강화된다.

남자가 자신의 미래행복을 위하여 무한책임인 사랑을 단절하는 행동(스트레스를 받는다고 자신이 주도적으로 이혼하는 경우, 사랑하는 여자를 쉽게 버리는 경우)을 하면 사랑이 없는 상태로서 양아치와 같다. 또한, 남자 자신의 미래행복을 추구하기 위하여 무한책임인 무의식의 사랑을 이용하는 행동(사랑하는 사람을 이용하여 자신의 미래행복을 추구하는 것으로서 고의 사고에 의한 경제적 이익추구, 스와핑으로 아내를 이용하여 다른 여성들과 섹스를 즐기려는 행동, 자신의 사업과 목적을 위하여 아내 또는 자식을 이용하는 행동…)을 하면 이는 무의식의 사랑이 없는 양아치보다 훨씬 못한 쓰레기만 못한 인간이라 할 수 있다. 따라서 남자의 사랑은 위기 때만 나타나며, 위기를 겪을 때 그 남자의 진정한 무의식의 사랑이 나타난다. 비록 남자 자신의 잘못으로 인하여 위기를 겪게 되더라도 무의식의 사랑이 나타나면서 수단과 방법을 가리지 않고 아무리 자신에게 스트레스가 작용되더라도 사랑하는 사람을 지키고 안정을 갖기 위한 노력을 한다. 이는 남자 자신의 열정과 성취욕을 모두 차단하더라도 우선으로 처리한다. 즉 자신의 열정과 성취욕에 의한 미래행복의 가치보다 무의식의 사랑을 훨씬 중요하게 인식하는 것이다. 이러한 행동이 무의식적으로 나타난다.

8
여자의 행복구조

여자의 사랑과 행복에 대한 순환구조를 분석하여 여자의 사랑과 행복의 실체에 대하여 알아보자. 먼저 여자는 자신이 여자로서 4개의 요소(신체, 심리, 외형, 말과 행동)를 조화롭게 하여 여자로서의 매력을 갖게 되면, 남자는 저절로 열정을 갖게 되고, 심리작용의 욕구에 의한 이해와 배려하는 말과 행동을 하게 되며, 헌신욕구에 의한 희생과 헌신의 노력을 하게 된다. 이 과정에서 여자는 긍정감정을 갖게 되어 여자로서의 행복이 발생하면서 남자를 특별하고 자신만을 위한 남자로 인식한다.

이렇게 남자의 사랑에 의한 여자의 행복을 갖게 되면 사랑의 과정에 대한 확인과 지속을 원하게 되면서 남자와의 사랑을 확인하고 싶어 하고 이때 성심리가 작용하면서 섹스(Sex)를 통한 몸과 마음의 사랑을 확인하게 된다. 이 섹스(Sex)는 남자의 성욕과 열정을 확대 또는 유지의 역할을 하게 되고 남자는 미래행복에 대한 희망과 기대감을 더욱 크게 갖는다.

남자의 사랑(열정, 희생과 헌신, 이해와 배려)과 확인(섹스의 만족과 성에너지)을 통하여 여자의 행복을 갖게 되면 여자는 현실의 행복을 지속하기 때문에 남자에 대한 희생과 헌신을 하면서 사랑을 주고 싶은 모성애가 작용한다. 이를 통하여 여자는 자신의 행복, 편안함, 깊은 사랑의 감정을 갖게 되면서 여자의 행복, 아내의 행복, 엄마의 행복을 갖게 되는 것이다.

이 사랑의 순환구조는 결국 남자에게서 사랑을 받는 여자의 행복을 가진 후, 아내로서 남편에게 사랑을 주는 아내의 행복을 갖게 되고, 엄마로서 자식에게 사랑을 주는 엄마의 행복을 모두 충족하게 되는 순기능의 에너지로 작용하게 되는 것이다. 이것이 여자의 사랑과 행복이다. 따라서 여자는 '사랑 → 섹스 → 행복'이 모두 동일하게 작용하여 '애정관계 → 부부관계 → 자식관계'가 모두 하나로 통합이 되면서 행복을 갖는다.

여자에게서 사랑이 없는 섹스(Sex)는 치명적인 심리장애가 발생하게 되는데 이로 인하여 매우 불행한 삶을 살게 된다. 최근 사랑이 없는 섹스(Sex)를 추구하면서 인생을 즐기면서 사는 여자를 쉽게 찾아볼 수 있는데 이는 행복이 아니라 위로에 의한 사랑의 착각과 행복의 착각으로 발생하는 왜곡된 심리장애로 발생하는 현상일 뿐임을 알아야 한다.

9
위로와 행복착각

여자의 상처가 얼마나 중요한 것인지 살펴볼 수 있어야 한다. 여자의 상처는 치료방법에 따라서 행복과 불행의 삶이 결정된다고 해도 과언이 아닐 정도로 여자의 상처에 대한 치료는 여자의 행복한 삶과 직결된다.

여자의 상처를 치료하는 방법은 두 가지가 있다. 첫째는 남자의 사랑이다. 이 남자의 사랑은 여자의 인식에 의한 열정, 심리작용의 욕구에 의한 이해와 배려의 말과 행동, 헌신의 욕구에 의한 희생과 헌신의 노력 등이 지속적으로 반복할 때 여자가 인식하는 사랑의 감정이고 행복이다. 이는 여자의 상처를 치료하여 긍정감정으로 전환을 하면서 상처를 기억하되 아프지 않고 오히려 긍정감정의 행복으로 기억되게 만들면서 여자를 행복하게 살 수 있도록 하는 순기능의 사랑이고, 행복이고, 에너지의 원천이 된다.

두 번째는 남자의 위로이다. 이 남자의 위로에 의한 상처치료의 착각현상은 여자를 불행하게 만드는 역기능의 사랑이고, 불행이며, 남자의 성적 쾌락의 대상화가 되는 원인이다. 우리는 이 과정을 상세히 분석하여 여자의 상처에 대하여 남자의 위로가 얼마나 위험한 것인지 알고 이를 대처할 수 있는 능력을 갖도록 해야 한다.

여자는 상처를 갖게 되면 위로와 치료의 마음이 작용하는데 이 마음이 습관을 통하여 말과 행동으로 표현된다. 그래서 대부분의 여자는 상처를 갖게 되면 위로와 치료를 해 달라는 욕구를 표현할 때 화, 짜증, 부정적인 감정표현 등이 나타나게 된다. 즉 여자가 짜증 내고, 화내고, 감정대립을 하게 되면 심리적으로 상처를 갖고 있으니 이를 위로하고 치료를 해 달라는 것으로 인식해야만 한다.

남자가 여자의 상처를 인식하고 위로하면 상처가 치료되는데, 여자는 자신의 상처를 치료해 준 남자를 좋아하고 사랑하는 긍정감정이 생기면서 행복을 느끼게 된다. 문제는 남자가 목적을 갖는 왜곡된 열정에 의하여 위로를 받게 되면, 상처가 치료된 듯 보이는 일시적 상처치료의 효과가 나타나게 되고, 일시적 상처치료의 효과에 의하여 여자는 자신의 상처가 치료되었다고 착각하게 되며, 이를 치료해 준 남자를 좋아하고 사랑하면서 행복을 느끼는 착각현상이 연쇄적으로 발생한다.

일시적 상처치료의 효과는 다시 상처에 대한 위로를 반복적으로 요구하여 남자의 위로를 지속적으로 원하는 습관이 만들어지게 된다. 이것이 여자에게는 매우 위험하고 불행한 삶을 살게 만드는 습관이다.

또한 상처를 준 실제 대상에 대해서는 무관심해지게 되고, 행복이라고 착각하게 되어 위로해 준 남자를 사랑하게 되면서 섹스(Sex)로 이를 확인하려 하고 사랑을 유지하기 위하여 치료를 해 준 남자에게 희생과 헌신을 하는 왜곡된 순환구조가 형성된다.

결국 '위로(사랑이라는 착각) → 섹스(Sex) → 행복의 착각' 등의 세 가지가 동시에 발생하게 되는데, 위로와 행복의 착각을 제외한 현실행복을 살펴보면 실제로는 섹스(Sex) 외에는 하나도 없다. 즉 섹스의 쾌락이 삶의 행복이라는 습관과 의식을 갖게 되는 불행한 여자의 삶이 된다.

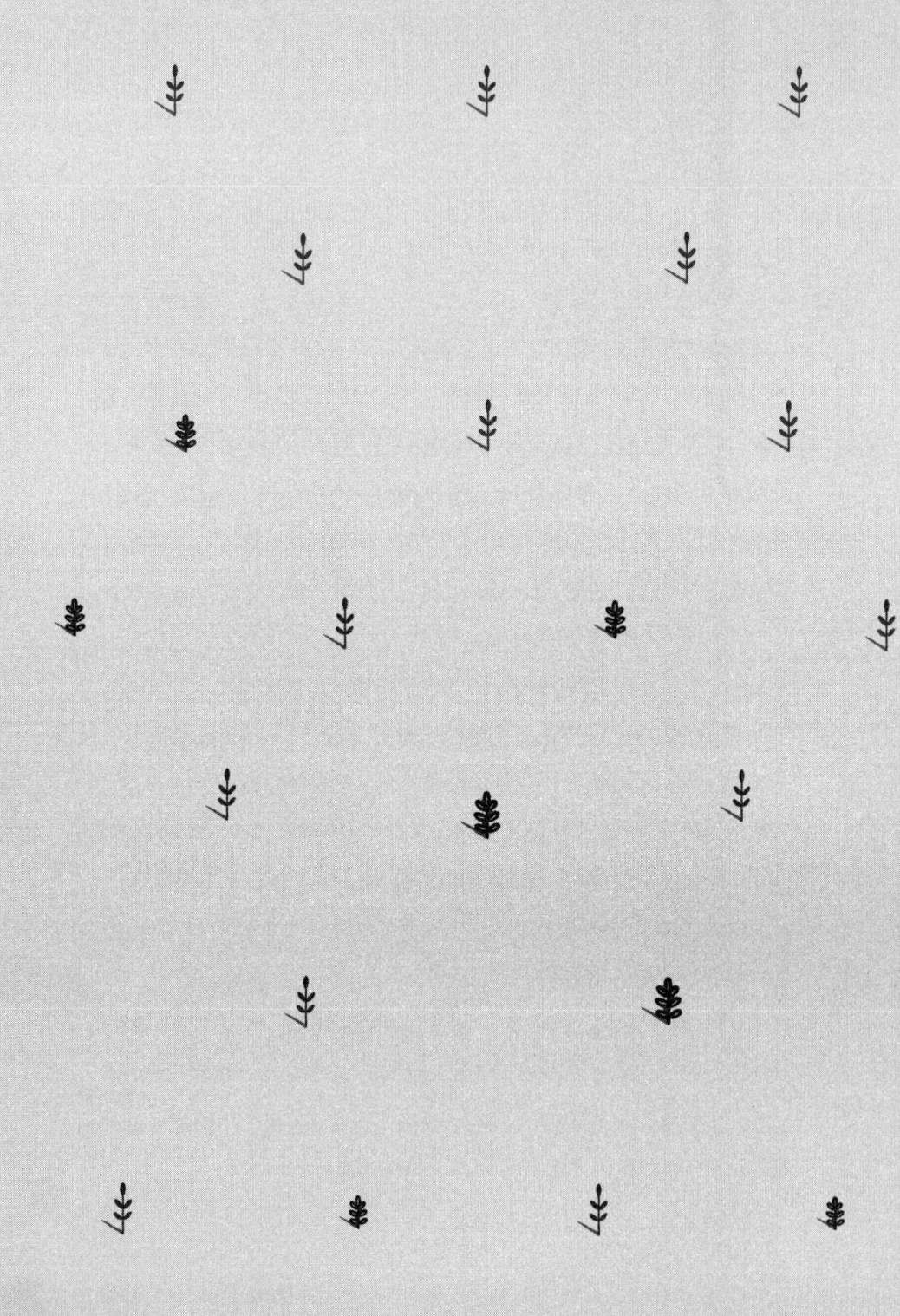

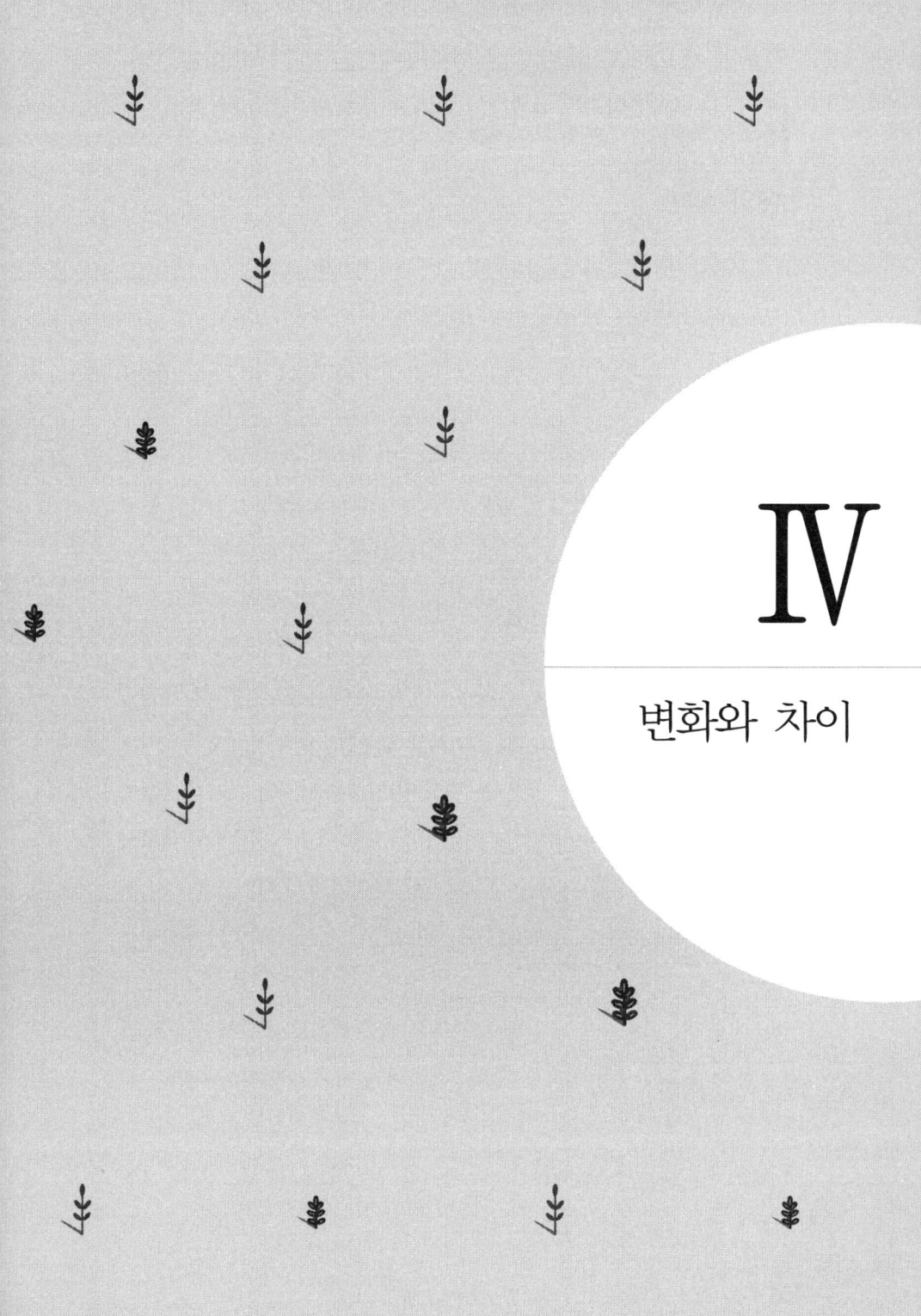

IV

변화와 차이

1
연애의 심리

　남자는 미래행복을 추구하기 때문에 열정이 필요하고, 여자는 현재행복을 추구하기 때문에 사랑이 필요하다. 그래서 남자와 여자가 만나면 남자의 열정과 여자의 사랑이 상호 작용하면서 남자는 열정의 과정에, 여자는 사랑의 과정에 빠져들게 되면서 '핑크렌즈효과'와 같이 '눈에 콩깍지가 씌는 현상'이 발생한다. 이 핑크렌즈효과는 일시적 정신장애로서 수개월~3년 이내에 자연적으로 치료된다. 그래서 대부분 연애 후 3년 이내에 결혼을 하는 커플이 많은 이유이기도 하다. 이러한 핑크렌즈효과는 남자의 열정과 여자의 사랑이 결합하면서 나타나는 현상이며, 이는 남자와 여자의 마음이 작용하는 자연적인 현상이며 선물과 같다. 남자와 여자가 결혼하고 행복하게 살 수 있다는 확신을 가질 수 있도록 만드는 역할을 한다.

　남자와 여자가 만나서 연애할 때 남자의 열정과 여자의 사랑이 결합하는 과정을 살펴보겠다.

　먼저 남자와 여자가 만났을 때 남자는 상대를 여자로 인식하면 좋은 감정과 함께 마음의 충동기준(성충동)에 의하여 열정이 발생하고, 여자는 남자의 열정을 느끼고 인식하면서 좋은 느낌과 함께 긍정감정을 갖는다. 이때 가장 중요한 것은 남자가 상대를 여자로 인식하는 것인데, 여자의 4대 구성요소(신체, 심리, 외형, 표현)가 자연스럽게 조화를 이룰 때 남자는 여자로 인식하면서 순수한 열정이 발생한다. 이 경우 이외는 성적 매력처럼 특정한 대상으로서의 목적의식을 갖는 왜곡된 열정이 발생한다.

남자가 여자의 긍정감정을 느끼면 '심리작용의 욕구'에 의하여 상대 여자와 말과 행동을 주고받고 싶어지면서 상대 여자에게 말과 행동을 하고, 상대 여자도 남자와 말과 행동을 하는 것에 좋은 감정을 갖게 된다. 그러면 남자는 상대 여자를 위하여 무엇이든 다 해 주고 싶은 '헌신의 욕구'가 증가하면서 상대 여자에 대하여 모든 것을 이해하고 배려하면서 희생과 헌신을 한다. 이와 같이 상대 여자의 긍정감정을 지속적으로 유지하고 사랑의 감정을 가질 수 있도록 남자는 여자에게 심리작용과 헌신을 지속적으로 하게 되는데, 이를 '열정의 과정'이라고 한다.

남자가 열정의 과정이 지속되면, 여자는 좋은 감정을 지속하면서 사랑의 감정을 갖게 된다. 여자가 사랑의 감정을 갖게 된 것을 인식한 남자는 여자의 행복을 느끼면서 강력한 성취욕을 갖게 되는데, 이 성취욕은 상대 여자와 함께하는 미래의 확신과 함께 일, 직업, 취미, 기타 다양한 분야에 대한 성취욕이 동시에 발생한다. 이 과정이 계속 유지되고 발전되면 여자는 현재행복을 느끼면서 이를 유지하고 발전하려고 하고, 남자는 미래의 막연한 기대감과 희망을 갖게 되면서 미래행복을 추구하게 된다.

이렇게 남자는 상대 여자와 함께하는 미래의 기대와 희망을 갖게 되면서 미래행복을 추구하고, 여자는 상대 남자에 대하여 사랑의 감정을 갖고 현재행복을 느끼면서 미래에도 계속 유지하고자 한다. 그래서 남자와 여자는 결혼을 하게 된다.

그러나 연애를 할 때, 남자의 열정이 왜곡되는 경우가 있는데, 이는 남자와 여자 모두에게 심리장애를 유발할 만큼 매우 위험한 관계가 형성되고, 반드시 상처를 동반하면서 불행한 인생을 살게 되는 원인이 된다.

남자가 여자를 인식할 때 여자의 4대 구성요소 중 특정한 부분에 매력을 느끼거나, 여자의 4대 구성요소가 조화를 이루고 있다고 착각하는 경우, 스트레스의 해소대상으로 인식하는 경우, 심리장애가 있는 경우, 이외 특정한 목적을 갖는 경우에 남자는 왜곡된 열정을 갖게 된다. 이렇게 왜곡된 열정을 갖게 되면 남자는 목적을 달성하기 위한 열정의 과정을 갖는다.

남자의 심리작용의 욕구와 헌신의 욕구가 모두 왜곡된 열정의 과정으로 작용하면서 남자는 목적을 이루기 위하여 상대 여성에게 노력한다. 이 왜곡된 열정의 과정을 여자는 마치 남자의 순수한 사랑으로 착각하면서 긍정감정과 사랑의 감정이 발생하지만 현재행복을 느끼지 못한 채 계속 사랑의 과정에만 머무르게 된다. 그러면 여자는 깊은 상처를 갖게 된다. 결국 왜곡된 열정의 과정은 여자에게 깊은 상처를 유발한다.

남자는 열정의 과정에서 자신의 목적을 달성하고, 여자는 사랑과정에서 계속 머무르게 되면, 남자와 여자는 결혼을 할 수 없다. 그러면서 남자와 여자는 서로 비운의 연애를 하는 것으로 착각한다.

2
결혼 후 심리

　남자는 열정의 과정에서 강력한 성취욕을 갖게 되면서 상대 여자에 대한 기대와 희망을 갖고 미래행복을 추구할 때, 여자는 사랑의 과정에서 현재행복을 갖게 되면서 미래에도 지속적으로 현재행복이 유지되고자 할 때, 남자와 여자는 결혼을 하게 된다. 이렇게 결혼을 하면 남편과 아내가 되면서 서로의 심리가 변하게 되는데 이는 가정을 이루고, 자녀를 양육하면서 살아갈 수 있도록 하는 심리의 안전장치라고 할 수 있다. 이는 누구에게나 발생하는 것으로서 남자와 여자가 행복을 추구하면서 살아가는 원인이 되기도 한다.

　남자와 여자가 결혼하고 신혼을 지나서 자녀가 출생하면서 가정을 구성하게 되면, 남자는 남편의 역할을 하고 여자는 아내의 역할을 하게 된다. 이 과정에서 남편과 아내는 심리가 변한다.

　마음의 충동기준에 의하여 발생하는 남자의 열정과 여자의 사랑은 성심리에 의하여 작용되는데, 이 성심리는 성행동인 섹스로 표현된다. 남자와 여자의 관계에서는 남자의 열정과 여자의 사랑에서 성심리가 가장 강하게 발생하도록 마음의 충동기준이 작용하면서 삶의 에너지가 되는데, 이 성심리가 작용하지 않는 남자와 여자의 인간관계가 있다. 첫 번째는 부모와 자식의 관계이고, 두 번째는 남편과 아내의 관계이다. 이 2가지의 인간관계에서는 성심리가 작용하지 않기 때문에 성행동인 섹스가 표현되지 않는다. 즉 가족으로 인식되는 것이다.

먼저 남편인 남자는 여자인 아내에게서 여자의 매력에 대한 인식이 감소하기 시작하고, 여자인 아내는 여자로서의 현재행복이 줄어들기 시작한다. 그러나 남자와 여자는 마음의 충동기준에 의한 열정과 사랑이 감소하는 것이기 때문에 의식이 이를 자각하지 못한다. 따라서 남자는 열정이 줄어들면서 열정의 과정이 약화되기 시작하고, 여자는 사랑(남자에게 받는 사랑)이 줄어들면서 이를 대신하여 아내로서의 행복(남편에게 주는 사랑)이 증가한다. 이는 아내가 현재행복을 지속적으로 느낄 수 있도록 하는 역할을 한다.

남편은 열정의 과정이 약화되면서 외부의 성취욕을 강화하고, 점점 외부 성취욕이 열정의 과정을 대체하면서 열정은 사라지고 아내와 자식들에 대하여 무의식의 무한책임인 사랑이 형성된다. 이와 함께 아내는 아내로서의 행복이 증가하면서 모성애가 강화되고 자식에 대한 엄마의 행복(자식에게 주는 사랑)이 확대된다. 그래서 아내는 모성애가 형성되는데 이 모성애는 남편에게 주는 사랑과 자식에게 주는 사랑이 결합되어 나타난다.

이와 같이 남자는 열정의 과정에서 남편이 되면 열정의 과정을 없애면서 무의식의 무한책임인 사랑을 만들고, 여자는 사랑과정에서 아내가 되면 사랑의 과정을 없애면서 모성애인 사랑을 만든다. 결국 남편은 아내와 자식에 대한 무의식의 무한책임인 사랑을 갖게 되고, 아내는 남편과 자식에 대한 모성애인 사랑을 갖게 된다. 이것이 결혼 후 부부가 살아가는 모습이다. 그러나 남편에게는 남자의 열정이 없어지고, 아내에게는 여자의 사랑이 없어진 상황이기 때문에 섹스리스(Sexless)의 부부가 되거나 부부싸움 및 부부갈등의 원인이 되면서 편안한 관계, 익숙한 관계, 그냥 무의미한 부부로 살아가는 모습을 갖게 된다.

특히 남자의 무한책임인 사랑은 무의식에 형성되기 때문에 남편과 아내가 모두 생각으로 자각하지 못한다. 또한 남자의 무한책임인 사랑은 가정의 위기, 아내와 자식의 위기에서만 나타나기 때문에 평상시에는 마치 남편의 사랑이 없는 것처럼 느껴진다.

결혼 후 남자와 여자는 남편과 아내로서의 삶을 살게 되면서 남편은 아내와 자식에 대한 무한책임인 사랑을 갖게 되고, 아내는 남편과 자식에 대한 모성애를 갖게 되므로 남편의 역할과 아내의 역할에서는 성심리가 작용하지 않고, 성행동인 섹스가 표현되지 않는다. 이로 인하여 부부문제, 성격 차이의 주요 원인은 남자와 여자의 심리변화 때문에 발생하는 것을 알 수 있다.

부부문제가 발생하는 것을 보면, 제일 먼저 두 사람 중 한 사람이 자신의 마음을 이야기하는 것이 사라지게 되면서 상대도 점점 자신의 마음을 이야기하는 것이 사라지면서 서로의 마음에 대한 대화가 사라진다. 이렇게 대화가 사라지면 부부문제가 심각한 상황이 되었다고 볼 수 있다. 이후 성심리가 작용하지 않게 되면서 남자는 열정이 사라지고 여자는 사랑이 사라지면서 편안한 관계가 되고, 섹스도 줄어들게 되면서 섹스리스까지 발전하게 된다. 이러한 상황이 되면 부부는 위기라고 할 수 있지만, 무의식에서 변화되기 때문에 인식으로 자각하지 못한다.

열정과 사랑의 변화

남자와 여자는 행복의 마음이 만남과 연애 후 결혼과 가정을 이루고 유지하는 과정에서 큰 변화를 갖게 된다. 그래서 연애할 때와 결혼한 후에 남자와 여자는 많은 심리변화를 갖는 것처럼 인식되는 것이다.

남자는 만남과 연애의 과정에서 상대를 여자로 인식하면서 열정이 발생하고 성욕과 성취욕을 통한 미래행복을 지속적으로 추구한다. 이에 따라서 열정의 과정을 통하여 섹스의 재미와 즐거움에 대한 희망과 기대감으로 미래행복을 추구할 수 있게 된다. 또한 이 과정에서 여자의 반응, 긍정감정, 사랑을 행복함으로 인식하면서 결혼이라는 막연한 미래행복에 대한 희망과 기대감을 키우게 된다. 따라서 남자는 만남과 연애의 과정에서 열정의 과정을 매우 중요하게 생각한다.

여자는 만남과 연애의 과정에서 상대 남자의 열정, 헌신(희생), 이해와 배려 등이 지속적으로 형성되면서 사랑의 감정을 갖게 되고, 사랑의 과정을 중요하게 인식하면서 남자와의 섹스에 만족과 사랑의 확인을 갖게 되어 현실의 행복을 갖게 되며, 현실행복을 지키고 유지하기 위하여 결혼을 하고자 한다. 따라서 여자는 만남과 연애의 과정에서 사랑의 과정을 중요하게 생각한다.

남자는 결혼하여 가정을 이루면 여자를 아내와 자식들의 엄마로 인식을 하여 가족관계를 형성하고 이에 대한 무한책임과 함께 자신과 동일시하는 습관과 마음이 결합되면서 여자로 인식하지 못하고 여자에 대한 열정이 줄어들거나 소멸되고 외부 대상에 열정과 성취욕이 강화되면서 열정이 변화하게 된다.

　이때 습관으로 생성되는 자기 동일시 현상과 무한책임이 남자의 사랑이다. 따라서 남자의 사랑은 여자와의 오랜 열정, 성욕, 성취욕 등의 반복되는 과정을 통하여 무한책임이 형성되고 남자 자신과 동일시되는 현상이 만들어질 때 형성된다.

　여자는 남자의 열정, 성욕, 성취욕 등이 동반되는 사랑과 행복을 가지면서 결혼 후 가정을 형성하게 되면 여자의 행복에서 아내의 행복과 엄마의 행복으로 전환하게 되는데 남자에게 받는 사랑보다는 주는 사랑(내조와 모성애)에 몰입하게 된다. 즉 남편과 자식에게 헌신하고 희생하는 열정을 갖게 되는 것이다. 이때 여자는 행복함과 편안함을 갖게 된다.

　따라서 여자는 남자를 남편으로 전환하면서 남자에게 사랑을 받는 것에서 남편에게 사랑을 주게 되고, 남자는 여자를 아내로 전환하면서 여자에게 사랑을 주는 것에서 아내에게서 사랑을 받는다.

3
감정기억의 차이

　여자는 사랑을 기초로 하는 현실행복을 추구하고, 남자는 열정을 기초로 하는 미래행복을 추구하는데 이 행복의 추구는 결국 긍정감정에 의하여 발생하는 것이다. 따라서 남자와 여자가 감정을 어떻게 의식으로 기억하느냐를 정확히 알아야만 행복추구의 방향과 목표를 만들 수 있다. 그만큼 남자와 여자의 감정기억은 전혀 다르게 기억하고 있다는 것을 의미하고 있으며, 감정기억은 결국 심리문제와 마음을 표현하는 습관에 영향을 주기 때문에 행복과 직접적인 관련성이 있다.

　정상심리의 여자는 상처의 감정을 잘 기억하고 즐거움의 감정을 잘 기억하지 못한다. 그래서 여자는 상처의 아픔과 고통을 쉽게 기억하기 때문에 이를 치료하고자 마음이 작용하면서 치료의 과정에서 발생하는 긍정심리(사랑과 행복)로 인하여 현실의 행복을 추구하고 상처의 감정을 무감정으로 기억하는 '감정기억오류'가 발생한다.

　따라서 상처의 감정을 기억하기 때문에 치료의 욕구를 갖게 되는데 이 치료는 상대의 열정에 의한 사랑 또는 위로에 의하여 작용한다. 따라서 여자는 이 치료의 과정이 중요하고 이 과정이 곧 사랑의 과정이고 현실의 행복을 갖는 데 중요한 역할을 한다. 만일 여자가 상처의 감정기억을 잘 못하고 즐거움의 감정기억을 잘 한다면 이는 의식에 문제가 발생하였기 때문에 표현장애 또는 인식장애가 나타나게 되고, 상대와의 심리작용의 결과에서 즐거움의 감정기억만 잘 하면 이는 습관에 문제가 발생하였기 때문에 감정장애가 나타나게 된다. 이와 같이 습관과 의식에 문제가 발생하면 마음과의 충돌로 인하여 불행한 여자의 삶을 살게 된다.

정상적인 남자는 상처의 감정기억을 잘 못하고 즐거움의 감정을 잘 기억한다. 이로 인하여 미래행복만을 추구하는 현상이 발생하는 것이고 재미와 즐거움을 좋아하고 스트레스를 모두 거부하는 방어기제를 갖게 되는 것이다. 재미와 즐거움의 과정에서 열정이 발생하고, 성욕, 성취욕이 만들어지며 미래행복과 사랑을 모두 만들게 된다. 만일 남자가 상처의 감정기억을 잘 하고 즐거움의 감정기억을 잘 못하게 되면 이는 습관의 문제인 감정장애가 발생한다. 상대와의 심리작용의 결과에서 무조건 부정감정만을 기억하는 습관을 갖게 되면 습관의 장애인 감정장애가 발생하게 된다.

정보의 현상과 감정을 기억할 때, 그 감정이 긍정감정이냐 부정감정이냐에 따라서 남자와 여자가 감정을 기억하는 것이 다르다.

남자와 여자의 심리를 분석하면, 기억된 정보의 현상은 동일하지만, 정보의 현상과 함께 기억된 감정은 차이가 있다. 정보의 현상에 대한 기억은 남자와 여자가 동일하게 작용하기 때문에 필요에 의하여 기억한다. 그러나 정보의 현상에 대한 감정을 기억할 때, 여자는 부정감정을 잘 기억하고 긍정감정을 잘 기억하지 못하며, 남자는 긍정기분을 잘 기억하고 부정기분을 잘 기억하지 못한다. 이것을 남자와 여자의 '감정기억차이(感情記憶差異)'라고 한다.

남자의 입장에서 생각해 볼 때, 남자는 긍정기분을 잘 기억하고 부정기분을 잘 기억하지 못하기 때문에 여자도 긍정기분을 잘 기억하고 부정기분을 잘 기억하지 못할 것이라는 감정기억에 대한 왜곡된 생각을 갖는다. 또한, 여자의 입장에서 생각해 볼 때, 여자는 부정감정을 잘 기억하고 긍정감정을 잘 기억하지 못하기 때문에 남자도 부정감정을 잘 기억하고 긍정감정을 잘 기억하지 못할 것이라는 감정기억에 대한 왜곡된 생각을 갖는다. 이것을 남자와 여자의 '감정기억오류(感情記憶誤謬)'라고 한다.

남자가 부정기분을 기억하게 될 때, 기억된 과거 정보의 현상을 기억하면, 기억된 과거의 현상들을 전부 부정기분으로 인식하여 부정기분이 확대된다. 그래서 남자는 부정기분을 확대하는 감정기억에 문제가 발생하기 때문에 매우 짧은 시간에 심리장애가 발생한다.

또한, 남자는 현재에 부정기분이 발생할 때, 부정기분이 발생했던 과거의 현상을 기억하면, 과거의 현상과 함께 발생했던 과거 당시의 부정기분을 기억하지 못하기 때문에 현재의 부정기분을 과거의 현상과 결합시켜서 과거의 현상과 함께 과거의 부정기분으로 왜곡되어 기억한다. 즉, 과거의 현상과 현재의 부정기분을 결합하여 과거의 현상은 정확하지만 과거의 현상과 함께 기억된 부정기분은 현재의 부정기분으로 대체된다. 그래서 과거의 현상을 기억하면, 현재의 부정기분을 과거의 부정기분인 것으로 기억하는 문제가 발생한다. 이로 인하여 남자가 부정기분을 기억하면, 과거의 모든 현상을 현재의 부정기분으로 모두 대체하면서 급격하게 과거의 모든 현상이 부정기분과 결합하면서 부정감정이 급속하게 기억되면서 확대된다.

여자는 평상시에 긍정감정이 발생했던 과거의 현상은 기억하지만, 현상과 함께 발생했던 과거의 긍정감정은 기억하지 못한다. 그러면 긍정감정이 발생한 과거의 현상을 추측하여 긍정감정의 크기를 유추하는 현상이 발생하면서 여자는 과거의 긍정감정을 정확히 기억하지 못한다. 이때 유추한 긍정감정에 몰입하면, 유추한 긍정감정이 과거의 현상과 함께 기억된 긍정감정이었을 것이라고 왜곡된 생각을 한다.

또한, 여자는 현재에 긍정감정이 발생하였을 때, 과거의 현상을 기억하게 되면, 과거의 현상과 함께 발생한 긍정감정은 기억하지 못하기 때문에 현재의 긍정감정을 과거의 현상과 결합한다. 그래서 과거의 현상과 함께 과거의 긍정감정으로 왜곡하여 생각하고 기억하는 현상이 발생한다. 즉, 과거의 현상과 현재의 긍정감정이 결합하여 과거의 현상은 정확하지만, 과거의 현상과 함께 기억된 긍정감정에 대해서는 현재의 긍정감정을 과거에 기억하고 있었던 긍정감정으로 왜곡된 생각을 하게 된다. 그래서 과거의 현상을 기억하면 현재의 긍정감정이 과거의 긍정감정인 것으로 왜곡하는 생각이 확대된다. 이로 인하여 여자가 긍정감정을 기억하면, 과거의 모든 현상을 긍정감정으로 모두 대체하게 되면서 급격하게 긍정감정이 기억되면서 확대된다.

이와 같이 남자의 부정기분에 대한 왜곡된 생각과 기억, 여자의 긍정감정에 대한 왜곡된 생각과 기억을 감정기억왜곡(感情記憶歪曲)이라 한다. 이는 남자와 여자의 심리가 다르기 때문에 나타나는 현상이다. 이렇게 감정기억을 할 때, 남자와 여자가 전혀 다른 것은 마음의 차이로 발생하는 정상적인 기억이다. 이때, 왜곡이라는 뜻은 잘못되었다는 것이 아니라, 사실과 다르다는 뜻이다. 따라서 감정기억왜곡은 감정을 기억하는데, 사실과 다르게 생각하고 기억하는 착각을 말한다.

4
마음의 차이

　남자와 여자는 인간으로서 마음을 갖고 있지만, 서로 다른 마음이다. 남자는 관념의 마음을 갖고 있고 여자는 감정의 마음을 갖고 있다.
　남자는 감정보다는 관념이 우선이 되는 마음이다. 이는 있는 사실과 현상에 대하여 감정이 없는 상태로서 자신의 가치관과 관념에 의한 판단과 결정을 하는 마음이다. 그래서 남자의 마음은 감정이 없다. 그때그때 다섯 개의 감각기관이 좋으면 좋은 기분을 느끼고, 스트레스를 받으면 나쁜 기분을 갖는다. 다만 현상과 사실에 대하여 흑백논리로 작용하면서 옳다 그르다, 맞다 틀리다를 기준으로 하여 좋은 기분이냐 나쁜 기분이냐를 판단한다. 이것이 남자의 마음이다.
　남자는 감정의 마음이 아니라 가치와 관념의 마음이다. 그래서 관념과 가치관의 기준이 남자의 심리기준이고, 관념과 가치관을 갖는 생각과 의견의 기준이다. 그래서 의견과 미래의 명분이 중요하다. 남자가 명분에 죽고 사는 이유이다.
　그러나 여자는 감정의 마음을 갖고 있다. 감정의 마음을 갖게 되다 보니 의견보다는 감정이 우선이다. 가치관과 관념이 있겠지만 중요하게 인식하지 않는다. 그래서 심리작용과 감정에 의한 심리기준을 갖는 것과 감정과 현실이 중요하다.

　따라서 남자는 감각기관의 정보가 맞느냐 틀리느냐가 중요하다. 이는 현상과 사실이 중요하기 때문이다. 그래서 남자가 스트레스받으면서 표현하는 것은 감정의 표현이 아니라 감각정보의 현상과 사실이 자신과는 맞지 않기 때문에 이를 벗어나려고 하는 표현일 뿐이다. 감정은 전혀 없다. 마치 심리표현이 감정을 표현하는 것처럼 보이는 것이다.

　여자는 감각기관의 정보에 의하여 감정을 생성한다. 이때 생성된 감정을 매우 중요하게 인식한다. 감각정보의 맞고 틀린 것보다 감각정보에 의하여 발생하는 감정이 중요하다. 그래서 남자는 감각정보를 긍정화하려는 노력을 하지만, 여자는 감각정보에 의한 감정을 긍정화하려고 노력한다.

　이로 인하여 남자는 감각정보에 예민하고 빠르게 반응한다. 남자는 현상과 사실에 빠르게 반응하는 반면 여자는 반응이 다소 느리다. 그래서 남자와 여자가 똑같은 현상과 사실에 의하여 똑같은 문제가 발생하더라도 남자와 여자가 생각하고 사고하면서 해석하는 것이 다르다. 남자는 현상과 사실을 근거로 맞고 틀린 것을 설명하지만, 여자는 좋고 나쁜 것을 설명한다. 서로의 관점이 남자는 현상기준이고 여자는 감정기준이다. 이는 커피 한 잔을 마셔도 느끼는 것이 다르다. 대부분의 모든 것에서 남자와 여자는 다르게 해석한다.

　남자와 여자의 관계에서 사이가 좋지 않을 경우에는 무조건 감정대립과 싸움이 발생할 수밖에 없다. 그리고 평상시에도 조금만 문제가 생겨도 싸울 수밖에 없다. 오로지 안 싸울 때는 눈에 콩깍지가 씌어 있을 때뿐이다. 즉 일시적인 심리장애의 상태에 있을 때만 싸움이 안 생긴다. 이와 같이 남자와 여자는 마음의 관점이 다르다.

마음교육을 통하여 자신과 상대의 심리를 알면, 서로가 싸움을 하더라도 이를 해결할 수 있다. 즉 남자는 스트레스에서 벗어나고 열정을 생성할 수 있다. 또한 여자는 상처를 치료할 수 있게 되면서 사랑을 생성할 수 있게 된다. 그래서 마음과 심리가 작용하는 원리를 아는 것은 중요하다. 특히 마음을 정확하게 알아야 하는 이유이다. 여자는 상처를 치료할 수 있고, 남자는 스트레스에서 벗어날 수 있는 길을 만들어 주기 때문이다. 이는 자신과 상대의 심리를 정확히 이해할 수 있기 때문이다. 따라서 자신 스스로가 인간의 마음과 심리를 이해할 수 있는 능력을 키워 가는 것이 바로 이 심리치료교육인 마음교육의 핵심이다.

남자든 여자든 간에 자기 자신뿐만 아니라 주변 사람들한테 특정한 동일한 사건에 대해서 어떻게 기억되고 있고, 어떻게 생각하는지를 분석해 보면 남자와 여자의 마음이 얼마나 다른지 알 수 있다.

5
몰입의 차이

    몰입은 '어떤 대상에 깊이 빠져드는 것'으로 남자는 열정을 갖고 집중하는 심리를 남자의 몰입이라 하고, 여자는 사랑을 갖고 집중하는 심리를 여자의 몰입이라고 한다. 이 몰입은 남자와 여자가 마음의 충동기준에 의하여 행복을 추구하는 것에 따라서 다르게 작용한다.

    남자는 여러 대상에 동시에 몰입할 수 있는데, 몰입하는 대상이 분리되듯이 몰입할 때의 기분은 모두 분리되어 있어서 몰입하는 대상에 영향을 미치지 않는 특징이 있다. 여자는 하나의 핵심대상에 몰입하여 몰입된 핵심대상과 함께하는 모든 대상에 몰입하여 몰입하는 감정이 대상에 따라서 분리되지 않고 하나의 핵심대상에 몰입하는 감정과 모두 연관성을 갖기 때문에 상호 영향을 갖는 것이 특징이다.

    따라서 남자는 하나의 몰입대상에 문제가 발생하면 스트레스를 많이 받겠지만, 문제가 발생한 몰입대상을 제거함으로써 다른 대상에 지속적으로 몰입할 수 있다. 이때 남자는 몰입하는 대상을 처음에는 호기심, 재미와 즐거움으로 접근하여 반복적인 재미와 즐거움을 갖게 되면서 점점 빠져들게 되어 대상을 좋아하는 기분을 갖게 되었다고 자기합리화를 하면서 몰입한다. 이에 반하여 여자는 사랑의 감정으로 몰입하기 때문에 몰입되는 핵심대상이 주로 남자이고, 남자를 좋아하고 사랑하면서 남자에게 몰입한다. 좋아하고 사랑하는 핵심대상에 몰입하면, 그 핵심대상과 함께하거나 연관되는 대상에 대하여 재미와 즐거움을 갖게 되면서 몰입한다.

이렇게 핵심대상을 좋아하면 핵심대상과 함께하는 모든 것에 몰입하면서 감정이 통합되는 것이다. 이로 인하여 몰입 대상들 중에 하나의 대상에 문제가 발생하면, 상처를 입으면서 이를 핵심대상과 연계하여 핵심대상을 제거하려고 한다. 따라서 여자는 사소한 대상이라도 문제가 발생하면, 핵심대상인 남자에게 문제의 원인에 대한 책임을 추궁하면서 핵심대상을 제거하려고 하는 것이다.

남자는 여러 개의 대상에 전혀 다른 기분으로 몰입할 수 있기 때문에 중독과 집착에 쉽게 빠져들지만, 즐거움과 재미를 통한 좋아하는 감정의 자기합리화를 하는 것은 어렵기 때문에 몰입대상에 의하여 다른 대상으로 몰입이 확대되는 것은 매우 제한적이다.

그러나 여자는 하나의 핵심대상에 몰입하는 것이 중요하기 때문에 중독과 집착이 별로 없지만, 사랑하는 감정을 갖는 핵심대상이 생기면, 핵심대상과 함께 연계된 모든 대상에 몰입하기 때문에 몰입이 확대되는 것이 비교적 쉽다.

이와 같이 남자와 여자의 몰입이 다르다. 특정한 대상에 대하여 감정이 몰입할 때 남자는 분산몰입을 하지만, 여자는 집중몰입을 한다. 그래서 남자는 몰입 대상별로 기분이 전혀 다르다. 반면 여자는 몰입 대상별로 감정이 동일하기 때문에 하나로만 몰입한다.

몰입 대상에 문제가 발생하면 남자는 하나의 대상에 문제가 발생하더라도 다른 대상에는 문제가 발생하지 않는다. 반면 여자는 하나의 대상에 문제가 발생하면 전체 대상에 문제가 발생한다. 그리고 남자는 다양한 대상에 쉽게 몰입하지만, 여자는 특정한 대상에 매우 어렵게 몰입하고, 한 번 몰입하면 몰입한 대상과 함께하는 모든 대상에 쉽게 몰입한다. 그래서 남자는 다양한 대상에 쉽게 중독되지만, 여자는 특정한 대상에 중독되는 것이 어렵다. 대신 중독되면 치료가 매우 어렵다.

남자의 중독은 쉽게 치료할 수 있다. 몰입하는 대상만 바꾸면 된다. 이때 몰입은 집중력이 핵심인데 남자는 즐거움과 재미를 추구하기 때문에 자신이 최고라는 자신감 하나, 다른 사람과 다른 것이 있다는 것 하나, 자기감정이 좋고 나쁜 것을 떠나서 자기기분이 특이한 것을 재미있고 즐겁게 인식한다. 따라서 남자는 자신이 특별해야 한다.

그러나 여자가 볼 때는 이런 남자는 성격장애이지만, 남자가 볼 때는 당연한 것이다. 폭력을 휘두르는 남자는 다른 남자와 다르게 자신이 특별하다고 생각하기 때문이다. 이를 영웅심리라고 한다. 여자의 관점에서는 성격장애이지만 남자의 관점에서는 당연한 것이다.

그러나 이러한 현상이 여자에게 발생하면 심각하다. 여자는 특정한 대상에 좋아하는 감정으로 몰입하면, 그 좋아하는 대상과 함께하는 모든 것에 몰입한다. 그래서 여자는 함께하는 것이 중요하다. 함께하는 대상이 자신을 알아준다는 것만으로 좋은 감정을 갖게 된다. 자신의 좋은 감정에 충실하게 된다.

여자에게 칭찬을 많이 해 주면 좋다. 그러나 대부분의 사람들은 남자에게 칭찬을 많이 하라고 한다. 그러나 남자는 칭찬을 하지 않고 그냥 웃기만 해도 된다. 딱히 칭찬을 하지 않아도 알아서 재미와 즐거움을 잘 찾는다.

남자는 여자에게 몰입할 때, 집에 가서 공부하는 것에 몰입하는 것은 별개이다. 감정이 다르기 때문이다. 여자에게만 몰입하는 것이 아니라 다른 많은 것에도 몰입한다. 만일 여자와 헤어지면 스트레스로 인하여 일정 기간은 힘들고 고통스럽지만, 오래되지 않아서 다른 대상에 몰입한다. 그래서 스트레스의 부정기분을 잊는다.

반면 여자가 남자에게 사랑하는 마음으로 몰입하게 되면 사랑하는 남자와 함께하는 모든 것이 다 좋게 된다. 이때는 부모님, 친구, 주변 사람들이 인식되지 않는다. 그러다가 사소하고 작은 문제라도 발생하면 남자와의 관계도 문제가 발생한다. 즉 모든 감정이 하나라는 뜻이다.

이와 같이 남자와 여자는 몰입이 다르다는 것을 알게 되면, 남자와 여자의 집중력을 향상하는 방법, 남자와 여자의 좋아하고 사랑하는 방법 등을 구체적으로 알 수 있게 된다.

6
열정의 과정

　남자에게 열정은 삶의 활력이고 에너지이다. 그래서 열정적으로 살고자 노력하는데, 열정은 재미와 즐거움에 몰입하는 것을 말한다. 이 열정은 성취욕의 근본이 되고 미래행복을 추구하는 원동력이기 때문에 남자에게는 매우 중요하다. 열정은 다양한 대상에서 유발되지만, 의식적으로 만들어지지 않는다. 특히 여자에 대한 열정은 가장 강력한 열정을 유발하는 요인이다. 직업, 부와 명예보다 훨씬 더 중요하게 인식하는 것이 여자에 대한 열정이다.

　남자는 상대를 여자로 인식하면 즉시 열정이 발생한다. 이는 마음의 충동기준에 의하여 강력한 열정의 마음에너지가 생성되기 때문이다. 열정이 발생하면 자신도 모르게 심리작용을 하게 되고 헌신의 욕구가 발생하면서 무엇이든 해 주고 싶은 심리가 형성된다. 즉 여자가 원하지 않더라도 무엇이라도 하고 싶어지는 것이다.

　그렇다고 남자가 여자에게 섹스를 원하는 것도 아니다. 다만 열정은 즐거움과 재미에 몰입하는 것으로서 무의식적으로 막연하게 섹스에 대한 기대와 희망을 갖고 있다. 그러나 이를 인지하거나 생각하거나 의도하지는 않는다. 그러면서 강력한 성취욕이 생기면서 미래의 행복을 추구하게 되는 것이다.

　여자에 대한 열정의 결과는 당연히 섹스이다. 이 섹스는 열정의 결과로 발생하는데, 강력한 마음에너지가 표출되고 성욕과 성취욕이 가장 강력해진다. 그러나 섹스를 한 후에는 목표를 달성하게 되고 심리적 안정, 편안함, 성취감 등을 갖게 되면서 심리의 여유가 생긴다. 그러나 이는 현실행복이기 때문에 오래 지속되면 불안감과 걱정이 발생하면서 다시 열정을 회복하려는 욕구를 갖는다.

남자의 행복추구의 한 요소인 성욕(Libido)은 섹스(Sex)의 욕구만이 전부가 아니다. 대부분의 사람은 성욕을 섹스의 욕구로 잘못 인식하기 때문에 성욕이라는 말 자체를 매우 부정적으로 생각하는데 이로 인하여 마치 남자는 섹스를 위해 사는 것처럼 인식한다. 그러나 성욕은 남자의 삶의 에너지이고 행복추구의 원천이라 할 수 있다.

남자는 상대를 여자로 인식하게 되면 섹스를 하고 싶다고 생각하는 것이 아니다. 그냥 여자로 인식하는 순간 남자에게는 열정이 생성되는데 이 열정은 마음의 충동기준이 작용하기 때문에 발생한다. 이 마음의 충동기준은 남자 자신도 습관과 의식으로는 인식되지 않기 때문에 섹스의 열정이 아니고 여자로 인식된 대상에 대한 관심인 것이다. 이 관심이 바로 열정을 생성하고, 열정이 만들어지면 심리작용의 욕구로 이해와 배려의 말과 행동을 하게 되며, 헌신욕구로 희생과 헌신의 노력을 한다. 이 모든 것이 마음에 의하여 습관으로 표현된다. 이는 의식이 아니라 마음으로만 작용하기 때문에 남자는 의도하고 생각하지 않아도 저절로 나타나게 된다.

마음의 충동기준에 의한 열정이 발생하면 성욕과 성취욕이 강화되고 희망과 기대감이 형성되면서 미래에 대한 행복을 추구하는 마음이 작용하게 된다. 이때 남자는 활력의 에너지를 갖게 되는 것이다. 따라서 성욕, 열정, 성취욕, 미래행복추구 등은 모두 동시에 발생하고, 동시에 작용하며, 동시에 상승 또는 하락하고, 동시에 사라지기도 한다. 이처럼 4가지의 요소는 매우 밀접한 관계를 갖고 있으며, 하나로 작용한다.

이렇게 성욕과 열정을 갖게 되면 성취욕이 강화되는데 이는 성욕해소의 섹스(Sex)에 대한 성취, 다른 남자와의 경쟁우위에 대한 성취, 생물학적으로 자손을 퍼트리고자 하는 성취, 섹스의 쾌락에 대한 성취 등이 동시에 작용하는 것이다. 이와 같은 성취욕이 충족되면 이를 유지하고 확대되도록 하여 미래의 희망과 기대감을 지속하려는 욕구로 인하여 미래의 행복을 추구하게 되는 현상이 발생한다. 이때 남자는 삶의 에너지와 활력이 발생하는 것이다. 따라서 남자는 성욕, 열정, 성취욕 등의 과정에서 미래행복을 추구하게 되고 이를 최고로 인식한다. 남자에게서 섹스(Sex)와 여자는 미래행복의 희망과 기대감을 갖도록 하는 것이지 실제 섹스(Sex)와 여자가 목적은 아니다.

이 과정에서 남자가 섹스(Sex)의 쾌락만을 추구하는 것은 습관 또는 의식의 장애가 발생한 것으로서 감정장애(이상심리) 또는 표현정애나 인식장애가 발생하게 되는데, 이는 역에너지(소모하는 에너지로 작용)로 작용하게 되어 몸과 마음이 모두 파괴되는 병리적 현상이 발생한다. 마치 마약을 투여하여 인위적으로 쾌락을 갖는 것이 반복되는 중독현상과 동일하다.

남자의 행복에서는 상대를 여자로 인식하는 것이 중요하고, 이와 함께 발생하는 열정이 핵심이다. 상대를 여자로 인식하지 않고 섹스의 대상으로만 인식하는 것은 마음의 미래행복추구를 위한 열정이 생성되는 것이 아니라 병든 습관 또는 의식이 섹스의 쾌락만을 추구하려는 것이다. 이를 잘 살펴야만 남자의 행복을 정확히 알 수 있다.

남자의 마음을 분석할 때 가장 핵심이 되는 것이 성욕(Libido)과 열정이라 할 수 있는데, 성욕과 열정은 동일하게 발생한다. 다만 대상이 여자인 경우에는 성욕과 열정이 동시에 발생하고, 대상이 여자가 아닌 경우에는 열정만 발생하고 이 열정의 과정에서는 비교적 쉽게 성욕이 발생하는 특징이 있다. 따라서 대상이 여자가 아닌 경우에 발생하는 열정을 갖게 된 상태에서 만나게 되는 여자에게 쉽게 성욕이 발생하는데 이때의 여자는 성욕의 대상일 뿐 열정의 대상은 아니다. 따라서 이를 잘 분석할 수 있어야 한다. 그만큼 성욕과 열정은 남자에게 핵심적인 내용이기 때문에 정확히 알고 있어야 한다.

여자를 대상으로 할 때 발생하는 열정은 성충동을 기초로 하여 발생하는데 성충동은 남자의 마음에서 대상의 여자와 함께하는 상상과 기대감, 성취욕의 하나로 작용하면서 희망을 갖는 현상이 동시에 발생하게 된다. 이로 인하여 심리작용의 욕구에 의한 이해와 배려의 말과 행동이 습관에 의하여 나타나고, 헌신욕구에 의한 희생과 헌신의 노력이 습관에 의하여 나타나게 된다. 이처럼 열정은 남자의 마음을 일깨우는 역할을 하여 미래행복을 추구하도록 만드는 원천이 되고, 미래행복을 추구하도록 만드는 힘이 된다. 이것이 남자의 활력이다.

남자가 상대를 여자로 인식하게 되면서 나타나는 성취욕은 여자와 인간관계가 지속되는 희망, 여자에 대한 열정이 지속되는 희망, 여자와 섹스를 즐기는 희망 등이 함께 발생하기 때문에 여자는 남자에게 삶의 의미이고 삶의 희망이 되어 미래행복에 대한 희망과 기대감을 갖게 된다. 이는 남자가 상대를 여자로 인식하면서 열정이 발생할 때의 순기능으로 나타나는 마음으로서 남자와 여자 모두에게는 사랑과 행복을 갖게 만드는 에너지의 원천이 되고 생성에너지로 작용한다.

그러나 남자에게 열정의 대상이 여자가 아닌 다른 대상에게 몰입된 상황일 때가 문제이다. 이는 이미 다른 대상에게 열정이 발생하여 작용하고 있는 상황에서 여자를 만나게 될 때는 열정이 발생하는 것이 아니라 성충동이 발생하는 것이다. 이 성충동에 의한 성욕이 발생하면서 여자는 남자의 성적 대상화(섹스의 쾌락만을 즐기는 여자로 인식)가 되고 심리작용의 욕구에 의한 이해와 배려의 말과 행동, 헌신욕구에 의한 희생과 헌신의 노력 등이 발생한다. 이를 통하여 마치 사랑과 행복을 갖는 과정으로 의식되는데, 실제로는 마음과 습관은 이 모든 과정이 오롯이 섹스의 쾌락을 위한 것일 뿐인데, 이를 의식으로 인식하지 못하는 착각현상이 발생한다. 즉 남자의 성욕(Libido)과 열정의 작용을 정확히 분석하지 못하면 사랑과 섹스의 쾌락을 구별하지 못하게 된다.

7
열정과 사랑

　남자의 열정과 여자의 사랑이 결합하는 것은 교감의 근본이다. 남녀가 교감하면 남자에게는 열정의 에너지가 발생하고, 여자에게는 사랑의 에너지가 발생한다. 그래서 교감은 강력한 에너지가 생긴다.

　남자의 열정은 상대를 여자로 인식할 때 마음의 충동기준에 의하여 발생한다. 그래서 심리작용과 헌신의 욕구를 통하여 열정의 과정에 빠져들게 되면서 즐거움과 재미를 추구함과 동시에 미래행복을 추구하게 된다. 이 과정에서 여자의 사랑의 감정과 성심리가 함께 결합함으로써 섹스를 통하여 여자와 교감한다. 이때 남자는 강력한 열정의 에너지가 생성된다.

　또한 여자는 남자의 열정을 사랑으로 인식한다. 남자의 열정이 지속되면서 사랑의 감정에 의하여 성심리가 작용하고 사랑을 확인하고 유지하고 싶은 심리가 작용한다. 그래서 여자는 남자의 열정과 결합하고자 섹스를 통하여 남자와 교감한다. 이때 여자는 강력한 사랑의 에너지가 생성되면서 현재행복이 커진다.

　성(Sex)과 성심리를 구분하는 이유는 성(Sex)은 의식과 습관이고 성심리는 마음에서 발생하여 습관으로 나타난다. 그래서 이렇게 성(Sex)은 의식, 성심리는 마음에 의하여 발생하고 나타나는 것이기 때문에 이 성(Sex)

과 성심리의 심리작용을 정확하게 아는 것은 중요하다.

남자는 상대가 여자로 인식되면 열정이 생기고, 심리작용의 욕구와 헌신의 욕구가 충족되면 성심리가 작용하면서 성욕과 성취욕이 강화되면서 미래행복을 추구하게 된다. 그래서 성심리가 작용하면 성(Sex)의 성취와 함께 성심리가 동시 작용하면서 성심리가 마치 성(Sex)으로 인식되는 경향이 생긴다.

반면 여자는 남자로부터 사랑을 받고 행복의 감정을 갖게 되면 이를 유지하고 발전하려는 욕구와 함께 성심리가 작용하면서 현재행복을 추구하게 된다. 그래서 성심리와 함께 성(Sex)이 동시에 작용하면서 성(Sex)이 마치 성심리로 인식되는 경향이 생긴다. 그런데 여자가 상처를 기억하면 마음은 상처치료의 욕구가 우선적으로 발생하는데 이때 남자가 위로하면 여자는 위로를 사랑이라 착각하는 현상과 함께 현재행복도 착각한다. 문제는 이 사랑과 행복의 착각으로 인하여 성심리가 작용하면서 성(Sex)이 발생한다. 즉 성(Sex)이 마치 성심리인 것으로 착각되는 현상이 발생하면서 상처치료는 되지 못한 채 성(Sex)을 추구하게 되는 반복현상이 발생한다. 또한 상처치료는 되지 않기 때문에 마음은 상처치료를 위한 위로를 요구하면서 위로와 성(Sex)이 반복되는 것이다. 결국 위로에 의한 상처치료의 착각 현상은 사랑의 착각과 함께 발생하는 성(Sex)과 성심리의 착각 현상 때문에 발생하는 것임을 알아야 한다.

남자의 열정과 여자의 사랑이 결합되는 행복추구는 남자에게는 미래행복을 위한 열정의 과정에서 성심리와 성(Sex)이 발생하며, 여자에게 사랑을 주고 상처치료를 하는 핵심적인 역할을 하면서 여자는 현재행복을 갖게 된다. 결국 성심리와 성(Sex)의 결합은 의식의 성(Sex)과 마음의 성심리가 상호작용을 하여 습관으로 표현되어 말과 행동과 생각을 하게 되는 순기능으로 작용한다.

인간관계 중 남녀관계, 애정관계, 사랑관계, 부부관계 등 남자와 여자의 관계에서 남자의 미래행복추구와 여자의 현재행복추구가 동일하게 되는 감정교류(교감)를 하여 삶과 인생의 에너지가 되는 순기능의 심리작용을 하기 위해서는 남자는 열정의 과정에 의한 성심리와 성(Sex)이 작용하여 미래행복을 추구하고 여자는 사랑의 과정에 의한 성심리와 성(Sex)이 작용하여 현재행복을 추구하는 것이 가장 바람직하고 건강한 행복이다.

남자와 여자는 마음이 다르고 무의식의 성심리는 인간이 인식할 수 없는 상태로 심리작용을 하기 때문에 성심리의 심리작용을 정확히 인지하지 않으면 교감(감정교류)을 하여 순기능의 에너지를 생성하는 심리작용을 할 수 없게 된다. 또한 성심리는 성(Sex)과 상호 연계되기 때문에 의식에서 성(Sex)은 목적이 되는 것이 아니라 성심리를 보완하는 체계로 변경하면 남자는 열정의 과정에서 발생하는 성심리와 상호작용을 하여 성욕과 성취욕을 갖게 되면서 미래행복을 추구하게 되고 여자는 사랑의 과정에서 발생하는 성심리와 상호작용을 하여 현재행복을 추구한다.

남자는 상대가 여자로 인식이 되면 마음에서 열정이 생성되어 열정의 과정에 빠져들게 되고 여자는 남자의 열정의 과정을 통하여 사랑의 감정을 갖게 된다. 이때 남자는 여자의 사랑의 과정을 통하여 열정의 과정에서 발생한 성심리가 작용하면서 여자와의 성(Sex)과 함께 성욕과 성취욕이 강화되면서 성(Sex)이 지속, 발전, 확대될 수 있을 것이라는 희망과 기대감을 갖게 되면서 미래행복을 추구하게 된다.

또한 여자는 사랑의 감정을 갖게 되고 남자의 열정의 과정이 지속되면 사랑의 감정을 지속하고 유지하려는 욕구를 갖게 되면서 성심리와 성(Sex)의 만족을 추구하게 된다. 이렇게 남자의 성욕(성심리의 작용)과 희망과 기대에 의한 성(Sex)은 여자의 사랑의 감정을 유지하려는 욕구(성심리의 작용)에 의한 성(Sex)과 결합되면서 남자는 열정을 확대하고 여자는 사랑을 확인(확정, 유지의 만족과 믿음)할 수 있게 된다. 이때 남자와 여자는 긍정감정이 확대되면서 삶의 에너지를 생성하게 되는데 이는 긍정심리가 남자와 여자에게 서로 교류하게 되는 감정교류(교감)를 갖게 되는 것이다.

따라서 남자와 여자의 긍정심리에 대한 교류인 교감(交感)은 남자의 열정의 과정에서의 성심리와 성(Sex), 여자의 사랑의 과정에서의 성심리와 성(Sex)이 동시에 결합되면서 발생하는 긍정감정의 교환이고 이는 남자의 미래행복추구와 여자의 현재행복추구의 결합으로 발생하는 감정이라 할 수 있다.

긍정감정의 교환인 교감은 에너지를 생성하여 남자와 여자 모두 행복을 갖지만, 감정교류가 부정감정으로 형성되면 에너지를 소모하면서 자신과 상대 모두 심리를 병들게 하고 주변 사람에게 피해와 상처를 주는 원인이다. 이러한 경우는 대부분 외도와 불륜에서 많이 발생한다. 부정감정이 교류되면 삶의 에너지가 낭비되고 의식과 습관이 병들게 되어 심리장애가 발생한다.

재미와 호감

재미와 즐거움은 좋은 기분을 의미하고, 좋아하는 것은 좋은 감정을 의미한다. 그래서 남자는 좋은 기분에 대한 호기심을 갖고 재미와 즐거움을 가져야만 열정이 생긴다. 남자가 호기심을 갖고 재미와 즐거움의 기분을 느끼는 것은 단시간에 일어난다. 어떤 경우에는 0.1초도 안 걸린다.

이렇게 재미와 즐거움에 몰입하는 열정이 지속되면 자신도 모르게 그 대상에 대한 좋은 감정을 갖게 되는데, 이때의 좋은 감정은 기분이 지속될 것이라는 막연한 생각이지 실제의 감정은 아니다. 이와 같은 좋은 감정을 갖기 위해서는 재미와 즐거움의 기분이 반복적으로 오래 지속되어야 한다.

남자는 짧은 시간에 호기심과 재미와 즐거움을 갖게 되지만, 얼마 지나지 않아서 싫증을 내는 경우가 발생한다. 이는 재미와 즐거움에 몰입하는 열정이 지속되지 못하고 좋은 감정을 갖지 못하기 때문에 나타나는 현상이다. 따라서 남자는 열정이 지속되면서 오래도록 열정의 감정이 유지되어야 하는데 이는 오랜 시간이 소요된다. 지속적인 재미와 즐거움이 중요하다.

그러나 여자는 사랑의 에너지가 있어야 현재행복을 느낄 수 있다. 그래서 우선은 좋은 감정이 형성되어야 하고 좋은 감정은 오랜 시간이 소요된다. 기분이 좋다고 좋아하는 것은 아니라는 의미이다. 좋은 기분이 지속되면서 마음의 감정이 좋아질 때 비로소 좋아하는 감정이 형성되기 때문이다. 이렇게 좋은 감정이 지속되면 사랑의 감정을 갖게 된다. 좋은 감정과 사랑의 감정이 형성되면 그때부터 호기심, 재미, 즐거움을 갖게 된다. 그래서 여자는 좋아하는 남자가 생기면 그 남자와 함께하는 재미와 즐거움에 빠져들게 되는 것이다. 이 차이가 바로 남자의 열정과 여자의 사랑에 차이라고 생각하면 된다.

　남자와 여자는 서로의 관심이 다를 수밖에 없다. 그래서 서로의 관심이 다른 것 때문에 서로 이해되지 않는다. 이는 남자와 여자의 마음을 모르기 때문이다.

　여자는 좋아하고 사랑하는 사람과 함께하는 것을 재미있어하고 즐거워한다. 좋은 감정을 갖고 함께하는 사람과 무엇을 하든 재미있고 즐거워하는 이유이다. 좋은 감정을 가진 사람들과 함께할 때, 무엇인가 함께하는 것을 선호한다. 반면 남자들은 그렇지 않다. 우선은 재미있고 즐거운 기분이 되어야 한다. 재미와 즐거움이 지속되면서 자신도 모르게 그 대상을 좋아하게 되는 것이다. 함께하는 것에서도 재미와 즐거움을 함께하는 사람이 오래도록 지속될 때 그 사람을 좋아하게 되는 것이다. 이와 같이 남자와 여자는 관심도가 정반대이다.

　남자는 축구를 할 때 축구가 재미있고 즐거워서 한다. 이때 축구를 함께하는 사람들이 전혀 모르는 사람이라 할지라도 함께 재미있고 즐거운 축구를 한다. 그러면서 재미있고 즐거운 축구가 지속되면, 함께한 사람들을 좋아하게 된다. 반면 여자들은 모르는 사람들과 함께하는 것은 재미와 즐거움을 갖지 못한다. 자신이 좋아하고 사랑하는 사람들과 함께하는 것이 무엇이든 재미와 즐거움을 갖는다. 이것이 남자와 여자의 차이이다.

8
성심리의 작용

　남자와 여자는 성심리가 언제 작용하는지 알게 되면 남자와 여자의 행복 추구의 마음이 얼마나 다른지 알 수 있게 된다. 그만큼 남자와 여자는 성심리의 작용시점이 다르기 때문에 남자는 여자에 대한 성(Sex)의 의식을 자신이 의식하는 것과는 다르다는 것을 인식하는 것이 필요하고, 여자는 남자에 대한 성(Sex)의 의식을 여자 자신이 의식하는 것과는 다르다는 것을 인식할 필요가 있다. 자기 자신의 심리만을 생각하여 상대를 판단하는 것은 왜곡된 성(Sex)이다.

　남자는 상대를 여자로 인식하게 되면 열정이 발생하고, 심리작용의 욕구를 충족하려고 하는데 이는 의식으로는 이해되지 않는 마음이 작용하여 습관으로 나타나기 때문에 남자 자신도 모르게 발생한다. 이때 여자와 심리작용이 형성되는 순간 남자는 성심리가 작용하면서 헌신욕구에 의한 이해와 배려, 헌신과 희생의 욕구가 형성되고 성욕과 성취욕을 강화하게 되어 상대 여자와 성(Sex)에 대한 희망과 기대를 갖게 되면서 미래행복을 추구한다.

　이와 같이 성심리는 마음이 작용하면서 상대 여자와 심리작용을 할 때 발생하게 된다. 즉 남자는 상대를 여자로 인식하면 성심리가 마음에 의하여 작용이 되는 것이라 할 수 있다. 그러나 실제의 의식에 의한 관념(무한책임인 남자의 사랑)이 작용되기 위해서는 상기의 과정이 지속되고 반복되면서 남자 자신도 모르게 습관으로 형성되면서 마음이 미래행복추구에 대한 확신을 갖는 과정이 필요하다. 따라서 남자의 성심리와 성(Sex)은 여자로 인식되면 작용하지만, 무한책임(관념)의 사랑은 오랜 시간이 소요된다.

여자는 남자가 열정을 갖고 심리작용의 욕구를 충족하기 위한 노력을 하게 되면 긍정감정이 발생하면서 남자와의 심리작용을 지속하면서 행복감정을 갖고, 남자의 이해와 배려, 희생과 헌신이 지속되면 긍정감정과 사랑의 감정을 갖는다. 그래서 여자는 오랜 시간이 소요되는 것이다. 이렇게 사랑의 감정을 갖게 되면 비로소 여자는 사랑의 감정을 확인하고 지속하고자 하는 성심리가 작용하여 성(Sex)의 의식과 함께 성(Sex)의 만족과 사랑의 감정이 상승되는 효과를 갖게 되면서 현재행복을 느낀다. 따라서 여자는 행복의 감정에서 비롯된 사랑의 감정이 발생하는 데 시간이 많이 소요되지만, 성심리가 작용하면서 성(Sex)의 만족과 즐거움을 갖게 되는 것은 비교적 단시간에 발생한다.

이와 같이 여자와 남자의 성심리가 작용하는 시점이 다른 것은 마음의 차이로 인하여 발생하는 것이기 때문에 여자는 남자의 무한책임(사랑, 관념)과 미래행복추구의 마음을 이해하고 배려할 수 있어야 하고, 남자는 여자의 상처와 사랑(마음)과 현재행복을 추구하는 마음을 이해하고 배려할 수 있어야 한다. 서로가 이를 모르면 갈등과 어려움을 겪을 수밖에 없다.

결국 남자와 여자의 성(Sex)은 '남자의 열정과 여자의 사랑'에 의하여 발생하는 성심리와 의식의 성(Sex)이 상호 결합하여 심리작용을 하는 것이라 할 수 있다. 심리작용의 결과에 의하여 긍정감정 또는 부정감정이 발생하는 것에 따라서 애정관계(남녀 간의 인간관계)가 결정된다.

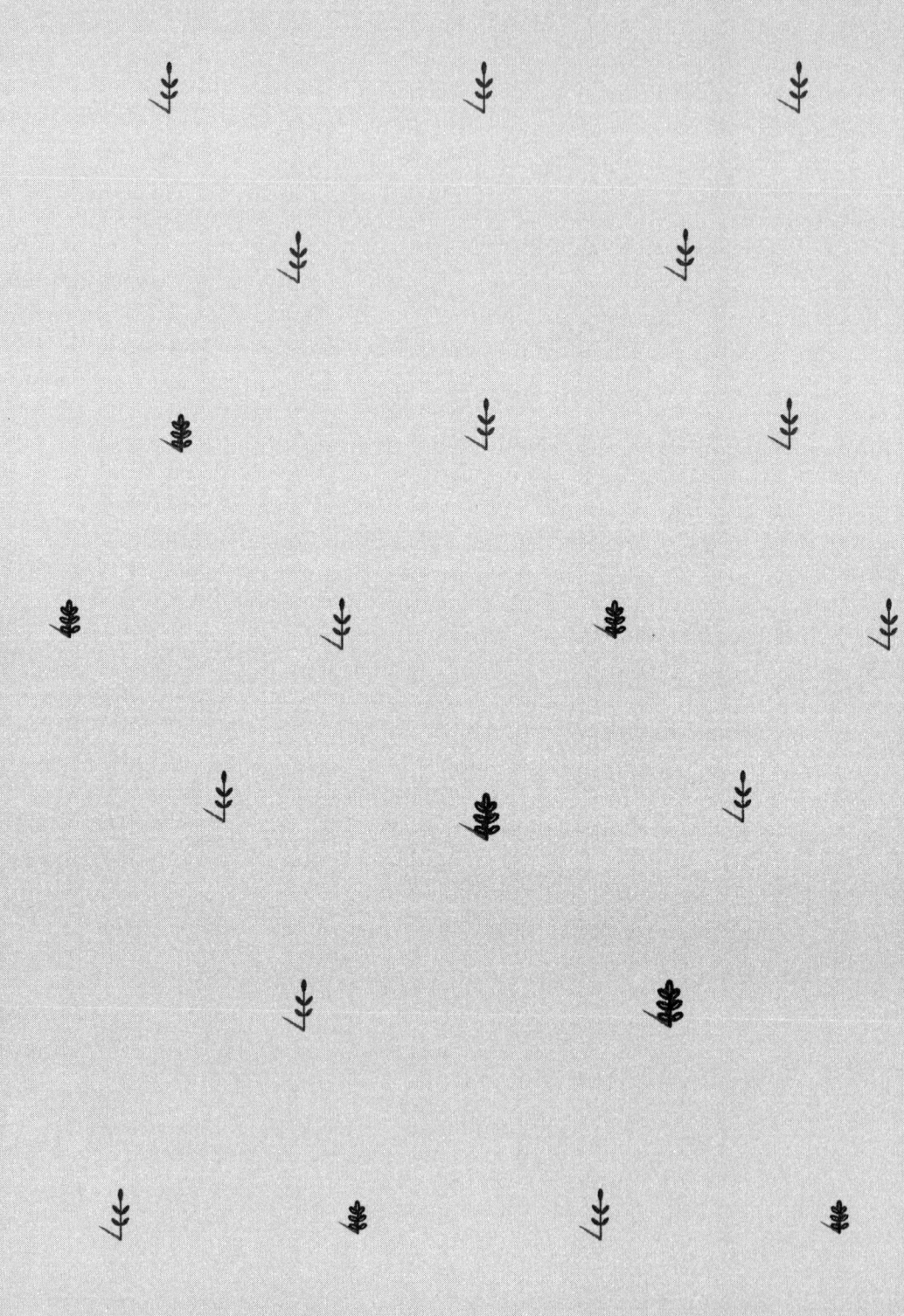

V

트라우마와 심리

1
기억과 심리

공부의 지식은 감정이 없지만 경험은 반드시 감정을 갖게 된다. 그래서 학습된 지식은 감정이 없기 때문에 심리작용에 영향을 미치지 않지만, 생각에 영향을 주기 때문에 사물의 현상과 사실에 대한 가치판단에는 영향을 준다. 그래서 지식은 대부분 남자의 의식에 영향을 준다. 이는 공부가 자신의 가치기준을 만들지만 감정기준을 만들지 않기 때문이다.

남자의 심리를 분석할 때 공부에 의한 지식이 어느 정도인지 분석하는 것이 중요한 이유이다. 지식이 많을수록 자신의 가치기준은 더욱 명확하다. 그래서 논리적이고 계산적이면서 이기적인 가치기준으로 자기중심적인 삶을 살아가는 경우가 많다. 또한 지식이 적으면 단편적이고 편협적인 가치기준을 갖게 되면서 안하무인 또는 독불장군과 같은 생각을 갖게 된다.

그러나 학습된 경험은 감정이 발생하기 때문에 심리에 영향을 많이 미친다. 공부의 지식이 아무리 많아도 경험으로 발생한 감정은 심리에 직접적인 영향을 주기 때문에 감정기준으로 형성된다. 그래서 경험은 대부분 여자의 습관에 영향을 준다. 이는 경험으로 형성되는 감정기준을 만들기 때문에 여자의 심리를 분석할 때는 경험으로 발생한 감정이 어느 정도인지 분석하는 것이 중요하다. 경험이 많을수록 자신의 감정기준은 더욱 명확하다. 그래서 좋은 것과 나쁜 것에 대한 감정기준으로 삶을 살아가는 경우가 많다.

인간의 심리작용에서는 가치기준보다는 감정기준에 의하여 많은 영향을 받는다. 따라서 심리작용에서는 공부한 지식은 심리에 영향을 미치지 않기 때문에 공부를 아무리 많이 해도 심리에 영향을 주지 않는다. 다만 공부를 하는 과정에서 상황과 환경에 의하여 경험으로 전환하는 경우가 많다. 도서관에 가서 공부를 한다든가 억지로 공부를 할 때 그러한 강압적인 분위기에서 공부는 지식이 되지만, 분위기의 경험은 감정이 된다. 이처럼 지식과 경험을 별개로 분리해야 한다.

이런 경험에 의한 감정기억은 반드시 심리작용에 영향을 미친다. 이때 현상의 기억과 감정의 기억을 생각해야 한다. 현상의 기억은 남자가 잘한다. 남자든 여자든 현상의 기억은 잘 하는데, 현상의 기억에 대해서는 남자에게 매우 중요하고 감정의 기억은 여자가 매우 중요하다. 그런데 남자는 잘 잊는 특징이 있지만 여자는 잘 기억하는 특징이 있다. 이는 현상과 함께 기억되는 감정 때문이다.

남자는 생각을 잘 안 하려고 한다. 생각을 할 때 발생하는 부정기분을 거부하기 때문이다. 반면 생각을 하게 되면 이해는 잘한다. 그런데 이해가 잘 되더라도 기억을 잘 못한다. 만일 생각하고 이해한 후 기억을 하게 되면 심리로 받아들이는 것은 매우 빠르다. 이것이 남자가 습관을 형성하는 과정이다.

반면 여자는 생각을 잘 한다. 생각할 때 발생하는 부정감정을 잘 받아들이기 때문이다. 그래서 생각이 많다. 남자는 생각 잘 하지 않지만 여자는 생각이 많은 원인이다. 그렇게 생각은 잘 하지만 이해는 잘 안 된다. 그래서 이해하기 위한 노력을 많이 하면서 스트레스와 상처가 발생하고, 이해가 되면 기억은 잘 한다. 그렇다고 기억된 것을 심리로 쉽게 받아들이지 않는다. 그래서 여자는 생각을 잘하고, 이해는 잘 못하며, 기억은 잘하는데, 심리로 받아들이는 게 잘 안 된다. 이것이 여자가 습관을 형성하는 과정이다.

따라서 남자는 이해력은 좋은데 기억력이 좋지 못하다. 반면 여자는 이해력은 좋지 않은데 기억력은 좋다. 그리고 남자는 생각을 잘 못하기 때문에 재미와 즐거움이 없으면 집중과 몰입을 잘 못한다. 특정한 대상에 생각이 빠져들어야 하는데 생각을 잘 안 하기 때문이다. 그래서 남자는 몰입하기 어렵다.

반면 여자는 생각을 자기도 모르게 잘한다. 그래서 집중과 몰입을 잘 한다. 공부하는 것도 여자가 남자에 비하면 잘한다. 왜냐면 일단은 책상에 앉아서 열심히 할 수 있기 때문이다. 이해하려고 노력하기 위하여 열심히 하는 것이다.

현재 교육의 현장을 보면 주입식 교육을 많이 한다. 이 주입식 교육은 생각과 이해를 없애는 것으로서 생각과 이해 없이 기억하게 만드는 것이다. 그래서 계속 기억만 되고 강제로 기억하기 때문에 남자는 답답하고 힘들게 되는 것이고, 여자는 기억을 비교적 잘하는 것이다. 그래서 주입식 교육의 결과인 학업성취도를 보면 남학생보다는 여학생이 훨씬 높게 나타난다.

그러면 요즘에 실시하고 있는 자기주도 학습법이라고 있는데, 세밀하게 살펴보면 결국 이 자기주도 학습법도 주입식 교육의 연장선에 불과하다는 것을 알 수 있다. 학습능력을 향상시키기 위한 과정에서 가장 핵심인 것이 자기 스스로가 주도적으로 학습을 해 나갈 수 있는 방법을 가르치는 것이다. 결국 남자의 심리와 여자의 심리를 정확히 알려 주지 않으면 자기 주도의 학습은 어렵다. 자신의 심리를 활용해서 자기 자신만의 학습방법을 찾아가도록 만들어 주는 것이 자기주도 학습이고, 학습능력을 향상하는 과정일 것이다.

이처럼 남자가 공부를 잘 하고, 학습능력을 자기주도로 학습을 잘하는 방법은 재미와 즐거움이 있어야 한다는 것이다. 여자는 좋아하는 대상과 함께하는 것이다. 결국은 자기주도 학습에서의 핵심은 남자는 즐거움과 재미에 의한 열정이고, 여자는 좋아하는 사람과 함께하는 사랑이다.

예를 들면, 여학생의 경우에는 엄마와 함께하게 될 때 집중과 몰입을 쉽고 빠르게 할 수 있다. 이때 반드시 엄마일 필요는 없다. 좋아하는 친구가 되어도 된다. 반면 남학생은 별로 좋은 방법이 아니다. 남학생은 즐겁고 재미있어야 한다. 좋아하는 사람과는 별개의 문제이다.

2
이해와 배려

 심리치료의 가장 핵심은 이해와 배려이다. 이해와 배려는 인간관계에서 사랑의 가장 근본이 되는 심리작용이다. 사랑이라고 해서 애정관계 또는 섹스를 의미하는 것이 아니다. 인간애를 의미하는 것이다. 이해와 배려가 없으면 인성이나 인간성은 소용이 없다.
 먼저 상대에 대한 이해는 상대의 입장에서 생각하는 것이다. 상대의 마음과 심리작용을 알고 이해하고 생각하지 못하면, 상대를 이해할 수 없다. 우리는 보통 자신이 생각하고 이해하는 것은 자신의 입장에서 생각한 것이지 상대의 입장에서 생각한 것이 아니다. 이는 상대에 대한 이해가 아니다. 그러나 대부분의 사람들은 이를 이해라고 한다. 상대의 말, 행동, 표정을 보고 자신이 생각하는 것인데 이는 이해가 아니라 자신이 보고 판단하고 생각한 것이다. 상대가 왜 그러한 말과 행동과 표정을 했는지 상대의 입장에서 생각하는 이해가 아니다. 즉 보이는 사실과 상대의 마음과 심리에서 작용한 진실과는 다르다.
 만일 상대의 입장에서 이해가 되었을 때, 상대에 대한 배려는 상대의 입장에서 생각한 것을 상대에게 맞도록 실천하는 것이다. 즉 상대의 마음과 심리를 알고 이해한 후, 상대의 행복추구에 맞도록 상대의 입장에서 베풀어 줄 수 있도록 자신의 마음으로 실천하는 것이다. 따라서 자신이 생각하는 것을 실천하는 것이 배려는 아니다.

상대를 이해하지 못하면 상대에 대한 배려는 어렵다. 왜냐면 이해는 상대의 입장에서 생각하는 것이고, 배려는 상대의 입장에서 생각하고 이를 해결할 수 있도록 자신이 실천하는 것이기 때문이다. 상대의 행복추구를 알지 못하면 배려는 할 수가 없다. 상대는 미래행복을 추구하는데 현재행복에 대한 것을 생각해서 상대를 위하는 마음으로 행동하면, 상대의 입장에서는 별 소용없는 것이다. 이는 사실상 배려가 아니다. 상대가 원하는 것이 아니기 때문이다.

소와 사자의 사랑 이야기의 우화를 살펴보자. 소와 사자가 사랑을 한다. 그래서 소는 사자에게 맛있는 음식을 준비하기 위하여 맛있는 풀을 정성스럽게 모아서 사랑하는 사자에게 선물을 하였다. 그런데 사자는 자신에게 풀을 준 것은 고맙지만 먹을 수가 없었다. 그래서 사자는 소에게 가장 맛있는 고기를 선물로 주었다. 그러나 소도 고기를 먹을 수 없었다.

이 우화에서 보듯이 소는 사자의 식성을 몰랐고, 사자도 소의 식성을 알지 못했다. 그래서 소는 사자도 풀을 맛있게 먹을 것이라 생각했고, 사자도 소가 고기를 맛있게 먹을 것이라 생각했다. 즉 서로 사랑하는 사이지만 상대를 이해하지 못했다. 또한, 소는 사자가 풀을 맛있게 먹을 것이라고 생각하여 좋은 풀을 모아서 사자에게 주었고, 사자는 소가 고기를 맛있게 먹을 것이라고 생각하여 좋은 고기를 소에게 주었다. 서로 상대를 이해하지 못했기 때문에 상대를 위한 실천은 상대에게는 소용이 없는 것이었다. 즉 배려를 할 수 없었던 것이다.

자신만의 생각과 실천은 이해와 배려가 아니다. 그래서 이해는 엄밀하게 말하면 상대의 마음과 심리를 정확히 알고 심리작용을 어떻게 하는지 알아야 한다. 이렇게 아는 것이 이해다.

배려는 상대의 마음을 이해한 것에 대하여 상대에게 맞도록 실천하는 것이다. 이 실천은 말과 행동과 표정을 하는 것이다. 상대에게 맞춰 주는 것이 아니라 자신의 마음에 여유를 상대에게 베풀어 주는 것으로서 자신이 상대에게 베풀어 주는 말과 행동과 표정이다.

결국 이해가 없으면 배려가 없다. 상대를 이해한 후 배려를 할 것인지 판단하는 것은 자신의 결정이다. 다만 상대에 대한 자신의 생각은 이해가 아니다. 우리는 이해를 너무도 모르기 때문에 상대를 이해하는 사람이 그리 많지 않다. 또한 이해를 못 하기 때문에 배려는 더욱더 할 수 없는 것이다.

이해력이라는 말을 많이 쓰는데, 상대 또는 어떠한 특정한 문제가 발생하였을 때 일단 정확히 아는 것이 이해력이다. 시험을 치를 때 먼저 문제를 정확하게 아는 것, 자신의 생각보다는 문제에 대한 의미와 실체를 정확하게 아는 것이 이해이다.

상대의 심리를 알고자 할 때 마음을 알지 못하면 아무리 의식과 습관을 보게 되더라도 상대를 이해할 수 없다. 물론 어쩌다가 알 수는 있다. 그러나 상대가 말하고 행동하고 표정으로 표현할 때 폭력적인 것이 나타났다면 이는 상대심리의 전부가 아니라는 것이다. 즉 습관으로 표현하는 것인데, 이를 자신이 생각할 때 잘못된 것이라고 판단하면 안 되는 것이다. 우선 상대를 이해하려면 상대의 심리에 무엇인가 스트레스가 작용하였고, 이 스트레스를 해결하기 위하여 습관의 결과로 폭력적인 표현이 나타난 것이라고 생각해야 한다. 스트레스를 해결하기 위하여 습관적으로 나타난 현상이기 때문에 습관이 잘못된 것이지 본래 인간의 마음이 잘못된 것이 아니다. 그 사람이 살아왔던 환경과 상황을 고려해 볼 때 옳고 그른 것을 판단할 수 있는 것과, 상대를 이해하는 것은 상대의 마음과 심리를 정확하게 알지 못하면 불가능하다.

따라서 상대를 잘 이해한다는 말을 함부로 사용해서는 안 된다. 이해가 중요한 것은 이해를 하면 배려할 수 있기 때문이다. 상대를 이해하고 배려하면 자신에게는 심리의 여유가 생긴다.

예를 들어 길거리에서 매우 불쌍한 거지가 동냥을 하고 있다고 하자. 이때 다른 사람이 자신에게 "네가 돈이 있으니 동냥을 해라"라고 하여 다른 사람의 강요에 의해서 어쩔 수 없이 동냥을 하게 되면 매우 기분이 좋지 않다. 하고도 욕먹고, 해 주고도 기분이 나빠진다. 반면, 자신에게 돈이 10,000원이 있었는데, 불쌍해서 동냥하는 것이 이해되어 1,000원을 아낌없이 주게 되면 기분이 좋아진다. 즉 거지가 불쌍하다는 생각으로 이해하고, 그 사람에게 필요한 돈을 준 행동을 한 것은 실천으로서 배려한 것이다. 그러면 자신도 기분이 좋아지고 상대도 기분이 좋아진다.

이처럼 상대를 이해하면 자신에게 상처가 생기지 않고, 배려를 하면 자신의 마음에는 여유와 행복이 만들어지고 상대에게도 행복이 만들어진다. 이것이 이해와 배려의 실체이다.

이해와 배려를 할 때, 이해를 했다고 해서 배려를 해야만 하는 것은 아니다. 이해와 배려는 별개이다. 예를 들면, 범죄를 저지른 사람을 이해하고 배려하라는 것은 어불성설이다. 나쁜 짓을 했으니 처벌받아야 하는 것은 당연하다. 그러나 인간의 마음을 알면 범죄자의 의식과 습관을 알게 되면서 왜 그러한 범죄를 저지르게 되었는지 알게 된다. 이렇게 아는 것이 이해이다. 즉 이해하면 범죄를 저지른 원인을 정확히 알게 되면서 최소한 자신에게는 상처가 생기지 않는다. 다만, 나쁜 짓을 했으니 배려는 하고 싶지 않다고 생각하면 배려를 하지 않으면 된다. 이와 같이 이해했다고 해서 배려를 해야 하는 것은 아니다.

  이와 같이 이해하는 것과 배려하는 것은 전혀 별개이다. 다만 배려할 때는 반드시 이해해야지만 가능하다는 것이다. 따라서 어떠한 문제에 대해서 잘잘못을 논하기 전에 반드시 상대의 마음과 심리를 알고 이해해야 한다. 상대가 잘못했든 잘했든 관계없이 잘잘못에 대하여 판단하기 전에 이해를 한 후, 잘잘못을 판단해도 늦지 않다. 이처럼 배려는 자신의 판단과 이성에 의한 것이고, 이해를 했다고 해서 배려를 하라는 것은 아니다.

3
트라우마

    인간은 남녀노소를 불문하고 누구나 트라우마가 발생한다. 트라우마는 인간의 마음인 행복을 추구하는 심리기준에 위배가 될 때 발생한다. 부정기분으로 인하여 스트레스가 작용하고, 스트레스가 상처로 전환되며, 상처가 지속되면 트라우마가 된다. 자신의 마음인 행복추구에 맞지 않으면 무조건 트라우마(스트레스 또는 상처)가 발생한다. 따라서 남자는 미래행복을 추구하는 것에 맞지 않으면 트라우마가 발생하고, 여자는 현재행복에 맞지 않으면 트라우마가 발생한다.

    이런 트라우마는 3가지에 경우에 발생한다. 첫 번째는 외부충격에 의한 트라우마이다. 외부충격은 자신과는 전혀 관계없이 외부에서 발생한 트라우마이다. 자신과 관계없이 특정한 사건과 현상에 의해서 발생하는 부정감정을 '외부충격에 의한 트라우마'라고 한다. 2014년의 세월호 침몰사건과 같은 일은 자신과는 관계없는 사건에 의하여 자신에게 트라우마가 발생했다. 또한 다양한 사건과 사고에서 자신과는 관계없이 발생하게 될 때, 스트레스 또는 상처로 기억되면 트라우마가 발생한다.

    두 번째는 부정감정을 기억하고 있는 자신의 심리 때문에 발생하는 트라우마이다. 그래서 외부와는 관계없이 자신의 부정감정기억에 의해서 발생하는 트라우마이다. 이는 자신 혼자에게만 발생한다. 이 경우는 기억된 부정감정인 상처로 인하여 발생한다. 결국 부정감정을 기억하는 것은 여자이기 때문에 여자에게만 해당한다. 남자는 부정감정을 기억하지 못하기 때문에 남자에게는 해당하지 않는다.

세 번째는 심리작용에 의한 트라우마이다. 자신과 상대가 서로 심리표현(말, 행동, 표정)을 하고 심리인식(생각, 의식)을 동시에 하면 인간관계가 형성되면서 감정이 발생하는데, 이때 부정감정이 발생하면서 트라우마가 발생한다. 자신과 상대가 동시에 심리작용을 할 때 발생한다. 이는 상대의 말과 행동과 표정으로 심리표현을 하였을 때 자신이 생각과 의식으로 심리인식을 하면서 부정감정이 생기는 트라우마이다.

이 3가지의 경우를 보면 자신과는 전혀 관계없는 외부충격의 트라우마, 자신의 부정감정기억으로 생기는 트라우마, 자신과 상대가 서로 심리작용을 하면서 생기는 트라우마로 구분할 수 있다.

결국 트라우마는 자신의 심리에서 발생하는 것인데, 스트레스 또는 상처를 의미한다. 트라우마의 결과가 자신의 감정으로 인하여 발생하기 때문에 원인을 찾고 이해하려고 한다. 그 원인만 없어지면 자신의 트라우마가 괜찮아질 것이라고 생각하는 것이다. 그러나 이는 착각이다. 이미 자신의 심리에서 발생한 것이기 때문에 원인을 차단하더라도 계속 남아 있는 것이다. 그렇게 되다 보니 상처로 인하여 문제가 발생하면 모든 원인은 원래 상처가 발생한 과거가 원인일 것이라고 생각한다. 그래서 트라우마가 지속되는 것이다. 즉 발생한 원인과는 관계가 없이 환경과 상황에 의하여 지속적으로 작용하는 것이 트라우마이다.

또 한 가지, 감각정보가 들어왔을 때 심리로 인식될 때는 감각정보를 통해서 느낌정보가 형성되는데 이는 감정과는 전혀 다르다. 감각정보에 자신의 감정을 결합하여 감각정보의 감정으로 인식하는 것이 인간이다. 결합되는 감정은 자신의 심리에서 만든 것이지 외부정보와 감정이 함께 심리로 유입된 것이 아니다.

이때 자신의 심리에서 만들어지는 감정은 익숙해진 감정인 습관에 감정, 마음에 의하여 판정된 감정, 이미 기억된 감정 등 3가지의 감정에 의하여 결정된다. 3개의 감정이 일치하면 즉시 결정되지만, 서로 다를 경우에는 생각이 작용하면서 고민하게 되고 강박과 억압이 발생한다. 이는 감각정보에 감정을 결합할 때 발생한다. 따라서 대부분의 감정에 대한 강박과 억압은 여자에게 발생한다. 남자는 감각정보에 대하여 부정기분을 유발할 것이라고 판단되면 즉시 차단하고 제거하기 때문이다.

만일 남자가 부정기분인 스트레스가 차단 및 제거되지 않으면 자신도 모르게 강력한 상처의 감정이 확대되면서 심각한 심리장애가 발생한다. 그래서 남자는 부정기분을 유발하는 감각정보의 느낌을 차단하는 마음의 거부방어기제가 작용하는데, 그 거부방어기제가 작용하면 정상적인 심리작용이다. 그러나 심리장애가 발생하면 감각정보의 부정기분을 차단하여 제거하는 능력이 사라지면서 다른 모든 현상에도 동일하게 부정기분으로 결정하게 되면서 극심한 스트레스의 작용에 의하여 고통을 겪게 된다.

반면 여자는 긍정감정을 제거하는 마음을 갖고 있는데, 만일 긍정감정을 제거하지 못한 채 기억하면 다른 모든 현상을 긍정감정으로 생각하여 극도의 쾌락을 추구하게 된다. 인생을 즐기면서 사는 것이 최고의 행복이라고 인식하게 되는 것이다.

트라우마(Trauma)는 부정감정으로 발생하는 '정신적 외상' 또는 상처라 한다. 인간심리는 감정의 흐름을 조절하고 제어하는 작용을 말하고, 심리와 감정은 직접적인 관계가 있다. 따라서 인간의 심리문제와 심리장애는 대부분 부정감정에 의하여 발생하기 때문에 트라우마에 대한 연구는 필수라고 할 수 있다. 이 부정감정으로 발생하는 트라우마가 인간심리에서 작용할 때, 마음의 행복을 추구하는 심리의 기준에 맞지 않기 때문에 마음의 방어기제가 작용하여 행복을 추구하는 심리의 기준에 맞추려고 하면서 의식과 습관을 통제하는 작용을 한다. 따라서 부정감정은 인간의 심리에 모두 작용하면서 심리문제와 심리장애가 발생하는 원인이 된다.

기존의 심리이론은 트라우마에 대하여 정신의학적, 상담심리학적으로 해석을 하면서 '정신적 외상'에 초점을 갖고 있고, 트라우마의 치료에 대한 상담기법과 치료방법을 연구하였다. 그러나 트라우마에 대한 상담기법과 치료방법의 많은 심리이론은 남자와 여자에게 동일하게 적용하면서 상담과 치료에 한계를 갖고 있으며, 트라우마가 작용하는 원리를 이해하지 못한다. 또한 트라우마의 원인을 정확히 알고 있을 경우에는 남자와 여자에 따라서 트라우마의 원인은 같더라도 남자와 여자의 마음의 방어기제가 전혀 다르게 작용되기 때문에 상담기법과 치료방법도 전혀 다르다는 것을 알지 못했다.

마음이론을 개발하였을 때, 마음의 방어기제로 인하여 트라우마가 남자와 여자의 감정기억에서 전혀 다르게 작용하고 있음을 알게 되었고, 남자의 트라우마를 '진행 트라우마'인 스트레스의 부정기분으로 적용하고, 여자의 트라우마를 '결과 트라우마'인 상처의 부정감정으로 적용하였다. 이와 같이 트라우마는 '진행 트라우마'와 '결과 트라우마'로 분리하였고, 이를 기초로 심리치료상담과 심리치료교육에 적용하였을 때 심리문제와 심리장애의 치료효과가 매우 높은 결과를 갖게 되었다.

진행 트라우마

트라우마는 진행형 트라우마와 결과형 트라우마로 구분된다. 진행형 트라우마를 스트레스라고 하는데, 이 스트레스는 현재 느껴지는 부정감정이다. 엄격하게 구분하자면 부정감정이 아니라 부정적인 기분 또는 부정적인 느낌이라 할 수 있다. 이것이 현재 느껴질 때 이를 진행형 트라우마라고 한다. 현재 느껴지는 부정감정이지 실제 기억된 부정감정은 아니다. 부정감정처럼 느껴지는 느낌정보이다. 현재에 느껴지는 것은 현재 발생한 것이든, 과거로부터 지속되어 현재에 느껴지는 것이든 관계없이 현재 느껴질 때 진행형 트라우마라고 한다.

진행형 트라우마인 스트레스는 3가지에 의해서 작용한다. 첫 번째는 순수하게 스트레스로 작용하는 것이다. 과거로부터 지속되고 있지만 중단되지 않은 채 현재에도 계속 발생하고 있는 상태이다. 부정감정이 기억되기 전 단계에서 생각으로만 작용하는 부정감정이다. 그래서 스트레스는 부정감정이 기억되기 전이라 할 수 있다.

이 스트레스가 누적되거나 또는 노이로제로 작용하는 경우가 있다. 이때 노이로제는 '자라 보고 놀란 가슴, 솥뚜껑 보고 놀란다.'는 말과 같다. 따라서 특정한 대상에 의하여 지속적으로 발생하는 스트레스가 계속 반복되면 노이로제가 발생한다. 그래서 노이로제는 남자에게 주로 발생한다. 마치 여자에게 우울증이 발생하는 것과 비슷하다. 남자의 노이로제는 스트레스가 지속되면서 자기도 모르게 현재에도 영향을 주는 현상이다. 즉 현재에 스트레스가 발생하지 않았지만, 스트레스가 발생할 것이라고 생각하면서 미리 스트레스가 발생하는 것이다. 그래서 스트레스는 아주 작은 것에서도 발생한다. 다른 사람들은 아무도 스트레스를 받지 않지만, 자신 혼자만 스트레스를 받는 경우가 흔하다.

두 번째는 심리작용으로 발생하는데, 자신과 상대가 심리표현과 심리인식이 상호 교류되면서 심리작용의 결과로 발생하는 것이다. 자신의 심리표현이 상대의 감정에 영향을 미치고, 상대의 심리표현이 자신의 감정에 영향을 미친다. 상대의 감정에 부정감정을 만들어 주는 것이 아니라 상대의 감정에 영향을 미치고 또한 자신의 감정에도 영향을 미치는데 이는 습관에 의하여 발생한다. 일시적이고 일회성의 스트레스가 발생하는 경우가 대부분이다.

세 번째는 기억된 부정감정을 다시 기억함으로써 발생하는 경우이다. 이는 과거에 기억하고 있는 부정감정인 상처를 생각으로 자각하게 될 때 스트레스가 발생하는 현상이다. 대부분 여자의 상처에 의하여 발생한다. 그래서 치료되지 않은 상처가 기억되면 스트레스가 발생하면서 힘들어진다. 따라서 여자에게만 발생하는 현상이다. 남자는 발생하지 않는다. 또한, 자신의 감정에 의하여 발생한 스트레스는 자신의 감정에만 영향을 준다. 혼자 고민하고 생각하면 이 부정감정의 스트레스를 억압하든, 강박을 갖든, 표출하든, 새로운 부정감정의 상처가 기억된다. 이렇듯이 스트레스는 현재 진행하고 있는 트라우마로 진행하고 있는 상태이기 때문에 현재 자신이 느끼는 기분이다.

결과 트라우마

결과형 트라우마는 기억된 상처를 의미한다. 상처는 과거에 스트레스로 발생한 후 치료하지 못한 채 기억함으로써 작용한다. 즉 기억된 부정감정을 말한다. 그래서 대부분 심리작용의 결과로 발생하는 부정감정의 기억, 기억된 감정 등으로 발생한다. 따라서 남자보다는 여자에게 주로 발생한다.

결과형 트라우마인 상처는 3가지 경우에 발생한다. 상처의 부정감정인데 이는 과거에 기억되어 있는 부정감정인 상처이다. 부정감정이 생각으로 자각되어 기억되기 전에는 스트레스로 작용했지만, 생각된 부정감정을 치료하지 못한 채 기억하면 상처가 되어 다시 생각과 기억에서 작용된다. 즉 결과에 의하여 만들어진 트라우마가 상처이다. 이를 상처의 부정감정이라고 한다.

그리고 심리작용으로 발생한 경우에는 심리작용의 결과에 의하여 심리작용은 끝났지만, 부정감정이 기억되어 지속되는 경우라고 할 수 있다. 이미 심리작용은 중단되었지만 상처가 기억된 것이다. 특히 치료되지 않은 부정감정으로 기억되는 것을 상처라고 한다. 습관에 의하여 자신도 모르게 기억한다. 그래서 마음이 치료하려고 한다. 이는 습관에 의하여 상처치료의 과정을 갖기 때문이며, 이 과정은 마음에 의하여 처리된다.

자신의 부정감정의 기억으로 발생하는 경우가 있는데 이는 과거에 기억된 상처 즉 상처의 부정감정으로 인해서 생각으로 기억되어 심리처리를 한 후 다시 재기억되는 것이다. 다시 재기억이 되면 부정감정의 상처를 확대한다.

과거에 A라는 상처의 감정을 기억하고 있다고 생각해 보자. A라는 상처의 감정이 기억되면 현재의 감각정보와 관련한 것을 연결시켜서 과거의 동일한 현상에 대한 감정을 기억한다. 그러면 이 기억은 A의 감정이 아니라 A-1이라는 상처가 또 발생한다. 그래서 상처의 감정을 기억할 때마다 상처가 하나씩 더 증가한다고 생각하면 된다.

원래 기억했던 상처의 부정감정에 대하여 생각으로 재기억을 한 경우, 상처의 부정감정이 아니라 생각에 의하여 현재의 정보에 부가하여 또다시 부정감정을 기억한다. 이때 부정감정이 치료되면 부정감정이 무감정으로 변하게 되는데, 바로 치료하면 무감정으로 전환하는 것이다. 그러나 부정감정을 제거하면 부정감정이 소멸하고 없어진다. 그래서 방어기제가 작용하고 난 결과가 3가지 경우로 나타나는 것이다.

자신의 부정감정기억에 의한 상처는 기존에 기억되어 있는 상처를 다시 기억함으로써 자꾸 확대시킨 후 또다시 상처로 기억하면서 상처가 더 만들어진다. 그래서 상처의 부정감정을 하나만 기억하는 것이 아니라 연관된 상처가 지속적으로 만들어지는 것이다. 따라서 심리상처의 치료가 중요하다.

사람들은 심리상처가 한 번 발생하면 이 심리상처가 확대된다. 치료되기 전까지는 기억된 상처로 인하여 계속 다른 상처를 자신 스스로가 만든다. 현재 받아들인 사실의 현상정보를 5개 감각기관을 통해서 받아들이면서 감각정보가 되고, 이 감각정보에 감정을 결합한 후 또다시 기억하기 때문에 기존에 기억된 상처와는 또 다른 상처가 기억되는 것이다. 결국 상처는 한 번 기억되면 점점 확대하기 시작한다.

트라우마와 습관

습관은 자신에게 익숙하고 편안한 말과 행동과 생각을 하기 위하여 의식과 마음의 중간역할을 한다. 이 습관은 결국 마음을 충족하여 의식에서 긍정감정으로 작용하도록 하기 위하여 행복하고 편안함을 가질 수 있도록 한다.

트라우마(Trauma)가 발생하면 부정감정이 발생하는데 마음은 이 부정감정을 제거 또는 치료하려는 방어기제가 작용한다. 이때 마음의 방어기제에 대응하는 습관의 패턴들에 의하여 말과 행동이 외부로 표현된다. 즉 마음의 방어기제가 습관에 의하여 나타난다.

트라우마의 부정감정이 습관에 의하여 생각의 의식으로 받아들이면서 힘들고 어려운 심리가 만들어지게 되어 마음은 힘들고 어려운 심리를 편안하게 할 수 있도록 작용하는데, 의식이 작용하고 있는 부정감정을 긍정감정으로 변화하려는 마음의 방어기제가 작용하여 습관을 통하여 말과 행동과 생각을 긍정감정으로 변화하도록 한다. 이때 습관에 의하여 외부표현(말과 행동)되는 것과 의식으로 전환(생각)되는 것이 다르게 나타날 수도 있다.

따라서 트라우마의 부정감정이 인지되어 부정감정을 긍정감정으로 전환을 할 수 있도록 마음의 방어기제가 작용할 때 습관(말, 행동, 생각)이 부정적인 것이 아니라 긍정적이 될 수 있도록 하는 것이 매우 중요하다. 즉 마음의 방어기제는 변화될 수 없는 인간의 마음이지만, 습관에 의하여 긍정감정 또는 부정감정이 발생하게 되고, 외부표현(말과 행동)에 의하여 심리작용에 직접적인 영향을 주게 되며, 동시에 의식으로 적용하게 되므로 감정기억에 직접적인 영향을 주게 된다. 따라서 트라우마의 부정감정이 발생하였을 때 마음의 방어기제가 작용하면서 습관을 통하여 긍정감정을 발생하도록 하여 의식에서 부정감정을 치료한 무감정으로 기억하도록 하고, 외부표현인 말과 행동에 의한 심리작용에서 긍정감정이 발생하도록 하는 것이다.

만일 습관으로 인하여 부정감정이 기억되거나 심리작용에서 부정감정이 형성된다면 이 습관을 변화할 필요성이 있다. 이렇게 부정감정이 작용하는 습관에 문제가 발생했기 때문에 성격에도 문제가 발생하므로 습관을 변화할 필요성이 있다.

트라우마가 발생하였을 때 부정감정을 기억하게 되면 심리문제가 발생하기 때문에 이를 마음의 방어기제에 의하여 제거(치료) 후 무감정으로 기억될 수 있도록 한다. 그러나 마음의 방어기제는 의식의 감정기억과 외부표현의 말과 행동으로 직접 나타나지 않고 반드시 습관을 통하기 때문에 습관을 정확히 분석해야만 한다.

남자는 외부정보에 대하여 부정기분으로 판정되면 마음의 거부방어기제에 의하여 습관인 패턴으로 외부정보와 판정된 부정기분을 거부하여 받아들이지 못하도록 한다. 이때 습관인 패턴의 작용은 인식, 생각, 기억, 표현 등으로서 외부정보를 차단하고, 생각하지 않으려고 하며, 기억하지 않게 되고, 외부정보에 대하여 부정기분을 표현한다. 그러면 부정기분을 제거함으로써 부정기분을 기억하지 못하도록 한다.

반면 여자는 외부정보에 대하여 부정감정으로 판정되면 마음의 수용방어기제에 의하여 습관인 패턴으로 외부정보와 판정된 부정감정을 받아들이고 치료하도록 한다. 이때 습관인 패턴의 작용에 의하여 외부정보를 말과 행동으로 표현하고, 받아들여 인식하며, 생각하고, 기억하도록 한다. 그러면 부정감정을 무감정으로 치료한 후 기억한다. 이 과정에서 부정감정을 치료하면 무감정으로 기억하지만, 치료하지 않으면 부정감정을 기억한다. 기억된 부정감정은 다시 생각에 의하여 기억정보로 인식하고 동일한 과정에 의하여 치료하는 과정이 반복된다.

방어기제(防禦機制)

방어기제(Defense mechanism, 防禦機制)는 긍정감정 또는 부정감정이 발생하였을 때, 심리의 기준인 행복을 추구하기 위하여 마음의 방어기준이 작용하면서 자동적으로 취하는 적응행위이다. 기존 심리이론의 방어기제와 마음이론의 방어기제는 종류, 규칙, 체계, 작용이 다르다. 기존 심리이론에서의 방어기제는 심리의 기준이 없기 때문에 의식과 무의식의 관점에서 무의식적으로 나타나는 말과 행동과 표정 그리고 생각의 유형을 분류하여 방어기제로 정의하였고, 매우 많은 방어기제의 종류와 각 방어기제의 작용을 분석함으로써 각각의 방어기제에 대한 분석의 방법과 치료의 방법을 연구하였다.

그러나 마음이론에서는 행복을 추구하는 심리의 기준을 갖고 있는 마음을 설정하고, 마음의 거부방어기제와 수용방어기제를 설정하였으며, 말과 행동과 생각은 습관의 결과로 나타나는 현상에 불과한 것을 알 수 있다. 그래서 기존 심리이론의 방어기제는 습관으로 표현된 결과로 나타나는 유형일 뿐, 실제의 방어기제가 아니라는 것을 알 수 있었다. 인간심리의 기준은 마음의 행복을 추구하는 심리의 기준으로 인간심리는 자신의 행복을 추구하고 지키기 위하여 의식과 습관을 통하여 말과 행동과 생각을 할 수 있도록 하는데, 이때 의식과 습관을 통한 말과 행동과 생각은 마음의 방어기제의 작용에 대한 결과로 나타나는 현상에 불과하다. 따라서 이제는 방어기제에 대한 개념을 다르게 인식해야 한다.

남자는 마음이 미래의 행복을 추구하는 심리의 기준을 갖고 있으며, 이를 위하여 열정과 성취욕을 강화하여 긍정기분을 지속적으로 요구하고, 부정기분에 대해서는 거부방어기제가 작용하여 부정기분을 심리로 받아들이지 않는다. 긍정기분에 대해서는 수용방어기제가 작용하여 긍정기분을 심리로 받아들인다.

또한 여자는 마음이 현재의 행복을 추구하는 심리의 기준을 갖고 있으며, 이를 위하여 사랑을 강화하고, 부정감정에 대해서는 수용방어기제가 작용하여 부정감정을 치료하여 긍정감정으로 전환하여 기억하며, 긍정감정에 대해서는 거부방어기제가 작용하여 긍정감정을 심리로 받아들이지 않는다. 즉 남자는 부정기분에 대한 거부방어기제, 여자는 부정감정에 대한 수용방어기제를 갖고 있다. 따라서 마음이론은 기존의 심리이론과는 다른 방어기제를 정의할 수 있으며, 남녀노소(男女老少) 관계없이 모든 심리의 현상을 해석할 수 있고 분석하여 검증할 수 있는 인간심리의 체계를 만들 수 있었다.

기존의 방어기제로는 인간심리를 체계화할 수 없기 때문에 인간심리를 체계화하기 위하여 마음이론을 개발하였고, 마음을 인간심리의 기준으로 설정하고, 인간심리의 기준을 행복을 추구하는 기준으로 하였을 때, 기존의 방어기제는 의식과 습관에 의한 결과로 나타나는 개인별 현상에 불과하다는 것을 밝힐 수 있었다.

　마음의 방어기제는 마음이 행복을 추구하는 심리의 기준에 맞도록 마음에서 작용하는 심리체계이다. 특히 마음이 행복을 추구하는 데 있어서 트라우마의 부정감정이 발생하였을 때 또는 즐거움의 긍정감정이 발생하였을 때, 마음의 행복을 추구하는 기준에 맞도록 작용하는 것이 방어기제이다. 따라서 마음의 방어기제가 의식과 습관의 부정감정과 긍정감정에 의하여 작용하며, 부정감정과 긍정감정은 의식과 습관으로 표현된다. 남자는 스트레스의 부정기분에 대하여 의식과 습관을 통하여 스트레스의 부정기분을 중단하도록 하는 거부방어기제가 작용하고, 긍정기분을 요구하여 부정기분을 완전히 제거하는 수용방어기제가 작용한다. 따라서 남자는 부정기분을 기억하지 않기 때문에 부정기분은 마음의 방어기제에 의하여 해소된다.

　반면, 여자는 부정감정에 대하여 수용방어기제가 작용하여 부정감정을 심리로 받아들여 기억한 후, 의식과 습관을 통하여 치료하여 긍정감정으로 전환하지만, 치료를 하지 못하는 경우에는 부정감정이 계속 기억되어 마음에 의하여 의식과 습관이 이 부정감정을 치료하기 위한 시도를 지속한다. 이 과정에서 여자는 긍정감정에 대해서는 거부방어기제가 작용하여 긍정감정을 기억하지 못한다.

4
남자의 방어기제

남자에게 트라우마인 스트레스가 발생하면 트라우마의 부정기분을 제거하는 거부방어기제가 작용한다. 그래서 남자는 정상적인 마음의 거부방어기제가 작용하면서 부정기분의 스트레스가 제거된다.

남자에게 스트레스인 트라우마가 발생했다는 것은 5개의 감각기관을 통해서 외부정보가 인지될 때 부정기분을 유발할 것이라는 마음의 감정기준에 의하여 결정된다. 그러면 이 부정기분으로 판정된 기분에서 벗어나기 위하여 노력한다. 스트레스가 지속되면 지속되는 만큼 벗어나려는 노력은 더욱 강화된다. 나중에는 수단과 방법을 가리지 않고 벗어나려고만 노력한다. 그렇게 하여 5개의 감각기관에서 느끼는 스트레스의 부정정보에서 벗어나고 차단함으로써 그 부정느낌인 부정기분에서 벗어난다.

이 부정느낌에서 벗어나기 위하여 노력하는데, 이때 벗어날 때 표현되는 것은 습관인 표현의 패턴에 의하여 말과 행동과 표정으로 나타난다. 특히 친한 사람, 사랑하는 사람, 편한 사람인 경우에는 외부표현을 잘한다. 아무리 참고 견디려고 해도 언젠가는 반드시 벗어나고 제거해야 한다. 그래서 참고 견디는 남자는 스트레스의 부정기분을 생각하면서 억압하고 있지만 반드시 해소해야만 한다. 이로 인하여 한 번 안 좋은 기분을 갖게 된 남자는 반드시 끝이 좋지 않다. 부정기분에 대해서 남자는 생각보다 뒤끝이 좋지 않은 이유이다. 대체적으로 잘 참는 남자가 해당된다.

대부분의 남자는 부정기분인 스트레스를 벗어나기 위하여 외부표현을 하면 뒤 끝은 없다. 부정기분을 없애기 때문이다. 그러나 의도적으로 생각하면서 억압하는 남자는 생각에 남아 있기 때문에 결코 좋은 것이 아니다. 대부분 친하지 않은 사람, 업무관계의 사람, 그 이외 자신과 관계없는 사람에 의한 스트레스는 참는 경향이 있다.

남자는 자신과 친밀하고 편안하게 사랑하는 사람들에게 표현한다. 그리고 부정기분을 없앤다. 그럼으로써 스트레스의 부정기분이 크면 클수록(사실상 지속되는 기간이 길어질수록 크게 느껴진다.) 벗어나려고 하는 습관의 작용도 매우 강해진다. 그래서 스트레스가 크면 클수록 표현하는 강도가 강해진다.

이렇게 스트레스의 부정기분을 벗어나면 스트레스의 느낌이 사라진다. 그러면 부정기분의 자리를 대신하여 긍정기분을 받아들이려고 노력한다. 이는 자신도 모르게 그렇다. 습관이 무의식으로 작용하기 때문에 습관적으로 긍정기분을 받아들이려고 한다. 그래서 자신은 의도하지 않지만 즐겁고 재미있는 것에 빨리 몰입한다. 마치 더울 때 시원한 것을 찾는 것처럼 빨리 더운 것에서 벗어나서 시원한 것을 찾는 것과 똑같은 이치라고 생각하면 된다.

긍정기분에 몰입하고자 할 때, 대부분은 즐겁고 재미있는 것에 몰입한다. 습관이 강하게 작용될수록 몰입은 커진다. 그래서 부정기분을 벗어나면 즐겁고 재미있는 것에 무조건 빠져든다. 그래서 중독증이 발생하는 것이다. 습관성 중독이 대부분 이런 현상으로 인하여 발생한다. 중독은 스트레스의 부정기분에서 벗어날 때 발생하는 몰입의 힘이다. 이것이 강박으로 작용하여 몰입의 대상으로 인하여 스트레스가 발생하는 순환구조가 형성되면 중독증이 발생하는 것이다.

　많은 남자들이 일하면서 스트레스를 많이 받게 되면 집으로 들어가기보다는 스트레스를 해소한 후에 집에 간다. 어떻게든 부정기분이 아니라 긍정기분으로 전환을 한 후에 편안한 집으로 향하는 것이다. 물론 스트레스를 해소하는 방법이 왜곡되고 잘못되면 더 큰 문제가 발생하지만, 이를 제대로 인식하는 남자는 별로 없다. 대부분은 업무관계라고 말하면서 자신을 합리화한다.

　따라서 남자는 스트레스의 트라우마에 의한 부정기분을 습관에 의하여 제거하기 때문에 부정기분을 기억하지 못하고 스트레스도 기억하지 못한다. 이것이 남자의 정상적인 방어기제이고 거부방어기제가 작용한 것이다. 이는 나이와는 관계없이 어린이부터 노인에 이르는 모든 남자는 동일하게 작용한다. 그래서 어떠한 스트레스라도 돌아서면 잊어버리는 것도 남자에게 흔히 나타나는 현상이고, 작심삼일도 이로 인하여 발생하는 현상이다.

　문제는 변형방어기제이다. 남자의 정상적인 방어기제인 거부방어기제가 스트레스의 부정기분을 제거하지 못한 채 부정기분이 기억되면 나타나는 방어기제이다. 변형방어기제가 나타나면 5개의 감각기관을 통하여 외부정보가 안 좋은 정보이면 스트레스가 발생하면서 이를 제거해야 하는데, 마치 여자처럼 수용방어기제가 작용하는 것과 같은 착각에 빠지게 된다.

　그래서 변형방어기제가 작용하면 스트레스의 부정기분을 받아들여서 매우 힘들어한다. 그런 후 이를 치료하겠다고 지속적인 이해와 위로를 요구한다. 그런데 남자는 감정을 느낄 수 없기 때문에 아무리 이해하려고 해도 이해되지 않고, 위로를 해도 치료가 되지 않는다. 일시적으로는 치료된 듯 느껴지지만 계속 스트레스로 작용하면서 점점 커지고 확대되는 현상이 발생한다. 부정기분을 기억하면 부정기분이 계속 확대되면서 스트레스가 지속되어 강력한 고통을 느끼는 것이다. 그래서 정상적인 거부방어기제가 작용하지 못하게 되면서 심리장애가 발생하는 것이다.

5
여자의 방어기제

여자에게 트라우마가 발생하면, 여자는 트라우마의 부정감정을 받아들여서 치료하려는 마음의 수용방어기제가 작용한다. 그래서 여자는 트라우마가 발생하면 누구나 다 정상적인 방어기제로서 수용방어기제가 작용한다.

부정감정인 스트레스가 발생하면 일단은 받아들인다. 힘들지만 받아들여서 스트레스의 부정감정이 발생한 원인, 과정, 결과가 왜 발생하였는지 정확하게 이해하기 위하여 부정감정의 실체를 알려고 생각하고 분석하고 이해하려고 한다. 이해는 여자 자신의 기준이 아니라 상대의 심리를 정확하게 아는 것이라 했는데, 이를 정확히 이해하고자 한다. 이 과정에서 정보와 감정이 결합되고 이 감정은 부정감정이라고 할 수 있다. 그래서 다음에는 부정감정을 위로받고자 한다. 즉 부정감정을 치료하는 과정이다.

위로를 받게 되면 자신 스스로가 자기를 합리화하면서 만족하고 이해하는 것을 좋아하게 되면서 심리의 여유를 갖게 되는데 이때 치료가 되면서 부정감정을 무감정으로 전환한다.

위로를 받을 때 무의식인 습관이 작용하는데, 이해하고 실체를 알고자 할 때도 습관이 작용하고, 위로를 받을 때도 습관이 작용한다. 이처럼 심리처리를 할 때는 마음에 의하여 습관이 작용한다.

이에 따라서 여자는 상처를 받으면 상처의 원인, 과정, 결과 등을 정확히 이해하는 과정이 매우 중요하다. 그래야 이해가 되기 때문이다. 그런 후에는 위로를 원하게 된다. 이해가 된 후 위로를 받게 되면 자신도 모르는 사이에 심리가 편안하게 되면서 여유가 생긴다. 그러면서 상처의 원인은 자신이 잘못한 것이 아니라고 인식하고 자신의 심리를 안정시키면서 만족하는 것이다. 이렇게 트라우마의 부정감정을 치료하면서 부정감정을 무감정으로 전환한다. 부정감정의 실체를 정확하게 알아야 부정감정에 맞는 무감정을 대체할 수 있기 때문이다. 그래서 트라우마의 부정감정이었지만 심리의 여유가 생기면서 무감정으로 전환할 수 있는 것이다.

이것이 여자의 상처에 대한 치료의 원리이다. 기억을 하되 부정감정이 아닌 무감정으로 기억하도록 하여 상처의 부정감정으로 작용하지 않도록 하는 것이 여자의 심리치료이다. 그래서 심리치료를 하게 되면 여자는 트라우마의 사실에 대한 현상을 기억하면서 무감정으로 기억한다. 또한 치료가 되지 않으면 트라우마의 사실에 대한 현상을 기억하면서 부정감정으로 기억하기 때문에 어려움을 겪게 된다.

그러나 정상적인 방어기제가 작용하는 것이 아니라 변경방어기제가 작용하는 것이 문제이다. 정상적인 수용방어기제가 작용하지 못하면 부정감정을 치료할 수 없게 되므로 5개 감각기관을 통하여 안 좋은 정보를 느끼게 되면 이를 제거하려고 한다. 그러나 제거되지 않는 것이 문제이다. 그래서 강력하게 차단하려고 노력하게 되면서 남자보다 훨씬 더 강하게 차단하려고 한다. 따라서 사소한 스트레스도 못 견디고 강력한 부정감정을 표현한다. 이렇게 거부했다고 생각되면 남자와 같이 긍정감정이 몰입하려고 하는데, 강력하게 표현된 만큼 긍정감정에도 강력하게 몰입한다.

그런데 부정감정을 차단하고 제거했다고 생각했지만, 실제는 기억에 남아 있다. 그래서 기억하고 싶지 않게 되면서 부정감정의 해리현상이 발생한다. 자신의 생각에서는 부정감정을 거부하여 제거한 후 긍정감정을 받아들였으니 부정감정을 기억하지 않을 것 같지만, 부정감정이 기억되지 않았으니 부정감정이 차단됐었을 것이라고 생각하는데 실제로는 부정감정을 고스란히 기억하고 있다. 그러나 부정감정의 해리현상이 있으니 기억나지 않는 것뿐이다.

결국 수용방어기제가 아니라 변형방어기제로 작용하면서 5개 감각기관으로부터 들어오는 안 좋은 정보를 강력하게 차단하여 제거하지만 제거했다고 착각한다. 그래서 매우 강력하게 차단하여 제거하려고 한다. 이것은 남자보다 훨씬 더 심하다. 그런 후 특정한 대상에 몰입한다. 이때도 남자보다 훨씬 더 강력하게 즐거운 것에 몰입하려고 한다.

그러나 실제의 부정감정은 치료되지 않은 채 사라지지 않고 기억되지만, 부정감정의 해리현상으로 인하여 의식에서는 기억되지 않는다. 실제로 기억되어 있지만, 생각에서는 기억되지 않는 것이다. 자신이 기억되지 않는 것으로 착각하는 것이다. 과거의 상처를 기억하지 못하는 여자는 대부분 이에 해당한다. 이미 심리장애가 발생한 것이다.

부정감정의 해리현상이 발생하더라도 실제는 기억되어 있기 때문에 마음은 계속 이를 치료하려고 한다. 그러면 스트레스가 또 발생하게 되는데 여자 자신도 왜 스트레스가 발생하는지 모른다. 다만 외부상황이 자신에게 스트레스를 준 것이라고 탓할 뿐이다. 자신에게 부정감정의 해리현상이 발생한 것을 모르기 때문이다. 이렇게 마음이 지속적으로 부정감정을 치료하려고 하니 습관이 작용하게 되는데 치료할 기억은 없으니 엉뚱하게 표현하게 된다. 그래서 아주 사소한 스트레스 하나에도 매우 민감하게 반응하는 것이다.

 이러한 심리장애가 발생하면 심각하다. 저장강박증과 같이 쓰레기를 수집하는 것에 몰입하는 경우를 보면, 자신의 상처는 기억나는 건 없는데 계속해서 마음은 이를 치료하라고 하니 쓰레기를 계속 수집하는 것이다. 그렇지 않으면 이 여자는 견디지 못하게 된다. 이렇듯이 심리장애에 궁극적인 원인은 바로 정상방어기제가 변형방어기제로 전환되어 작용하기 때문이다.

6
남자의 치료습관

　남자는 사랑하는 여자, 소중한 여자, 친밀한 여자 등과 같이 자신이 책임져야 하고 진정으로 사랑하는 여자가 상처로 고통을 겪고 힘들어하게 되면 자신의 스트레스보다는 어떻게든 사랑하는 여자의 상처를 치료하기 위한 노력을 한다. 이는 남자의 무한책임(무의식의 사랑, 조건과 제한이 없는 무한책임)이 작용하거나, 의식적으로 강력한 스트레스도 견딜 수 있는 무한책임이 있을 때만 가능하다.

　남자는 사랑하는 여자가 상처의 고통으로 힘들어하면, 자신에게 매우 강력한 스트레스가 발생하더라도 이를 견딜 수 있는 힘을 갖게 된다. 그래서 사랑하는 여자에게 어떻게든 자신에게 맞는 방법으로 여자의 상처를 치료하려고 노력하는 것이다.

　사랑하는 여자가 트라우마인 상처의 부정감정으로 고통을 겪게 되면, 남자는 어떻게든 트라우마의 부정감정에서 벗어나도록 한다. "잊어버려라", "별것 아니다", "지나간 일이다", "앞으로 행복하게 사는 것을 생각해라", "지금은 힘들지만 괜찮아질 것이다", "왜 과거를 생각해서 힘들어하느냐 미래를 봐라.", "과거와는 다르게 정말 열심히 노력하고 있지 않으냐?" 등 다양한 말을 하면서 어떻게든 사랑하는 여자가 상처의 고통에서 벗어날 수 있도록 노력한다.

  경우에 따라서는 기분전환을 위하여 여행, 취미, 공부 등을 권유하기도 하고, 별거를 하자는 말도 하고, 이혼하자는 말도 하는 경우가 있다. 왜냐 하면 사랑하는 여자가 상처의 고통에서 벗어날 수 있다면 어떠한 스트레스도 감수하겠다는 심리가 작용하기 때문이다. 여자가 기분(감정)을 전환하지 않기 때문에 상처의 고통에서 벗어나지 못하는 것이라고 남자는 생각한다.

  어찌 되었든 여자가 잠시 상처의 고통에서 벗어난 듯 보이는 말과 행동과 표정을 하게 되면, 남자는 이제야 자신의 말대로 하는 것이라고 생각하고 다음 단계로 진행한다. 즉 상처에 대한 말과 행동과 표정이 멈추었다고 생각하는 것이다.

  그러면 즉시 재미와 즐거움에 몰입할 수 있도록 한다. 이렇게 재미와 즐거움에 몰입하도록 할 때, 우선은 과거로부터 사랑하는 여자가 원했던 것을 기억하거나, 남자 자신이 재미있고 즐거웠던 것을 생각한다. 또는 여자가 재미있고 즐거워할 것이 무엇인지를 생각한다. 이렇게 생각된 것을 사랑하는 여자에게 권하면서 재미와 즐거움을 가질 수 있도록 한다. 즉 특정한 대상에 몰입하도록 하는 것이다. 함께 여행가고, 외식하고, 영화 보고, 집안일을 도와주고, 여자가 원하는 것을 모두 들어주는 등의 다양한 행동을 하게 되는데 이 모든 것이 사랑하는 여자가 좋아할 것이고, 재미있고 즐거워할 것이라고 생각하는 것이다.

  이런 과정에서 사랑하는 여자가 웃고, 재미있어 하고, 즐거워하면 비로소 남자는 사랑하는 여자가 트라우마의 부정감정에서 벗어났고, 부정감정을 기억하지 못할 것이라고 인식한다. 그러면 이제부터는 일상생활로 회복되었고 여자의 상처도 치료되었을 것이라고 생각한다. 즉 트라우마의 현상은 기억하지만 트라우마의 부정감정인 상처를 기억하지 못할 것이라 인식하는 것이다.

그러나 얼마 지나지 않아서 여자가 다시 상처의 부정감정을 기억하고 표현하면, 남자는 자신의 노력이 부족했다고 생각하면서 또다시 반복하여 노력한다. 이때 상처의 부정감정에서 벗어나는 방법, 재미와 즐거움에 몰입하는 방법 등을 다양하게 바꿔 가면서 실행한다.

자꾸 반복되면서 생각할 수 있는 방법을 모두 다 사용했지만 여자의 상처가 치료되지 않으면 남자는 더 이상 할 것이 없다고 생각하고 자포자기한다. 그래서 남자는 여자에게 묻는다. "내가 어떻게 하면 치료될 수 있느냐?" 그러면 여자는 말한다. "그걸 나에게 물으면 어떻게 하냐? 성의와 진정성이 중요한 것이지."라고 하면서 남자에게 알아서 치료해 달라고 한다. 안타깝지만, 남자도 여자도 '상처의 부정감정에 대한 여자의 트라우마와 방어기제'를 알지 못하기 때문에 무엇을 어떻게 해야만 치료할 수 있는지 모른다. 그래도 이 남자는 사랑하는 여자를 치료하기 위하여 자신의 모든 노력을 다한 것은 분명하다. 따라서 여자는 남자가 자신을 사랑하는 것을 의심하지 말아야 한다. 다만 치료방법을 알지 못했을 뿐이다. 쓸데없는 노력이기는 했지만, 사랑하는 여자를 위하여 최선을 다한 것이라 할 수 있다.

7
여자의 치료습관

여자는 사랑하는 남자, 소중한 남자, 친밀한 남자 등과 같이 자신이 사랑하는 남자가 스트레스로 힘들어하면 자신의 상처보다는 어떻게든 사랑하는 남자의 스트레스를 해소하고 해결하려고 노력한다. 이는 여자의 모성애(무의식의 사랑, 조건과 제한이 없는 남자의 무한책임과 동일하다)가 작용하거나, 의식적으로 상처의 고통을 견딜 수 있는 사랑의 에너지가 남자를 향하고 있을 때만 가능하다.

여자는 사랑하는 남자가 스트레스로 힘들어하면, 자신에게 고통스러운 상처가 발생하더라도 이를 치료할 수 있고 견딜 수 있는 힘을 갖게 된다. 그래서 사랑하는 남자에게 어떻게든 자신에게 맞는 방법으로 남자의 스트레스를 해결해 주려고 노력하는 것이다.

사랑하는 남자가 스트레스의 부정감정으로 어려움을 겪으면, 남자의 스트레스에 대한 실체를 알기 위하여 노력한다. 우선은 자신 때문에 스트레스를 받은 것은 아닌지 생각하고, 아무리 생각해도 잘 모를 때는 남자에게 이야기한다. "무슨 일 있느냐", "많이 힘들어 보인다", "왜 그러냐?" 등 다양한 말을 하면서 어떻게든 남자의 스트레스가 왜 생긴 것인지 알려고 한다.

이때 남자들은 대부분 "별 것 아니다", "몰라도 돼", "신경 쓰지 말라"라고 대답하는 경우가 많다. 그러면 여자는 더욱더 스트레스의 실체를 알고자 노력한다. 왜냐하면 스트레스의 실체를 알아야 이해시켜 주고, 위로를 해 줌으로써 스트레스를 해결할 수 있다고 인식하기 때문이다. 그래서 더욱 스트레스의 실체에 대하여 이야기하려고 한다. 그러면 남자는 짜증, 화, 신경질 등을 표현할 수 있는데 이로 인하여 여자는 상처를 입는다.

이때 여자에게 상처의 부정감정을 기억하고 있거나 좋지 않은 감정일 경우에는 "나는 당신에게 어떤 사람이냐?", "사랑하는 사람이 무슨 일이 있었느냐고 묻는 것이 당연한 것 아니냐?", "내가 뭘 잘못했다고 화내느냐?" 등과 같은 말을 하게 되고, 그럴수록 남자는 말하고 싶지 않다. 간혹 "밖에서 스트레스받아서 힘든데 집에서까지 왜 스트레스를 주느냐"라면서 화를 내기도 한다.

여자는 사랑하는 남자의 스트레스에 대한 실체를 정확히 알고, 이해하면서 남자에게 위로해 주면 스트레스의 부정감정을 치료하여 무감정으로 전환할 수 있다고 인식하기 때문에 당연한 것이다. 또한 스트레스의 부정감정을 치료하게 되었을 때 치료해 준 자신에게 사랑하는 감정이 생긴다는 것을 인식하고, 스트레스의 부정감정을 치료하면 이 모든 과정을 잘 기억할 것이라고 인식한다. 그러나 남자는 스트레스를 벗어나야 하는데 자꾸 스트레스를 기억하라고 하니 짜증 날 수밖에 없는 상황이 된다.

안타깝지만, 남자도 여자도 '스트레스의 부정감정에 대한 남자의 트라우마와 방어기제'를 알지 못하기 때문에 무엇을 어떻게 해야만 벗어날 수 있는지, 치료할 수 있는지 알지 못한다.

그래도 이 여자는 정말 사랑하는 남자의 스트레스를 해결하기 위하여 자신의 모든 노력을 다한 것은 분명하다. 여자가 남자를 사랑하고 있는 것은 분명하다. 다만 남자의 스트레스를 해결하는 방법을 알지 못했을 뿐이다. 여자는 쓸데없는 노력이기는 했지만, 사랑하는 남자를 위하여 당연한 노력을 한 것이라 할 수 있다.

VI

장점과 단점

1
매력과 유혹

매력(魅力, Charm)은 '사람의 마음을 끌어당기는 묘한 힘'으로 무의식화된 장점이며, 자기 자신은 자신의 매력을 인식하지 못하고 매력은 상대가 인식하는 것이다. 따라서 의식에서 매력을 인식하면 더 이상 매력이 아니라 유혹(誘惑)이거나 자만하는 매력이 되어 오히려 단점으로 작용하게 된다.

따라서 매력은 자기 자신이 모르는 것은 당연하여 자신은 매력이 없는 것처럼 인식되고 다른 사람들의 매력만 보인다. 때문에 여자는 상대와의 비교에서도 상대의 장점만 의식이 인식할 뿐 실제 자신의 장점을 인식하지 못하고 상처를 입거나 단점 또는 콤플렉스로 오해되는 현상이 발생하기도 한다.

우선 여자는 자신이 여자가 되면 저절로 매력을 갖는다. 이때 여자가 된다는 것은 이전에 충분히 학습을 하였으니 별도의 자세한 설명은 하지 않겠다. 여자로 인식되는 것 자체가 여자의 가장 중요한 매력임을 알아야 한다. 이때 여자로 인식되는 것은 여자의 4대 구성요소인 신체(몸), 심리(의식, 습관, 본능), 외형, 말과 행동 등이 여자로서 조화를 이루는 것이다.

따라서 여자는 외형과 신체, 심리(마음의 작용)와 말과 행동 등이 상대에게 여자로 조화를 이루어 자연스럽게 장점으로 인식되어 이를 상대가 생각의 의식으로 받아들여 열정이 발생하는 것이 바로 여자의 매력이다. 이때 매력을 느끼는 상대는 특정한 한 사람에게만이 아니라 모든 심리작용을 한 상대라면 누구나 인식하는 것이다.

여자로서 매력을 느낀 상대가 여자라면 긍정감정이 발생하여 좋은 느낌과 기분을 갖게 하여 심리작용을 하고 싶어지고 심리작용을 하게 되면 긍정감정이 발생하게 된다. 만일 상대 여자가 질투, 시기심, 부정감정 등이 발생하면 이는 매력이 아니라 유혹 또는 4가지의 구성요소가 조화를 이루지 못하여 부자연스러움이 생겨서 상대 여자에게는 매력으로 인식되지 않고 단점으로 인식된 것이다. 따라서 여자 연예인의 경우 안티팬이 많은 경우에는 이를 잘 분석해야 한다. 또한, 상대가 남자라면 성충동(Libido)에 의한 열정이 발생하여 심리작용욕구와 헌신욕구가 발생한다.

매력은 자신이 인식하지 못하고 상대가 장점으로 인식하여 긍정감정이 발생하는 것인 데 반하여 유혹은 자신이 상대에게 매력적으로 보이기 위하여 의식에 의한 의도적인 연출이기 때문에 부자연스럽다. 그래서 유혹은 특정 상대에 한정하고, 불특정 다수에게는 단점으로 작용하는 것을 알아야 한다. 이때, 자신의 단점 또는 콤플렉스가 상대에게는 오히려 매력으로 인식될 수 있으며, 만일 상대는 매력으로 인식하는데 자신이 지속적으로 단점 또는 콤플렉스로 의식하여 의도적인 말과 행동, 심리작용을 한다면 매력이 상실되는 원인이 되기도 한다.

매력의 심리를 이해하기 위해서는 심리작용의 원리를 이해해야만 한다. 이 심리작용은 자신의 마음이 습관을 통하여 말과 행동에 의하여 외부표현이 되는데 외부표현은 마음이 90% 이상을 차지하고, 습관은 5% 미만을 차지한다. 상대는 이 마음과 습관(95% 이상)을 100% 생각을 통하여 의식으로 받아들이게 되면서 매력이라고 인식하고 기억한다.

이것이 심리작용의 원리인데, 이렇게 심리작용을 할 때 매력이 결정되는 것은 마음이 아니라 습관에 의하여 결정된다. 왜냐하면 여자라면 동일한 마음을 갖고 있기 때문에 마음은 매력의 결정요소가 아니다. 따라서 상대에게 매력으로 생각되어 의식이 작용하게 되면 매력으로 인식된다.

결국 매력이라는 것은 습관이 여자가 되는 것으로서 신체(몸), 외형, 말과 행동 등과 함께 모두 여자로 자연스럽게 조화를 이루도록 하는 결정적인 역할을 하는 것이다. 여자의 심리 중 90% 이상을 차지하는 마음은 모든 여자에게 동일하게 작용하기 때문에 무의식적으로 작용하는 습관이 매력의 핵심이 된다. 즉 여자의 매력은 5%에 불과한 습관에 의하여 결정되는 것임을 알아야 한다.

매력은 자신이 의식으로 의도하지 않고 무의식인 습관과 마음으로 형성되는 것이기 때문에 상대에게 오래도록 지속되는 특징이 있으며 특정한 상대가 아니라 모든 상대에게 매력으로 인식된다.

자신의 매력은 자신의 습관에 의한 말과 행동으로 외부표현이 되었을 때 상대에게 긍정감정(사랑, 행복감, 좋은 감정)으로 작용하여 장점으로 인식되면서 매력으로 인식된다. 상대는 이 과정을 습관으로 해석하여 생각을 통하여 의식으로 전달한다. 따라서 무의식화된 매력은 자신의 의식으로는 생각되지 않고 인식조차 할 수 없는 특징이 있다. 즉 자신도 모르게 만들어지는 것이 매력이다.

외모가 예쁘고, 날씬하고, 섹시하다고 하여 성적 매력이 있다고 말하는 것은 말 그대로 섹시한 것뿐이다. 이는 성적 대상화(섹스를 즐기는 대상)의 하나로 인식이 될 뿐이라서 섹스를 즐길 대상으로 생각하는 의식이 작용하는 것이다. 따라서 성적 매력은 말 그대로 섹스를 즐기는 데 필요한 매력이라는 뜻으로 섹스를 즐기는 대상을 선택할 때 작용하는 성심리에 의하여 결정된다.

따라서 성적 매력만으로 여자의 매력이라 하지는 않는다. 성적 매력은 대체적으로 유혹을 할 때 많이 사용하는 연출된 매력이 많기 때문에 여자의 매력을 분석할 때는 성적 매력과 여자의 매력을 엄격하게 구분해야 한다는 것을 꼭 명심해야 한다.

유혹(誘惑, Temptation)은 '꾀어서 좋지 아니한 길로 꾐 또는 성적인 목적을 갖고 그럴듯한 말이나 행동으로 이성(異性)을 꾐'의 부정적인 의미를 갖는 용어이다. 그래서 여자에게 유혹이라는 말은 남자에게 나쁜 의도와 목적으로 연출된 말과 행동을 의미하고 있다. 매력의 반대되는 뜻으로 사용하기도 하지만 상대에게 매력으로 보이도록 연출하는 뜻으로 유혹이라는 용어를 사용한 것이니 오해를 하지 않기 바란다.

매력은 여자의 4대 구성요소인 외형, 신체, 심리(마음), 말과 행동 등이 자연스럽게 조화를 이룰 때 상대가 인식하는 장점을 말하지만, 이 4대 구성요소가 조화를 이루지 못하고 특정한 요소가 상대에게 단점으로 작용할 때 이를 보완하여 상대에게 매력으로 인식되도록 하기 위하여 특정한 요소에 대하여 의도적인 연출을 할 필요성이 있다. 이때 의도적인 연출을 하는 것을 유혹이라 한다.

따라서 유혹은 여자의 4대 구성 요소 중 상대에게 단점으로 작용하는 요소들에 대하여 상대가 장점(매력)으로 인식(생각, 의식)될 수 있도록 의도적으로 연출하는 것으로서 이를 위한 의도 된 생각과 의식, 노력이 포함된 것이다. 또한, 자신의 의식이 자신의 특정한 요소에 대하여 매력이라 생각하는 것은 매력이 아니라 유혹이 될 뿐이며, 상대가 인식을 할 때 초기에는 매력으로 인식하지만 일정 시간이 지난 후에는 문제로 인식을 하게 되는 경우가 많다. [핑크렌즈효과]에서 이 부분을 자세히 설명할 것이다.

　유혹의 과정은 자신에게 여자의 4대 구성 요소 중 상대에게 단점으로 작용하는 것이 무엇인지 분석하고, 상대에게 장점(매력)으로 인식되도록 하는 방법을 알아야 하고, 의도된 연출을 하여, 상대가 장점으로 인식할 수 있도록 인식의 오류를 만들어서 생각을 통하여 의식으로 받아들여지도록 만든다. 이 유혹의 과정은 의도적인 연출을 위한 의식적인 노력을 반복적이고 지속적으로 실행해야 한다. 이를 반복하고 지속하게 되면 여자의 4대 구성 요소 중 특정한 요소가 변화하게 되면서 다른 구성요소의 장점(매력)이 문제가 될 수 있으며, 자신의 마음과 습관에 맞지 않아 부정감정이 지속적으로 발생하여 습관과 의식에 문제가 발생할 수도 있다. 즉 유혹이 장기화될수록 심리장애가 발생할 가능성이 높기 때문에 유혹은 신중히 결정해야 한다.

　유혹은 특정한 상대를 대상으로만 실행하는 것이 필요하고, 오래도록 지속되면서 경험되면 의식(의도화)에서 습관으로 형성되면서 특정 상대에게는 매력(장점)으로 인식되지만 다른 상대에게는 매우 치명적인 단점으로 작용하기 때문에 습관으로 형성되는 것도 신중히 결정해야 한다. 따라서 유혹을 실행할 때는 정확히 목표와 의도를 정한 후 그에 맞도록 실행하는 것이 바람직하다.

　유혹의 심리를 이해하기 위해서는 심리작용의 원리를 이해해야만 한다. 이 심리작용은 자신의 마음이 습관을 통하여 말과 행동에 의하여 외부표현이 되는데 외부표현은 마음이 90% 이상을 차지하고, 습관은 5%를 차지한다. 상대는 이 마음과 습관(95% 이상)을 100% 생각을 통하여 의식으로 받아들이게 되면서 매력이라고 인식하고 기억한다. 이것이 심리작용의 원리인데, 이렇게 심리작용을 할 때 상대가 매력으로 결정하는 것은 마음이 아니라 습관에 의하여 결정된다. 왜냐하면 여자라면 동일한 마음을 갖고 있기 때문에 마음은 매력의 결정요소가 아니다. 따라서 상대에게 매력으로 생각되어 의식이 작용하게 되면 상대는 매력으로 인식된다.

결국 상대가 매력으로 인식한다는 것은 습관이 여자가 되는 것인데 이는 심리, 신체(몸), 외형, 말과 행동 등이 모두 상대가 여자로 자연스럽게 조화를 이루어지도록 하는 결정적인 역할을 하는 것이다. 여자의 심리 중 90% 이상을 차지하는 마음은 모든 여자에게 동일하게 작용하기 때문에 무의식으로 작용하는 습관이 매력의 핵심이다. 즉 여자의 매력은 5%에 불과한 습관에 의하여 결정되는 것임을 알아야 한다.

유혹은 상대가 여자의 4대 구성 요소 중 단점이라고 인식하고 있는 부분을 의도적으로 연출하여 상대에게 장점(매력)으로 인식되도록 만드는 것이다. 상대에게 오래도록 지속되지 못하고 특정한 상대에게만 적용이 되는 특징이 있어서 상대가 매력으로 착각하도록 만들기 때문에 상대의 습관과 의식에 문제가 발생할 수도 있다. 또한 유혹은 모든 상대에게 매력으로 인식되지 않는다.

자신의 매력은 자신의 습관에 의한 말과 행동으로 외부표현이 되었을 때 상대에게 긍정감정(사랑, 행복감, 좋은 감정)으로 작용을 하여 장점으로 인식되면서 매력으로 인식되는 반면 유혹은 자신의 의도된 연출에 의하여 외부표현이 되었을 때 상대에게 긍정감정으로 작용하도록 착각현상을 만든다. 이때 상대는 이 과정을 습관으로 해석하여 생각을 통하여 의식으로 전달한다. 따라서 의도적으로 연출된 유혹에 의한 매력인식의 착각은 자신이 의도하였기 때문에 의식으로 인식하고 있는 특징이 있다.

유혹에서 주의해야 하는 것은 의식에 의한 의도적인 연출이 오래도록 지속되면 습관으로 형성된다. 이는 특정 상대에게는 매력으로 인식되어 지속될 수는 있겠지만 자신의 심리, 외형, 신체, 말과 행동 등에 모두 영향을 주기 때문에 원치 않은 여자가 될 수 있다는 것을 알아야 한다. 따라서 유혹할 때의 목표와 의도에 따라서 자기 자신의 삶과 행복이 달라진다는 사실을 명심해야 한다.

매력과 유혹의 비교

매력과 유혹에 대하여 상호 비교분석을 해 보면 그 차이를 확실하게 알 수 있다. 매력은 자신이 인식을 못 하는 것이고 유혹은 자신이 상대에게 매력으로 인식되도록 의도적인 연출을 하는 것이기 때문에 이를 상황에 맞도록 상호 보완적으로 사용할 필요가 있으며, 유혹이 오랜 시간 지속되고 습관으로 형성되면서 매력이 상실될 수도 있고 오히려 매력이 만들어질 수도 있기 때문에 유혹은 세심한 주의가 필요하다. 특히 유혹이 좋지 않은 목표와 의도를 갖게 되는 경우에는 다른 매력을 상실하게 만들거나 유혹의 대상인 상대를 파괴하는 힘을 가질 수 있다.

그래서 매력과 유혹은 정확히 알고 활용하는 것이 바람직할 것이다. 사실상 여자는 신체, 심리, 외형, 말과 행동 등 4가지의 구성요소가 자연스러운 조화를 이루게 되면 모든 사람에게 매력으로 인식되기 때문에 굳이 유혹을 할 필요성이 없다는 것을 알아야 한다. 따라서 유혹을 해야 하는 이유는 자신에게 4가지의 구성요소에 문제가 있다는 것을 의미하고 이는 이미 4가지의 구성요소가 불균형이 되었다는 것이므로 상대에게 매력으로 인식될 수 있도록 노력하는 유혹보다는 여자가 될 수 있도록 노력을 하는 것이 현명한 방법이 될 것이다. 이와 같이 유혹하는 여자는 이미 습관과 의식에 문제가 발생하였기 때문에 심리장애가 발생했다는 방증이기도 하다.

매력과 유혹은 네 가지 관점에서 비교분석을 해 볼 수 있다. 첫 번째는 상대의 관점이다. 매력은 특정한 사람을 비롯하여 다수의 많은 사람들에게 매력으로 인식되어 오랜 시간 지속되지만, 유혹은 특정한 사람에게만 맞추어진 매력으로 인식되기 때문에 매력으로 인식하는 특정한 사람을 제외한 다른 사람들에게는 단점으로 인식되고 자신이 의도적으로 노력하기 때문에 오랜 시간 지속되지 못한다.

두 번째, 매력은 여자의 4대 구성요소의 자연스러운 조화와 균형을 이루고 있기 때문에 심리장애가 전혀 없고 자존감과 자신감이 있는 여자이다. 또한 매력은 왜곡되고 잘못된 습관에 의하여 영향을 받게 되면 매력을 상실하게 된다. 유혹은 여자의 4대 구성요소의 불균형으로 인하여 심리장애가 발생하여 자존감과 자신감에 문제가 있는 여자라고 할 수 있다. 유혹은 오래도록 지속되면 습관에 의하여 영향을 받게 되면서 잘못된 목표와 의도가 결국은 습관으로 작용하면서 심리장애가 발생한다.

세 번째, 매력은 의식화되면 더 이상 매력이 아니고 유혹 또는 자만이 되면서 매력을 상실하고, 유혹은 습관이 되면 특정 대상에게는 매력으로 작용하지만 다른 사람에게는 단점으로 작용한다. 또한 자기 자신에게 심리장애가 발생한다.

네 번째, 매력은 긍정감정과 결합하면 긍정효과가 극대화되고 부정감정과 결합하면 부정효과가 극대화된다. 따라서 매력은 부정감정과 긍정감정을 적절하게 잘 사용해야 한다. 유혹은 긍정감정과 결합하면 상대에게 긍정효과가 극대화되지만 부정감정과 결합되면 자신에게는 심각한 심리문제가 발생하고 상대의 심리를 파괴한다.

매력과 유혹의 활용에 대하여 이야기하기 전에 사실상 매력과 유혹은 정반대의 의미를 갖고 있기 때문에 조화를 이루어야 할 필요는 없다. 매력이 매우 어려운 것이라면 유혹이라는 보조적인 수단이 필요하겠지만 매력이 생각보다는 어렵지 않기 때문에 유혹은 필요가 없다. 문제는 목적을 가진 의도된 의식에서 나쁜 목적, 나쁜 의도, 나쁜 생각 등이 결국 유혹을 만들기 때문에 이를 전혀 인지하지 못하고 있다.

다만 유혹을 매력으로 전환할 수 있도록 하는 방법에 대한 연구를 하면서 매력이 없는 여자의 경우(여자의 4대 구성요소가 불균형을 가진 경우)에는 유혹의 방법으로 매력을 만드는 방법을 알게 되었다. 따라서 매력을 만드는 목적과 의도로 유혹을 활용하는 것을 이야기하고자 한다.

매력은 자신이 여자가 되었을 때 자연스럽게 갖게 되는 것으로서 긍정감정을 갖게 되어 자신감과 자존감이 있다고 볼 수 있다. 또한 자신에게 부정감정을 갖게 되는 단점(콤플렉스)으로 인식되지만 상대는 긍정감정을 갖고 있다면 이는 매력이다. 오히려 자신이 단점(콤플렉스)으로 인식하는 것이 매력을 상실하게 하는 요인이 되기 때문에 이 부분은 세밀하게 관찰해야만 알 수 있다. 만일 상대가 부정감정을 갖고 있다면 이는 매력이 아니기 때문에 자신의 4대 구성요소에 문제가 발생하였다는 것이니 이를 회복하려고 노력해야 한다. 이때 상대가 긍정감정을 갖도록 의도적으로 변화를 위한 노력을 하는 것이 유혹이다. 이때 유혹의 목적은 자신의 4대 구성요소를 자연스럽게 조화를 이루기 위하여 하는 것으로, 결정하고 자신과 상대에게 긍정감정을 갖도록 하는 것이며 변화에 대한 의지를 갖고 반복적인 노력을 함으로써 습관을 만드는 것이다.

자신에게 매력을 유지할 수 있는 습관을 갖도록 하는 것이 중요하다. 이는 4대 구성요소 중 어느 한 부분에 문제를 인식하게 될 때 문제 된 부분을 의식에 의한 의도적인 노력을 지속함으로써 습관을 만들어야 한다. 이때 유혹의 방법을 사용하는 것이 매우 효과적이다. 다만 매력은 의식으로는 인식하지 못하고 습관으로 형성되어 있기 때문에 문제가 발생한 부분(단점 또는 콤플렉스)에 대해서 유혹의 방법을 사용하여 의식에 의한 의도적인 노력을 지속함으로써 긍정감정을 만들고 이를 습관으로 만들어야만 의식으로 인식하지 못하게 된다. 결국 의식과 습관을 활용할 수 있는 능력을 갖게 될 때 매력과 유혹을 활용할 수 있는 능력도 갖게 된다.

또 한 가지 고려해야 할 부분은 상대방이다. 매력은 모든 상대에게 긍정감정을 갖도록 하지만, 유혹은 특정 대상에게만 긍정감정을 갖도록 할 뿐 특정 대상 이외의 모든 사람에게는 단점으로 작용한다는 것을 알아야 한다. 따라서 상대가 누구이냐에 따라서 매력과 유혹의 활용을 조절해야만 한다. 결국 유혹의 목적을 자신의 매력(4대 구성요소의 자연스러운 조화)을 위한 수단으로만 갖는 것이 필요하다.

2
장점과 단점

　인간은 누구나 장점과 단점을 갖고 있지만 장점과 단점은 자신과 상대의 관점에 따라서 다르기 때문에 각 개인의 주관이다. 단점 중에 습관으로 작용하는 것을 콤플렉스라고 한다.
　장점은 좋은 감정 또는 긍정감정을 유발하고 단점은 나쁜 감정 또는 부정감정을 유발하는 것으로서 의식과 습관에 의하여 생각으로 받아들여지고 말과 행동으로 표현된다. 따라서 의식으로 인지된 장점(매력은 아니다)과 단점, 습관에 의하여 발생하는 콤플렉스(의식에 영향을 주는 단점)와 매력(장점) 등에 의하여 단점과 장점을 구분할 수 있다.
　이때 의식으로 인지된 장점을 습관으로 만들게 되면 매력으로 발전하고, 의식으로 인지된 단점은 개선과 변화를 할 수 있도록 의지를 갖고 습관으로 전환할 필요가 있다. 이때 상대의 말과 행동을 의식으로 받아들이는 생각과 상대가 의식으로 받아들이게 되는 자신의 말과 행동 등에 대하여 고려해야 할 부분이 많다.
　장점과 단점은 자신의 관점과 상대의 관점에 따라서 다르게 인식되기 때문에 자신에게 장점이라고 해서 상대에게도 장점이 된다고 확신하지 말아야 하고, 자신에게 단점이라고 해서 상대에게도 단점이 된다고 확신하지 말아야 한다. 또한 상대가 누구냐에 따라서도 장점과 단점은 달라질 수 있다는 것을 알아야 한다. 이와 같이 장단점은 자기 기준이냐 상대의 기준이냐에 따라서 달라진다.

따라서 자신에게 장점이라고 해도 다른 사람에게는 장점이 아닐 수 있고, 단점이라고 해도 다른 사람에게는 단점이 아닐 수 있기 때문에 장점과 단점으로 자신 또는 상대를 평가하는 것은 매우 잘못된 것이다. 상대를 평가한다는 자체도 문제가 있지만 장단점으로 평가하는 것은 매우 왜곡된 자기의 주관이고 자기 생각일 뿐이기 때문에 인간관계에서는 이를 조심해야 한다.

단점에 의하여 부정감정이 유발되는 것을 방지하기 위해서는 변화를 해야 하는데 이때 변화하고자 하는 의지가 중요하다. 즉 변화를 할 때 발생하는 부정감정을 참고 견디면서 개선과 변화에 대한 의지를 갖고 지속적인 노력하는 것이 필요하다. 습관을 만드는 원리와 동일하기 때문에 변화의 노력은 부정감정이 발생하기 때문에 의식에 의하여 반복적인 노력을 해야 한다.

노력을 할 때는 변화해야 한다는 강박, 집중, 분석, 부정감정의 확대 등과 같은 의식화를 하지 않는 것이 필요하다. 이 의식화는 습관을 만들 수 없도록 하는 요인이기 때문이다. 따라서 의식화보다는 직접적인 경험과 반복적인 노력을 하는 것이 제일 빠르고 좋은 방법이다.

자기기준의 장단점

장점과 단점은 자기기준 또는 상대기준에 따라서 다르게 인식될 수 있기 때문에 자기기준이 정확하다고 확신하지 말아야 한다. 자기기준은 자기의 주관적인 생각일 뿐이다. 따라서 자기기준과 상대기준의 장단점에 대하여 살펴보도록 하겠다.

자기기준의 장점과 단점은 자신의 의식(생각)이 긍정감정을 갖게 되면 장점으로 인식하고 부정감정을 갖게 되면 단점으로 인식한다. 이때 고려해야 하는 것은 의식이 긍정감정(부정감정)을 기억하느냐에 따라서 생각도 달라진다. 즉 의식이 긍정감정을 기억하고 있는 상황에서 의식인 생각이 긍정감정을 갖게 되면 장점으로 인식되지만 부정감정을 기억하고 있는 상황에서는 어떠한 생각(좋은 것이든 나쁜 것이든)을 하더라도 부정감정을 유발하면서 무조건 단점으로 인식된다.

따라서 여자는 상처가 치유되지 않은 채 부정감정을 기억하는 경우가 많기 때문에 상처치유가 되지 않은 경우에는 어떠한 생각도 부정감정을 유발하게 되고 어떠한 장점이라도 모두 단점으로 인식되는 문제가 발생한다. 따라서 의식에서 어떤 감정기억을 하고 있느냐는 것도 중요하다.

또한 상대의 말과 행동을 받아들일 때 습관에 의하여 의식인 생각으로 받아들여지게 되는데 이때 습관에 의하여 긍정감정이 의식으로 전달되면 장점으로 생각되고, 부정감정이 전달되면 단점으로 인식된다. 이는 습관에 의한 심리작용의 결과에 따라서도 장점과 단점이 다르게 인식될 수 있다는 것을 말한다.

따라서 자신의 습관에서 보면 자신도 모르게 생각(심리작용의 결과로 받아들여진다.)하고 말과 행동(외부표현)을 할 때 자기 긍정감정이 만들어지면 이는 장점 또는 매력으로 작용하고, 자기 부정감정이 만들어지면 단점 또는 콤플렉스로 작용한다.

이와 같이 자기기준의 장점과 단점, 상대 기준의 장점과 단점 등이 많이 다를 수 있다. 이는 각 개인의 의식의 감정기억, 습관, 남자와 여자의 마음, 심리작용의 결과로 발생하는 감정 등 다양한 변수에 의하여 장점과 단점은 매우 다르게 적용된다.

결국 자기기준의 장단점이라고 하는 것은 자기의식의 감정기억, 자기 습관, 자기 마음, 상대와의 심리작용의 결과로 발생하는 자기감정 등 자신의 감정에 의하여 결정되는 것일 뿐이고 상대와는 관계가 없다는 것을 알 수 있다.

상대기준의 장단점

상대기준의 장점과 단점을 분석할 때는 자신과 상대의 심리작용에 의하여 발생하는 감정으로 인하여 장단점이 다르게 적용되기 때문에 반드시 심리작용에 대한 이해가 필수이다.

심리작용을 할 때 자신의 의식(5%), 습관(5%), 마음(90%)에 의한 말과 행동을 상대는 의식으로 100% 받아들인다. 그래서 자신의 생각과 상대의 생각이 전혀 다르게 작용하는 원인이 되기 때문에 이를 '심리작용오류'라고 하는 것이다. 이 심리작용의 오류로 인하여 상대가 받아들이는 장점과 단점이 다른데 이는 심리작용의 결과로 발생하는 감정 때문이다. 결국 상대가 인식하는 장단점은 심리작용의 결과에 의하여 결정되는 것이며 자기기준의 장점과 단점, 매력과 콤플렉스는 중요하지 않다는 뜻이다.

심리작용(자신과 상대가 서로 주고받는 말과 행동, 생각의 과정)의 결과가 상대에게 긍정감정이 발생하면 상대에게는 장점으로 인식되고, 부정감정이 발생하면 상대에게는 단점으로 인식된다. 이때 자기기준의 콤플렉스가 상대에게 부정감정을 발생하는 것이며, 상대에게는 단점으로 인식될 뿐이며 상대는 콤플렉스로 인식하지 않는다.

심리작용의 결과를 비교해 볼 때, 자기감정을 기준으로 자기감정이 긍정감정 또는 부정감정이냐에 따라서 자기기준의 장점과 단점으로 인식되고, 상대감정을 기준으로 상대감정에 따라서 상대기준의 장점과 단점으로 인식된다.

이외에 상대기준의 장점과 단점을 고려를 할 때는 첫 번째, 상대의 의식의 감정기억이 부정감정을 기억하고 있다면 긍정감정 또는 부정감정의 어떠한 감정이라도 부정감정으로 인식하게 되니 상대의 의식이 부정감정을 기억하고 있다면 이미 어떤 것이라도 단점으로 인식하게 된다.

두 번째, 상대의 습관이 부정감정을 유발하고 있다면 이 또한 어떤 감정유입이 되더라도 부정감정으로 인식되기 때문에 모든 것이 단점으로 인식된다.

세 번째, 남자의 마음이 여자의 마음과 전혀 다르기 때문에 여자의 마음에 맞는 긍정감정이라면 남자의 마음에는 맞지 않도록 작용되어 부정감정이 유발되어 상대는 단점으로 인식된다.

결국 상대기준의 장점과 단점이라고 하는 것은 상대의식의 감정기억, 상대의 습관, 상대의 마음, 자신과 상대의 심리작용의 결과로 발생하는 상대감정 등 상대의 감정에 의하여 결정되는 것일 뿐이고 자신과는 관계가 없다는 것을 알 수 있다.

3
심리의 긍정감정

　남자 또는 여자에게 긍정감정을 만들어서 자존감과 자신감을 상승하는 방법으로서 남자와 여자의 구별 없이 인간이면 누구에게나 적용할 수 있다. 먼저 자신이 긍정감정을 갖고자 할 때는 자신의 장점 또는 매력(자신은 인식하지 못하고 다른 사람들이 인식하는 장점)을 다른 사람들과 비교하면서 상대의 반응을 분석하면 심리적 우위를 갖는 현상에 의하여 긍정감정이 발생한다. 즉 자신에게 무조건 긍정감정을 만든다. 이렇게 긍정감정이 발생하면 자존감과 자신감이 상승하면서 우울감 또는 불안감을 제거하는 효과를 갖는다.

　이 원리는 자기중심의 심리작용을 하면 자신에게는 긍정감정이 발생하면서 장점이 되고, 상대에게는 부정감정이 발생하면서 단점이 된다. 자기중심적인 생각, 자기과시, 독단적인 심리, 자기감정 우선의 현상이 발생하는 것과 동일하다. 이는 상대의 인식(의식, 생각)과는 상관이 없으며, 상대의 반응을 참고하게 되는 심리작용이며 그 결과로 긍정감정이 발생하는 것이다.

　두 번째는 특정 상대(배우자 또는 자식, 기타 인물)에 대한 긍정감정을 만드는 방법이다. 특정 상대의 장점 또는 매력(특정 상대는 인식하지 못하지만 모든 사람들이 인식하는 특정 상대의 장점)을 다른 사람들과 비교하면서 특정 상대의 반응을 분석하면, 특정 상대에 대한 긍정감정이 발생한다. 이렇게 특정 상대에 대한 긍정감정이 발생하면 특정 상대와의 관계에서 부정감정 또는 상처가 치료되면서 자존감과 자신감이 상승하고 우울감과 불안감을 제거하는 효과를 갖는다.

이와 같이 자신의 장점 또는 매력을 상대 또는 다른 사람들과 비교하면 자신에게 무조건 긍정감정이 발생하고, 특정 상대의 장점 또는 매력을 다른 사람들과 비교하면 특정 상대에 대하여 무조건 긍정감정이 발생한다. 그래서 인간은 긍정적으로 생각하도록 이야기하는 것이다. 자신뿐만 아니라 상대에 대해서도 긍정적인 생각을 하면 자신에게 긍정감정이 발생하고, 상대에 대해서도 긍정감정이 발생하기 때문이다.

인간의 마음은 자아본능(행복본능)이기 때문에 긍정감정의 발생과 작용을 원하고 있고 부정감정을 없애려는 마음이 지속적으로 작용한다. 이로 인하여 인간관계의 희로애락(喜怒哀樂), 행복과 불행, 상처와 사랑 등이 발생하게 되고 이 모든 것은 결국 긍정감정과 부정감정이 작용하기 때문이라는 것을 알아야 한다. 이때 긍정감정은 인간관계에서 사랑과 행복을 만들고 부정감정은 상처와 불행을 만든다.

여자가 자존감과 자신감이 떨어지거나 사라지게 되면 상대에 대한 의존성과 방어기제가 강화되어 부정감정을 유발하고, 심리장애가 발생하면서 우울증, 불안감과 함께 상처와 불행을 인식하면서 심리적 어려움을 겪게 된다. 따라서 여자의 우울증과 불안증 등 심리장애를 치료하기 위하여 제일 우선으로 여자의 자존감과 자신감을 회복하는 것이다. 결국 자존감과 자신감을 회복하고 상승하도록 하는 것은 여자의 심리장애를 치료하는 기본이라 할 수 있다.

자기 기준의 긍정감정은 자기기준의 장점과 자신도 인식하지 못하는 매력을 인식하면 발생하고 이를 모두 인식할 수 있는 것은 상대의 긍정적인 반응이다. 이 긍정감정의 반응은 상대와의 비교분석을 통하여 다른 여자와의 경쟁우위와 함께 긍정감정을 더욱 증폭하게 되는데 이때 자존감과 자신감이 상승한다. 즉 자존감과 자신감은 의식에 의하여 인지되는 긍정감정이다.

다만 상대와의 심리작용을 할 때 자기중심으로 치우쳐진 심리작용은 자신에게는 장점으로 인식되어 긍정감정이 발생하지만 상대에게는 단점으로 인식되어 부정감정이 만들어진다. 이는 자기 과시, 자기 독단, 자기 감정우선 등으로 인하여 심리작용이 의미가 없어지고 인간관계가 파괴되면서 이해와 배려, 사랑을 할 수 없게 되고 상대의 긍정감정과는 상관없게 된다. 다만 상대의 반응을 참고만 할 뿐이고 자신만을 위한 심리작용의 결과를 갖는다.

따라서 자기 자신만의 긍정감정을 갖는 것은 오히려 자만심으로 작용하기 때문에 자존감과 자신감도 너무 높지 않도록, 긍정감정이 너무 많지도 적지도 않도록 자기심리를 조절할 수 있어야 한다.

결국 긍정감정은 자신의 의식과 습관에 의하여 발생하는 것, 다른 사람들과의 비교우위에서 인식되는 것, 상대가 긍정감정의 반응에 의하여 발생하는 것 등 3가지로 구분할 수 있다. 이 3가지의 긍정감정은 자신의 자존감과 자신감을 상승시키는 효과를 갖게 된다.

따라서 자기 자신이 긍정감정을 발생할 수 있도록 하는 것, 자신의 매력(장점)을 다른 상대들과 비교했을 때 우위에 있다고 느끼도록 만드는 것, 상대가 긍정감정을 가질 수 있도록 하는 것 등의 방법을 만들게 되면 긍정감정은 어렵지 않게 형성된다.

4
심리의 부정감정

　많은 사람이 자기중심으로 살면서 상대를 탓하면서 부정감정을 갖게 되거나, 자존감과 자신감을 없애면서 의존성이 강화되는 원인인 부정감정을 갖게 되는 경우에 심리의 부정감정을 유발하는 심리작용을 한다. 이 심리작용은 남자와 여자의 구별 없이 인간이면 누구에게나 적용된다.

　먼저 자신에게 부정감정이 발생하는 때는 자신의 단점 또는 콤플렉스(자신은 인식하지 못하고 다른 사람들이 인식하는 단점)를 다른 사람들과 비교하면서 상대의 반응을 분석하면 심리적 열등감을 갖는 현상에 의하여 부정감정이 발생한다. 즉 자신에게 무조건 부정감정을 만든다. 이렇게 부정감정이 발생하면 자존감과 자신감이 하락하면서 우울감이나 불안감을 갖는다.

　이 원리는 상대중심의 심리작용을 하면 자신에게는 부정감정이 발생하면서 단점이 되고, 상대에게는 긍정감정이 발생하여 장점이 되면서 상대중심적인 생각, 의존성 강화, 심리억압과 강박, 상대감정 우선의 현상이 발생하는 것과 동일하다. 이는 상대의 인식(의식, 생각)과는 상관이 없으며, 상대의 반응을 참고하게 되는 심리작용이며 그 결과로 부정감정이 발생하는 것이다.

두 번째는 특정 상대(배우자 또는 자식, 기타 인물)에 대한 부정감정이 발생하는 것이다. 특정 상대의 단점 또는 콤플렉스(특정 상대는 인식하지 못하지만 모든 사람들이 인식하는 특정 상대의 단점)를 다른 사람들과 비교하면서 특정 상대의 반응을 분석하면, 특정 상대에 대한 부정감정이 발생한다. 이렇게 특정 상대에 대한 부정감정이 발생하면 특정 상대와의 관계에서 부정감정을 갖게 되면서 자존감과 자신감이 하락하면서 우울감 또는 불안감을 갖는다.

이와 같이 자신의 단점 또는 콤플렉스를 상대 또는 다른 사람들과 비교하면 자신에게 무조건 부정감정이 발생하고, 특정 상대의 단점 또는 콤플렉스를 다른 사람들과 비교하면 특정 상대에 대하여 무조건 부정감정이 발생한다. 그래서 인간은 부정적으로 생각하면 할수록 부정감정이 계속 발생하는 것이다. 자신뿐만 아니라 상대에 대해서도 부정적인 생각을 하면 자신에게 부정감정이 발생하고, 상대에 대해서도 부정감정이 발생한다.

인간의 마음은 자아본능(행복본능)이기 때문에 긍정감정의 발생과 작용을 원하고 있고 부정감정을 없애려는 마음이 지속적으로 작용한다. 이로 인하여 인간관계의 희로애락(喜怒哀樂), 행복과 불행, 상처와 사랑 등이 발생하게 되고 이 모든 것은 결국 긍정감정과 부정감정이 작용하기 때문이라는 것을 알아야 한다. 이때 부정감정은 인간관계에서 상처와 불행을 만드는 원인이다.

여자가 자존감과 자신감이 떨어지거나 사라지게 되면 상대에 대한 의존성과 방어기제가 강화되어 부정감정을 유발하게 되면서 심리장애가 발생하여 우울증, 불안감과 함께 상처와 불행을 인식하면서 심리적 어려움을 겪게 된다.

따라서 여자의 우울증과 불안증 등의 심리장애를 치료하기 위하여 제일 우선으로 여자의 자존감과 자신감을 회복하는 것이다. 결국 자존감과 자신감을 회복하고 상승하도록 하는 것은 여자의 심리장애를 치료하는 기본이라 할 수 있다.

자기 기준의 부정감정은 자기 기준의 단점과 자신도 인식하지 못하는 콤플렉스를 인식하면 발생하고 이를 모두 인식할 수 있는 것은 상대의 부정감정의 반응이다. 이 부정감정의 반응은 다른 여자들과의 비교분석을 통하여 다른 여자와의 경쟁우위에서 떨어지게 되면 부정감정을 더욱 증폭하게 되는데 이때 자존감과 자신감이 하락한다.

즉 자존감과 자신감의 하락은 의식에 의하여 인지되는 부정감정이다. 다만 상대와의 심리작용을 할 때 상대중심으로 치우쳐진 심리작용은 자신에게는 단점으로 인식되어 부정감정이 발생하지만 상대에게는 장점으로 인식되어 긍정감정이 만들어진다. 이는 자기비하, 자책과 자괴감, 상대 감정 우선 등으로 인하여 심리작용이 의미가 없어지고 인간관계에 문제가 발생하면서 이해와 배려가 아닌 희생만 하는 등 자신의 긍정감정과는 상관없게 된다. 이때 상대의 반응에 직접적인 영향을 받는 심리작용의 결과를 갖는다. 따라서 상대만의 긍정감정을 갖는 것은 오히려 자괴감, 자책감, 열등감으로 작용하기 때문에 자존감과 자신감도 너무 낮지 않도록, 부정감정이 너무 많지도 적지도 않도록 자기심리를 조절할 수 있어야 한다.

결국 부정감정은 자신의 마음에 의하여 발생하는 것, 다른 상대들과의 비교우위에서 인식되는 것, 상대가 부정감정의 반응에 의하여 발생하는 것 등 3가지로 구분할 수 있다. 이 3가지의 부정감정은 자신의 자존감과 자신감을 하락시키는 효과를 갖게 된다.

따라서 자기 자신이 부정감정을 발생하는 것을 분석해야 하고, 자신의 콤플렉스(단점)를 다른 사람들과 비교했을 때의 열등감을 분석해야 하며, 상대가 부정감정을 갖는 원인을 분석하는 것 등을 정확히 아는 것이 우선이다. 이 분석된 정보를 바탕으로 긍정감정을 가질 수 있도록 무엇을 어떻게 변화할 것인지를 결정하고 변화에 대한 의지를 갖고 지속적으로 노력해야 한다.

5
핑크렌즈효과

　사랑하는 남녀관계에서 눈에 콩깍지가 썬 듯 상대방의 단점이 장점으로 보이는 것을 '핑크렌즈효과'라 한다. 핑크빛은 분위기 있는 색상으로 흔히 핑크빛 렌즈를 끼고 상대를 바라보는 까닭에 사랑에 빠지면 모든 것이 아름답게 보이기 시작한다. 사람의 뇌 속에 있는 미상핵(尾狀核)은 사랑에 민감한 도파민(dopamine)이라는 호르몬의 분비를 촉진시켜 사람을 즐겁게 만들기도 하고 양볼에 홍조를 띠게 하기 때문에 사랑을 하면 예뻐진다는 말이 생겨난 것이다.

　이때 남자는 마음의 열정에 의하여 만들어지고 습관을 통하여 심리작용의 욕구와 헌신의 욕구가 표출되고 이를 충족하게 되면 마음은 열정, 성욕(Libido), 성취욕 등이 발생하면서 행복의 희망과 기대감을 만들게 된다. 그러나 이 핑크렌즈효과는 약 6개월 ~ 3년 이내에 다시 의식이 작용하여 장단점이 인식되기 시작한다.

　따라서 사랑에 대한 긍정감정은 1년 뒤 50% 가까이 떨어지면서 점차 소멸해 가는데 약 900일 후에는 그 긍정감정이 완전히 사라지게 된다는 연구도 있다. 결국 사랑의 긍정감정은 900일간의 폭풍(暴風)과도 같다. 이것이 바로 핑크렌즈효과이다.

　이는 정상심리에서는 핑크렌즈효과가 작용되지만, 의식과 습관에 문제가 발생하여 심리장애가 발생하면 핑크렌즈효과가 지속된다. 이는 과유불급(過猶不及)처럼 자신과 상대 모두에게 심리장애와 신체문제를 유발하게 되어 몸과 마음이 모두 파괴되는 현상이 발생한다.

핑크렌즈효과는 상대의 장점(매력)만 보이기 때문에 상대의 단점도 장점으로 왜곡되어 인식되는 현상이라 할 수 있다. 이는 상대의 장점과 단점이 모두 매력으로 인식되면서 긍정감정이 만들어지고 열정이 극대화되면서 긍정감정이 극대화된다. 이를 100% 의식인 생각으로 받아들이게 된다.

핑크렌즈효과는 일시적인 현상으로서 시간이 경과할수록 점점 익숙하고 편안해지면서 상대의 단점이 하나씩 인식되기 시작하고, 사소한 문제에 대하여 감정대립과 스트레스(또는 상처)가 발생하면서 부정감정이 만들어지게 된다. 이때가 핑크렌즈효과가 사라지기 시작한다. 이 부정감정이 발생하기 시작하면 열정이 줄어들기 시작하는데 열정이 소멸되기까지는 6개월 ~ 3년의 시간이 소요된다고 한다. 그래서 핑크렌즈효과는 3년 이내에 사라지게 된다.

핑크렌즈효과를 갖게 되면 이 세상이 자신과 상대를 중심으로 형성되어 있다는 착각현상이 발생하기 때문에 주변 사람들의 이야기와 조언은 모두 거부되어 받아들여지지 않게 되고 오롯이 자신의 생각(이성의 착각된 의식)과 상대의 말과 행동에 의해서만 심리작용을 하게 되고 무조건 긍정감정이 발생하도록 만든다.

그래서 심리작용조차 의미가 없도록 만들기 때문에 과도한 긍정감정이 형성되어 인간관계가 오롯이 자신과 상대의 남녀관계, 애정관계만 존재하는 왜곡된 삶이 형성된다. 따라서 남자는 열정이 왜곡되면 심리장애가 발생하고, 여자는 사랑이 왜곡(착각)되면 심리장애가 발생한다. 이때 마치 자신들이 '핑크렌즈효과'인 것처럼 착각하는 현상이 생긴다.

6
심리대칭이론

　인간심리는 일방적인 것이 하나도 없다. 모든 것이 '음양의 이치'이고 '자석의 원리'이며 이를 정확히 인식하는 것만으로도 사실상 인간심리의 원리를 대부분 알고 있는 것이라 해도 과언이 아닐 것이다.

　인간은 의식과 무의식 그리고 마음으로 구성되어 있는데, 의식과 습관의 이면에는 마음이 작용하고, 마음의 보이는 모습에는 의식이 있는데 이는 한쪽이 나타나면 다른 한쪽은 잠재되어 함께 작용한다. 그래서 보이는 의식과 습관보다는 보이지 않는 마음을 정확히 알아야만 의식과 습관이 마음과 어떻게 연계되어 작용되는지 알 수 있게 된다. 이를 위해서는 마음과 심리가 작용하는 원리를 정확히 알아야만 한다.

　문제는 습관인데 습관은 의식의 통로이면서 마음의 통로이기 때문에 양면이 존재하고 있다. 따라서 습관은 하나만 형성되는 것이 아니라 보이는 것과 보이지 않는 것이 동시에 존재한다.

　인간의 습관은 긍정감정과 부정감정의 양면을 갖고 있어서 감정에 따라서 전혀 다른 성격으로 나타나게 되지만 결국은 같은 습관에 의하여 발생하는 것임을 알아야 한다. 즉 성격은 습관의 이중성(긍정감정으로 나타나는 습관, 부정감정으로 나타나는 습관)으로 나타나는 것이다. 이것이 바로 자석의 원리이고 심리대칭이론의 원리이다.

　이를 적용하면 여자가 의식으로 상처의 부정감정을 기억하고 있는 상처의 깊이만큼 마음은 이를 치료하고 행복하고자 하는 행복본능이 동일하게 존재하고 있다. 이를 볼 수 있으면 상처치료, 분노치료, 감정장애의 치료, 표현장애의 치료, 인식장애의 치료 등을 쉽고 빠르게 할 수 있다. 즉 의식 또는 보이는 문제에 대하여 이를 해결하고자 하는 마음이 존재하고 있기 때문에 이 마음을 활용하여 습관으로 만들 수 있다. 자기 자신의 마음으로 의식과 습관의 문제인 심리장애를 치료할 수 있는 것과 같은 원리이다. 이것이 마음교육의 원리이기도 하다. 마음교육만으로도 심리치료를 할 수 있는 것이다.

　단점과 장점은 똑같은 것에 대하여 관점의 주체가 갖는 감정에 따라서 정반대로 나타나게 된다. 이때 감정을 제외하면 현상은 똑같은 것이다. 또한 부정감정과 긍정감정도 상황, 환경, 관점, 기억, 심리작용 등의 다양한 적용에 따라서 정반대로 나타나게 된다. 이때도 감정을 제외하면 모든 것은 동일하다.

　가해심리와 피해심리가 동일한 원인도 바로 이 원리 때문이다. 피해심리를 갖게 되면 그 크기만큼이나 가해심리도 갖게 된다. 따라서 피해를 입은 사람은 가해를 할 수 있게 되는 것이고, 가해를 하는 사람은 이미 이전에 피해를 입은 경험이 있다는 뜻이기도 하다. 이와 같이 이중적인 심리가 동시에 존재하는 것을 알게 되면 심리분석 및 심리조절의 능력을 쉽게 만들 수 있고 행복습관을 만드는 것은 어렵지 않다.

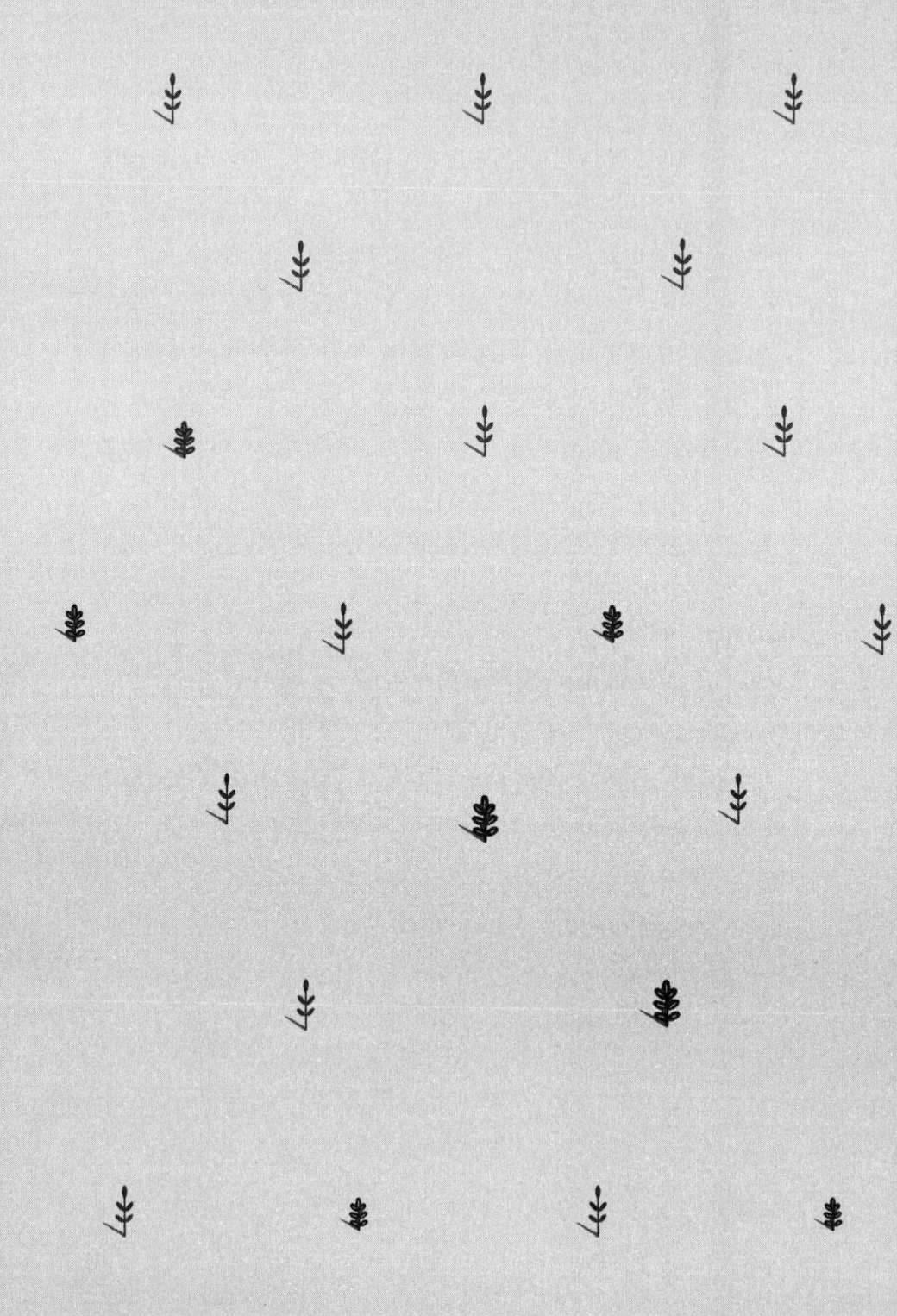

VII

성심리

1
성심리의 개념

섹스는 의식과 습관에 의한 말과 행동과 생각이고, 성심리는 마음의 작용이다. 그래서 성심리는 마음의 행복을 추구하는 심리의 기준이지만, 섹스는 의식과 습관에 의한 행위이고 수단이다.

인간은 남자와 여자로 구성되어 있기 때문에 인간관계에서 남자와 여자의 관계는 필수 요소이다. 그래서 남녀관계에서 섹스(Sex)는 중요한 역할을 한다. 섹스(Sex)는 '남자와 여자가 육체관계를 맺는 것'을 의미하기 때문에 성교(性交)와 동일한 의미로 사용하고 있으며 다양한 용어로 표현되기도 한다. 섹스는 생존욕구, 번식욕구와 더불어서 즐거움과 쾌락, 상처와 스트레스, 애정관계와 행복의 기본이기도 하다. 따라서 섹스에 대한 생각, 욕구, 말과 행동은 인간관계에서 불가분(不可分)의 관계로 지속되었다. 그만큼 섹스를 알면 인간관계의 원리를 모두 알 수 있을 만큼 복잡하고 어려운 것이 섹스라고 할 수 있으며, 섹스는 심리와 생각, 말과 행동이 모두 포함되어 있기 때문에 인간심리의 전부라고 해도 과언이 아니다.

인간관계에서 중요한 섹스가 말과 행동의 행위에 초점이 맞추어진 것은 섹스의 흥분, 즐거움, 쾌락이 개인의 행복과 직접적으로 연결되어 있기 때문이다. 개인의 행복을 위한 섹스를 추구할 때, 보고 듣고 느껴지는 섹스의 말과 행동이 핵심으로 인식된다. 그러나 섹스는 말과 행동의 행위가 중요한 것이 아니라 의식, 습관, 마음의 심리작용이 중요하다. 이 심리작용을 알지 못한 채 섹스의 행위에 초점을 갖게 되면, 섹스는 즐거움과 쾌락을 위한 수단과 도구에 불과한 것으로 전락하고, 인간관계에 중대한 오류가 발생하며, 심리문제와 심리장애의 원인이 되기도 한다.

따라서 섹스의 행위에 초점을 갖게 되면, 심리에서 부작용을 유발하기 때문에 성교육과 섹스기법은 인간의 마음의 행복을 추구하기 위한 심리의 기준에 맞도록 해야만 한다. 아무리 좋은 성교육과 섹스기법이라 할지라도 마음이 배제되는 경우에는 심리문제와 심리장애가 발생하고, 인간관계와 사회가 병들게 된다. 즉, 성심리를 모른 채 의식과 습관에 의한 섹스의 행위를 중심으로 개인의 행복을 추구하게 되면, 동물과 다를 바 없는 말초신경의 자극과 흥분만을 추구하게 됨으로써 결국은 개인의 행복은 불가능하고 불행한 결과를 초래하게 된다. 이는 개인, 가족, 사회가 병들어 가는 원인이 되고 외도와 불륜, 이혼, 성범죄, 자살, 유흥과 환락, 쾌락문화의 극단적인 폐해가 급속하게 늘어나게 되면서 개인의 심리문제와 심리장애, 가족의 해체, 사회구성의 파괴로 확대되고 인간관계에 문제가 발생한다. 이 모든 것이 결국은 성심리를 모른 채 섹스의 행위에 중심을 갖게 되면서 발생하는 것이다.

섹스는 마음인 성심리와 섹스의 행위로 구분할 수 있으며, 성심리와 섹스의 행위는 분리되어 작용하기도 하고, 동시에 작용하기도 한다. 통상적으로 섹스는 섹스의 행위를 지칭하는 용어로 사용하기 때문에 섹스에 대한 성심리에 대해서는 별도의 용어가 없다. 따라서 성마음(xesmind)에 의한 성심리(xes Psychology)라는 용어를 사용하였다.

인간심리에서 섹스와 성심리가 어떻게 연관이 되는지 살펴보면, 섹스는 의식과 습관의 작용이고, 성심리는 마음의 작용이다. 섹스의 기억과 생각은 의식에 의하여 통제되고, 섹스의 행위는 습관에 의한 말과 행동으로 통제되며, 섹스의 부정감정과 긍정감정은 마음인 성심리에 의하여 통제된다.

성심리는 마음에서 작용하기 때문에 남자와 여자의 마음에 따라서 남자와 여자의 성심리도 다르게 작용한다. 남자의 마음은 미래의 행복을 추구하는 기준을 갖고 있기 때문에 성심리도 미래의 행복을 추구하는 기준이며, 여자의 마음은 현재의 행복을 추구하는 기준을 갖고 있기 때문에 성심리도 현재의 행복을 추구하는 기준이다. 따라서 남자와 여자의 성심리는 다르게 작용하여 남자와 여자의 의식과 습관에 의한 섹스도 다르게 작용한다.

성심리가 작용하지 않는 남녀관계는 부모와 자식의 관계, 남편과 아내의 관계에서 대부분 발생하고, 이외의 남녀관계에서는 성심리가 대부분 작용한다. 남편과 아내의 관계에서 성심리가 작용하지 않는 것은 남편이라는 남자와 아내라는 여자의 관계에서 성심리가 작용하는 것과 분리한 것이며, 남편과 아내로만 인식하게 될 경우에는 성심리가 작용하지 않는다는 뜻이다.

섹스의 감정

의식은 신체의 감각기관을 통하여 섹스에 대한 정보가 유입되면, 생각을 통하여 섹스의 정보에 대한 과거의 기억과 비교하여 감정을 기억하고, 이 감정과 정보를 결합하여 섹스의 정보를 통해 섹스의 감정을 만든다. 이렇게 만들어진 정보와 감정은 마음의 행복을 추구하는 심리의 기준에 맞는지 마음이 통제하여 행복의 기준에 따라서 습관을 통하여 외부로 표현할 때는 말과 행동(성행동, 섹스의 행위)으로 나타나고, 의식의 생각으로 표현하여 의식이 섹스에 대한 정보와 감정을 재정리하도록 한다. 이 과정에서 마음인 성심리가 작용한다. 즉 의식에 의하여 발생한 섹스의 감정에 대하여 성심리가 작용하고, 습관을 통하여 표현한다. 이때 나타나는 생각, 말과 행동의 행위는 모두 습관에 의한 것이다.

따라서 성심리는 의식과 습관으로는 인식하지 못하고 의식과 습관을 통제한다. 섹스는 의식의 생각, 습관의 말과 행동으로 나타나고 마음인 성심리가 작용한다. 따라서 성심리는 상대가 이성으로 인식될 때, 섹스의 정보와 감정에 의하여 마음에서 작용한다.

인간관계에서 마음인 성심리가 작용하지 않으면, 남자와 여자를 구별하여 인식하지 않기 때문에 섹스의 감정이 발생하지 않지만, 성심리가 작용하면 남자와 여자의 인식에 차이가 발생하게 된다. 남자와 남자의 관계 또는 여자와 여자의 관계인 동성관계에서는 상호 배척, 경쟁, 질투의 부정감정이 발생하고, 남자와 여자의 관계에서 남자는 열정이 발생하고, 여자는 긍정감정 또는 사랑의 감정이 생기는 원천이기 때문에 상호 끌리는 긍정감정이 발생한다. 이는 마음이 행복을 추구하는 심리의 기준을 갖고 있는데, 성심리가 작용하게 되면, 동성은 행복을 추구하는 심리의 기준에 방해되는 대상으로 인식하고, 이성은 필요한 대상으로 인식하기 때문이다.

동성애는 마음의 성심리가 다른 것이 아니라, 습관과 의식의 문제로 발생하는 심리문제 또는 심리장애로 분류해야 한다. 동성애는 남자와 남자, 여자와 여자의 동성 간에 끌리고 남자와 여자의 이성 간에는 배척하는 현상이 발생하는 것이다. 이는 성심리의 문제가 발생하는 것이 아니라, 의식 또는 습관에 문제가 발생하여 의식과 습관에 왜곡이 발생한 것으로 일종의 심리문제와 심리장애라고 볼 수 있다. 이때 의식에 문제가 있게 되면 표현장애가 발생하여 동성애자로서 살게 되지만, 습관에 문제가 있게 되면 이상심리가 발생하여 일시적인 감정의 문제이기 때문에 동성애는 제한적이고 일시적인 현상이라고 볼 수 있다.

또한 트랜스젠더의 경우도 마찬가지로 해석해야 한다. 남자가 여자로 성전환을 한 MTF(Male Transfer Female)와 여자가 남자로 성전환을 한 FTM(Female Transfer Male)의 경우 모두 마음의 작용인 성심리는 변화가 없지만, 의식과 습관의 문제가 있는 후천적으로 발생한 경우와 신체와 마음이 다르게 선천적으로 발생하는 경우로 분리할 수 있다. 이때 의식과 습관의 문제가 있어 후천적으로 발생하는 경우에는 심리문제와 심리장애로 발생하는 것이라 볼 수 있다.

이와 같이 동성애자와 트랜스젠더에 대하여 마음의 성심리를 기준으로 간단하게 정리했는데, 이로 인하여 동성애자 또는 트랜스젠더의 입장에서는 비난과 반발을 할 수 있다. 그러나 세부적인 마음의 성심리와 의식과 습관을 알게 되면, 실제로는 동성애자와 트랜스젠더의 합리적 이론으로 사용할 수 있고, 동성애자와 트랜스젠더에 대한 편견을 없애고, 사회의 한 구성원으로서 당당하게 살아갈 수 있는 중요한 이론이므로 이 책에서 간단하게 언급한 내용에 대하여 비난과 논쟁을 하지 않기를 바란다.

2
여자의 성심리

여자의 성심리를 살펴볼 때는 긍정감정과 사랑의 감정을 반드시 알아야 한다. 이는 만남과 헤어지는 과정을 살펴보면 극명하게 알 수 있기 때문에 여자에게 긍정감정과 사랑의 감정이 발생하고 소멸되는 것을 알아야만 성심리를 이해할 수 있다.

여자는 상대 남자를 만나서 연애를 하는 과정을 분석해 보자. 여자는 남자에게 긍정감정이 지속되어야 사랑의 감정을 갖게 된다. 그 과정을 살펴보면 남자는 여자로 인식하면 성충동에 의한 열정이 발생하면서 심리작용의 욕구(말과 행동을 하고 싶은 심리)와 헌신의 욕구(희생과 헌신, 이해와 배려, 무엇이든 해 주고 싶은 심리)가 형성되면서 이를 충족하고자 노력한다.

그러면 여자는 남자가 자신에게 관심을 갖고 잘 해 준다는 생각을 하면서 긍정감정이 발생한다. 남자는 여자가 긍정감정을 갖는 것을 인식하면서 열정, 성욕, 성취욕 등이 강화되면서 열정의 과정을 지속적으로 노력하게 되면서 여자는 긍정감정이 지속되어 사랑의 감정을 갖게 된다.

이렇게 여자가 사랑의 감정을 갖게 되면 여자의 행복을 갖게 되면서 긍정감정을 유지하고 남자의 사랑을 확인하고 싶은 욕구를 갖게 되는데 이때 여자의 성심리가 작용하게 된다.

이 성심리가 작용하면 남자가 좋아하는 것, 남자와 함께하는 재미와 즐거움, 남자가 즐거워하는 것 등을 해 주고 싶은 욕구(헌신욕구)가 형성되어 남자와 성관계(성행동, Sex)를 하고 행복하게 된다. 이 과정이 반복되면 남녀관계에서 연애관계로 발전하게 된다.

여자의 행복과 성심리는 매우 밀접한 관계를 갖고 있으며, 성심리는 성(Sex)과 완전히 구분된다. 행복과 성심리는 마음에 의하여 발생하고 습관을 통하여 의식이 인식하는 것이며, 성(Sex)은 의식에 의하여 발생하고 습관을 통하여 표현된다.

따라서 여자는 행복감정에서 애정관계가 형성되어 사랑의 감정을 갖게 되면 성심리가 작용하게 되어 성(Sex)의 만족과 즐거움에 대하여 사랑하는 상대와 함께하려는 의식이 만들어지게 되면서 성(Sex)의 만족과 즐거움이 중요하게 인식되는 것이다. 즉 여자에게 성(Sex)의 중요성은 사랑과 행복이 형성되었을 때만 나타나는 현상이라는 것을 알아야 한다.

여자는 행복감정을 가지려면 남자에 대하여 좋은 감정(긍정감정과 행복감정)을 가질 수 있는 심리작용이 필요하다. 그래서 남자는 상대를 여자로 인식하게 되면 열정을 갖게 됨과 동시에 심리작용의 욕구와 헌신의 욕구를 갖게 되는 마음이 작용하여 습관을 통하여 말과 행동을 하게 되는데 이 과정이 반복되면서 여자가 반응하는 것에 따라서 마음에서 성심리와 함께 성욕과 성취욕이 발생하게 되고, 여자는 행복감정에 의한 애정관계로 발전을 하게 되면서 사랑의 감정을 갖는다. 즉 여자는 행복의 감정에서 사랑의 감정으로 전환하면서 성심리가 작용하는 것을 알 수 있다.

이때 여자가 주의해야 하는 것이 바로 남자의 위로인데, 여자가 치료되지 않은 상처의 부정감정을 기억하게 되면 여자의 마음은 사랑을 받아서 상처치료를 함으로써 부정감정을 긍정감정으로 전환하고 상처를 치료해준 대상을 좋아하고 사랑하는 감정으로 기억하려고 작용한다. 이때 남자의 위로는 마치 남자의 열정과 비슷하게 보이지만 매우 다른 작용을 하게 되어 상처치료가 되는 착각을 하게 되면서 실제로는 상처치료가 되지 않았음에도 상처치료가 된 듯 착각하여 사랑의 감정을 갖게 되면서 성심리가 작용한다.

결국은 사랑과 행복의 착각에 의하여 성심리는 계속 사랑과 행복을 요구하게 됨으로써 성(Sex)이 지속적으로 작용하지만, 실제의 삶에서는 사랑과 행복은 없고 오로지 성(Sex)의 작용만 존재하게 되는 악순환이 반복된다. 그래서 착각된 사랑은 생성에너지가 아니라 소모에너지가 되어 삶과 인생이 불행하게 되고, 상처치료보다는 상처가 더욱 악화되면서 습관과 의식의 문제가 발생한다.

남자의 열정과 여자의 사랑이 결합되는 심리작용의 결과가 긍정감정이 만들어지면 애정관계가 형성된다. 이 과정이 지속되면 여자는 사랑의 감정이 만들어지고 이 사랑의 감정에 의하여 상처치료가 되면서 긍정감정이 확대되고 사랑의 감정을 유지하고자 하는 욕구(마음과 성심리의 작용)가 강화된다. 그래서 남자와의 성행동의 재미와 즐거움을 갖게 되면서 사랑하는 상대와의 성행동을 중요하게 의식하게 된다.

따라서 남자는 성행동의 재미와 즐거움이 있어야(단기간 소요) 상대 여자를 좋아하고 사랑하게 되며(장기간 소요), 여자는 상대 남자를 좋아하고 사랑하게 되어야(장기간 소요) 성행동의 재미와 즐거움이 형성된다(단기간 소요).

부정감정과 성심리

여자는 부정감정의 상처를 갖게 되면 성심리에 문제가 발생한다. 상대 남성에 대한 상처뿐만 아니라 다른 상황에서의 상처가 발생하면 성심리를 차단하기 때문에 남성은 그 원인을 알지 못하고, 자신을 싫어하여 거부한다고 생각하게 된다. 따라서 여자는 어떠한 부정감정의 상처라도 발생하면 성심리에 문제가 발생한다는 것을 알아야 한다.

여자가 상처를 받게 되어 성심리에 문제가 발생하는 과정을 살펴보자. 먼저 여자는 부정감정을 갖게 되면 제일 우선으로 성행동을 차단한다. 그러면 남자는 열정을 갖고 있는 상태이기 때문에 어떻게든 자신의 열정을 위하여 여자가 차단한 성행동을 회복하기 위하여 노력한다. 이때 여자는 상처가 더 발생하기도 하고, 상처가 치료되어 성행동을 회복하기도 한다.

두 번째, 성행동이 차단된 채 부정감정이 지속되면, 성심리를 차단하게 되면서 성행동에 대해서 매우 부정적으로 표현하기 시작한다. 이때부터는 남자는 여자의 성행동을 회복하려는 노력보다는 자신의 열정이 감소하기 시작하면서 여자와의 즐거움이 줄어들기 시작한다. 그래서 회복의 노력보다는 여자에 의한 스트레스를 회피하려는 경향이 생긴다. 이때 여자는 남자의 열정이 줄어들기 시작함으로써 자신에 대한 관심이 떨어졌다는 것을 느끼면서 상처의 부정감정이 확대된다.

세 번째, 성심리가 차단된 채 부정감정이 지속되면 사랑의 감정을 차단하면서 남자에게 무관심해진다. 그러면 남자는 열정이 차단되면서 더 이상 여자에게 열정을 갖지 못한다. 남자는 심리작용의 욕구(대화를 하고 싶은 마음), 헌신의 욕구(무엇이든 해 주고 싶은 마음)가 사라지면서 여자와의 성행동은 별 의미를 갖지 않는다. 부부간에 이러한 상황이 되면 대부분 섹스리스(Sexless), 성행동(Sex)을 의무적으로 생각하는 경향 등이 발생한다. 이때가 되면 여자는 사소한 것에도 상처를 받게 되면서 부정감정이 계속 쌓이게 된다. 이러한 경우가 되면 대부분의 여자는 자식, 직업, 상황 등에 의존하게 되면서 남자에게는 무관심하게 된다. 좋은 감정은 아직 유지하고 있지만, 그렇다고 딱히 사랑의 감정을 느끼지 못하는 것이다. 여자의 행복을 잃는 것이다.

네 번째, 사랑의 감정이 차단된 채 부정감정이 지속되면 좋은 감정마저 차단하면서 남자에게 매우 공격적이고, 마치 타인을 대하듯이 하면서 감정을 갖게 된다. 그러면 남자는 여자와의 모든 관계를 끝내야 할 만큼 스트레스를 받게 되면서 심각한 위기에 놓이게 된다. 대부분의 남녀가 헤어지는 단계라고 할 수 있다. 감정대립과 싸움이 계속되면서 더 이상은 회복이 불가능할 만큼 심각한 상황이 되는 것이다. 여자는 큰 상처를 받으면서 더 이상 남자와 함께한다는 생각을 하지 않고, 남자는 강한 스트레스를 받으면서 더 이상 여자와 함께한다는 생각이 없어진다.

또한 여자가 남자를 사랑하다가 헤어지게 될 때, 그 순서를 살펴봐야 한다. 먼저 여자에게 부정감정이 만들어지면 남자와 감정대립이 생기면서 제일 우선적으로 남자와의 성행동을 차단하여 남자와 함께하는 것, 남자와 즐거움을 갖는 것을 거부하게 되면서 성심리의 작용이 멈추게 되어 남자를 싫어하게 된다. 이때 여자는 상처를 받는다.

두 번째, 부정감정이 지속되면 사랑의 감정이 차단되고 남자는 여자에 대한 열정에 문제가 발생하게 된다. 이때도 여자는 상처를 입는다.

세 번째, 열정에 문제가 발생하게 되면 남자는 심리작용의 욕구와 헌신의 욕구가 없어지게 되어 여자는 남자에 대한 부정감정이 확대되면서 상처가 커진다.

네 번째, 그래서 모르는 남자보다 못한 인간관계가 형성되고, 남자에 대한 무관심, 관계회복에 대한 의지가 없어지면서 부정감정이 더욱 커진다. 이때 여자는 상처를 받는다.

이와 같이 상처가 반복, 지속되면 여자에게 습관이 형성되고 의식에 부정감정을 기억하게 된다.

여자가 남자에게 상처를 받는 경우를 살펴보자. 남자의 열정이 없어지고 심리작용의 욕구와 헌신의 욕구가 없어지게 되어 긍정감정에 문제가 발생하는 경우, 사랑의 감정에 문제가 발생하는 경우, 긍정감정을 유지하고 남자의 사랑을 확인하고 싶은 욕구가 없어지는 경우, 남자에 대한 헌신욕구에 문제가 생기는 경우, 성행동의 만족에 문제가 생기는 경우. 이렇게 하나라도 문제가 발생하면 여자는 상처를 갖게 되어 부정감정이 만들어진다.

3
남자의 성심리

남자의 성심리를 살펴볼 때는 마음의 충동기준(성충동이라고 함)에 의한 열정의 발생과 긍정감정을 반드시 알아야 한다. 이는 만남과 헤어지는 과정을 살펴보면 극명하게 알 수 있기 때문에 남자에게 열정과 긍정감정이 발생하고 소멸되는 것을 알아야만 남자의 성심리를 이해할 수 있다.

먼저 남자가 상대 여자를 만나서 연애를 하는 과정을 분석해 보자. 첫 번째, 남자는 상대를 여자로 인식을 할 때 성충동에 의한 열정이 발생하는데 이는 마음에서 성충동에 의한 열정이 발생하는 것이고 이를 습관을 통하여 심리작용의 욕구(여자에게 말과 행동을 하고 싶은 심리)와 헌신의 욕구(희생과 헌신, 이해와 배려, 여자에게 무엇이든 해 주고 싶은 심리)가 작용하면서 이를 충족하려고 노력한다. 이때 긍정기분이 만들어진다. 따라서 남자는 여자로 인식하는 순간 열정과 긍정기분이 모두 만들어진다는 것을 알아야 한다.

두 번째, 남자는 긍정기분을 갖게 되고 심리작용의 욕구와 헌신의 욕구가 충족되기 시작하면 성욕, 성취욕이 발생하면서 성심리가 작용하여 여자와의 성행동에 대한 상상을 하고 희망하고 기대하게 되면서 미래행복을 추구하게 된다.

세 번째, 열정을 확대하고 여자가 사랑의 감정을 갖기 시작하면 남자는 여자에 대한 호기심, 재미와 즐거움, 알아가는 과정 등을 통하여 성행동에 대한 즐거움을 갖게 되고 다시 성행동이 지속되고 발전될 것이라는 희망과 기대에 대한 목표를 갖고 남녀관계의 즐거움과 재미에 빠져들게 된다. 이는 긍정기분이 지속되고 열정의 과정을 지속하는 성심리가 작용하는 것이며 여자의 반응과 사랑의 감정을 표현하는 것에 의하여 남자는 행복감이 상승하게 된다. 이렇게 되면 남녀관계가 연애관계로 발전하게 된다.

네 번째, 남자의 열정과 여자의 사랑의 감정이 결합하고 성행동의 즐거움이 오랫동안 지속되면서 남자는 여자에 대한 보호와 책임의 심리가 작용하면서 습관으로 사랑이 형성되기 시작한다. 이때 남자의 사랑은 여자에 대한 가족, 보호본능, 자기 자신과 동일화, 무한책임 등이 복합적으로 형성되면서 만들어진다. 따라서 남자의 사랑은 표현되지 않고 무의식적인 습관으로 존재하게 된다.

남자가 상처를 받는 경우는 극히 드물어서 여자가 다른 남자와 성행동을 하게 되는 경우에만 상처를 받게 되면서 상대 여자에 대한 부정기분이 매우 커진다. 다만 상처는 아니지만 집착하는 경우가 많은데 이런 경우에는 여자와의 즐거움과 재미가 중단된 경우, 여자에 대한 열정이 없어지지 않은 채 애정관계의 문제가 발생한 경우, 여자가 성행동을 차단한 경우, 여자와의 희망과 기대의 목표와 미래행복을 갖고 있는 경우, 무한책임(사랑)을 갖게 된 경우 등이다.

따라서 남자는 여자와 연애를 하다가 헤어지게 되는 경우에는 열정이 줄어들게 되고, 상대가 여자로 인식되지 않으며, 성행동에 대한 희망과 기대를 차단하고, 여자와 재미와 즐거움이 없어진다. 이렇게 되면 부정기분이 만들어지면서 여자를 좋아하는 기분도 함께 없어진다.

4
성행동의 의식

성행동은 의식이 습관을 통하여 표현되는 말과 행동으로 상대와의 심리작용을 하는 것 중에 하나이다. 따라서 성행동은 의식화(의식과 습관)된 말과 행동으로서 재미와 즐거움(쾌락)의 수단과 방법이며 성행동 자체가 목표는 아니다.

성행동 자체가 목표가 되면 의식과 습관의 문제가 발생한 것이다. 따라서 성관계는 삽입, 테크닉, 애무, 사정과 오르가즘, 만족, 성감정 등의 성관계에서 발생하는 말과 행동의 모든 것을 의미하기 때문에 의식과 습관에서 표현되는 것이라 할 수 있다.

여자는 성행동에 대한 부정감정을 갖게 되는데 이는 성행동이 재미와 즐거움(쾌락)의 수단이기 때문이며 여자를 성적 대상화(섹스를 즐기는 대상으로만 인식)가 되는 것이라는 의식과 습관으로 인하여 수치심, 창피함을 갖게 되는 것이다. 따라서 여자는 남자에 대한 긍정감정과 사랑의 감정으로 상대를 사랑하거나 좋아해야만 성행동의 즐거움과 재미를 갖게 되는 것이다.

반면 남자는 성행동에 대한 긍정기분을 갖게 되는데 이는 성행동이 재미와 즐거움(쾌락)의 수단이기 때문이다. 이로 인하여 여자와의 성행동은 남성능력이라는 의식과 습관을 갖고 있고, 마음에서는 성심리가 열정과 함께 나타나면서 최고의 행복을 추구하는 것이 곧 최고의 즐거움과 재미를 갖는 것이라고 인식한다.

따라서 남자는 다른 남자에 비하여 성행동을 잘해야 한다는 경쟁의식과 우월의식에 의하여 최고가 되어야 한다는 목표를 갖게 된다. 남자에게 최고의 매력적인 여자는 '오르가즘을 느끼는 여자'라는 말은 남자의 미래행복에 대한 가치를 갖는 것과 같은 것이다.

남자와 여자의 남녀관계에서 성행동이 발생하면 애인관계로 발전을 하고, 성행동이 없게 되면 헤어지는 것으로 인식한다. 따라서 남자는 여자와 헤어진 후에 여자와의 성관계에 대한 긍정기분을 기억하게 되어 나중이라도 지속하려는 노력을 하고, 여자는 남자와 헤어진 후에 남자와의 성관계에 대한 부정감정을 기억하게 되어 나중이라도 차단하려는 노력을 하게 된다. 그만큼 남자는 긍정기분을 기억하기 때문에 여자와의 성관계에서도 긍정기분을 기억하게 되고, 여자는 부정감정을 기억하기 때문에 남자와의 성관계에서도 부정감정만을 기억하게 된다.

여자의 부정인식

여자는 성행동을 부정적으로 인식한다. 사회적 환경, 양육과정과 성장과정에서의 다양한 교육, 가부장적 관념 등에 의하여 여자는 성행동이 피해를 입는 것으로 인식하기 때문이다. 그래서 여자는 성행동을 위해서는 사랑의 감정이 필요하고, 사랑의 감정에 의하여 성심리가 작용하면서, 사랑을 확인하고 유지하여 현재행복을 만들고자 할 때 성행동을 할 수 있다.

여자가 성행동을 부정적으로 인식하는 이유를 살펴보면, 성행동은 쾌락의 수단으로 인식함으로써 여자는 남자에게서 쾌락의 대상이 되고, 즐거움과 재미의 대상으로 인식되는 것을 싫어한다. 그래서 여자는 성행동을 부정적으로 인식한다. 특히 성행동의 욕구를 갖더라도 남자로부터 자신이 쾌락의 대상이 되는 것으로 인식되는 것을 싫어하기 때문에 자신의 성행동에 대한 욕구를 감추게 되는 것이다. 즉 성행동의 욕구에 대해서는 억압하는 심리가 형성된다.

성행동이 쾌락의 수단으로 인식하면서 부정감정이 발생하게 되고, 성행동의 말과 행동과 표정 등의 표현은 수치스럽고, 창피하고, 부끄럽게 생각한다. 이로 인하여 자신은 성행동에 별 관심이 없다는 듯이 살아야 한다고 마음을 억압하게 된다.

그러나 사랑을 하게 되면, 성심리가 작용하게 되면서 사랑을 확인하고 싶어지거나, 사랑을 지속하고 싶은 욕구가 강해지면서 성행동을 함으로써 사랑을 확인하고, 사랑이 지속될 것이라는 확신과 함께 현재행복을 느낄 수 있게 된다. 그래서 여자는 성행동을 위해서는 사랑의 감정을 필요로 한다.

따라서 여자는 성행동을 위하여 사랑을 하는 것이 아니라 사랑을 위하여 성행동을 하는 것이다. 그래서 여자의 성행동은 사랑을 확인하고, 사랑을 유지하고, 현재행복을 느낄 수 있기 때문에 성행동의 목적은 사랑과 행복이다.

남자의 긍정인식

 여자는 성행동을 부정적으로 인식하는 반면 남자는 성행동을 긍정적으로 인식한다. 남자는 미래행복을 추구하기 위하여 열정이 필요한데 성행동은 남자의 열정을 생성하는 가장 강력한 에너지이기 때문이다. 그래서 남자는 성행동을 최고의 즐거움으로 인식하고 있다. 또한, 남자의 성심리를 살펴보면 남자는 사랑, 성행동, 열정 등이 모두 분리되어 있기 때문에 사랑해야만 성행동을 하는 것이 아니라 사랑과 관계없이 성행동을 할 수 있으며, 사랑한다고 해서 성행동이 필요한 것도 아니다. 대부분의 성행동은 열정과 관련이 있으며, 열정은 성심리를 동시에 유발한다고 생각하면 된다.
 남자가 성행동을 긍정적으로 인식하는 이유를 살펴보자. 남자도 여자와 마찬가지로 성행동을 쾌락의 수단으로 인식한다. 그래서 성행동은 열정의 과정에서 생기면서 긍정의 에너지로 작용하는데, 가장 재미있고 즐거운 수단이 성행동이라고 인식한다. 그래서 남자에게 성행동은 매우 중요한 삶의 수단이다.
 남자는 미래행복을 추구하는 마음을 갖고 있다. 그래서 미래행복을 추구하기 위해서는 열정의 에너지와 성취욕이 강화되어야 하는데, 이 열정과 성취욕을 유발하는 에너지의 원천이 성행동이다. 그래서 남자는 성행동을 남자로서의 가장 강력한 능력으로 인식하고, 다른 남자와의 경쟁력에서 최고가 되어야 한다고 인식한다. 이는 동물들의 수컷을 생각하면 된다. 인생 최고의 행복은 최고의 즐거움과 재미를 갖고 살아가는 것이라고 인식하면서 이 모든 것을 충족하는 것이 성행동이라고 인식한다.
 또한 남자가 성행동을 매우 중요하게 인식하는 이유는 열정 때문이다.

이 열정은 재미와 즐거움에 몰입하는 힘인데, 남자의 열정은 여자에 대한 '심리작용의 욕구'와 '헌신의 욕구'를 동시에 충족하기 때문에 여자를 위하여 무엇이든 다 하고 싶은 마음이다. 그래서 여자에게 가장 즐거움을 줄 수 있는 것으로서 성행동의 오르가즘을 느끼도록 하는 것이다. 남자의 심리기준으로 보았을 때는 당연한 것이다.

그래서 남자는 자신의 쾌락을 위한 것보다는 여자의 쾌락을 만들어 주는 즐거움과 재미가 훨씬 크게 인식된다. 이에 따라서 남자는 자신과의 성행동에서 오르가즘을 느끼는 여자에게 최고의 성적 매력을 갖게 된다. 이와 같이 남자에게 성행동은 매우 중요하기 때문에 어떤 경제적 가치보다도 성행동의 능력을 최고로 인식한다.

그러나 남자가 성행동에 문제가 발생하게 되면 심각한 심리문제로 전환된다. 특히 상대 여자에게 오르가즘을 느끼도록 만들지 못했거나, 상대 여자가 자신과의 성행동을 싫어한다거나, 상대 여자가 자신에게 성행동의 능력이 없다고 하는 등의 말과 행동을 하게 될 때는 심각한 성적 열등감을 갖는다. 이렇게 성적 열등감을 갖게 되면, 성행동에 대한 강박이 발생하면서 성기능장애 또는 성심리장애가 발생하게 되고, 자신도 모르게 지속되면서 왜곡된 성행동의 습관을 만든다.

이와 같이 남자는 성행동을 최고의 가치로 생각하고, 열정을 만드는 핵심으로 인식하면서 성행동을 긍정적으로 인식한다.

5
성심리와 성행동

성심리는 여자의 현재행복을 기준으로 하는 사랑을 위한 마음이고 남자의 미래행복을 기준으로 하는 열정을 위한 마음으로 작용한다. 반면 성행동은 성심리를 충족하기 위한 수단과 방법으로서 말과 행동으로 표현되는 의식과 습관에 의해 작용한다. 즉 성심리는 행복을 위한 마음이고 성행동은 행복의 수단을 위한 의식과 습관이다.

그래서 남자의 성심리는 상대를 여자로 인식할 때 발생하는 열정, 심리작용의 욕구와 헌신의 욕구에 대한 충족, 성욕과 성취욕의 과정에서 미래행복을 추구하는 마음이다. 여자의 성심리는 남자의 열정, 심리작용, 헌신 등의 관심과 긍정감정, 사랑의 감정과 이를 확인하고 유지하려는 욕구 등의 과정에서 현재행복을 추구하는 마음이다. 따라서 남자는 열정의 과정이 성심리이고 여자는 사랑의 과정이 성심리라고 할 수 있다.

여자와 남자가 각각 행복을 추구할 때 마음이 습관을 통하여 말과 행동으로 표현하게 되는데 이때 말과 행동의 과정이 바로 성행동으로 나타나는 것이다. 즉 성행동은 남자와 여자의 심리작용의 결과이다. 남자는 열정의 과정에서 필요한 재미와 즐거움의 수단으로서 성행동을 추구하고, 여자는 사랑의 과정에서 사랑의 감정의 확인과 유지를 위한 수단, 상처치료를 위한 수단으로서 성행동을 추구한다.

　남자는 여자와 성행동을 하고 난 후에는 열정의 목표달성과 함께 열정이 줄어들게 되므로 다시 열정을 되살리고자 그 열정의 결과인 성행동에 대한 희망과 기대감을 갖게 된다. 이것이 바로 미래행복을 추구하는 원천이 된다. 반면 여자는 남자와의 성행동을 하고 난 후에는 사랑의 목표달성과 함께 행복감정이 발생하여 사랑의 과정을 유지하고자 한다. 이것이 바로 현실행복을 갖게 되는 원천이 된다.

　이와 같이 남자는 성행동에서 최고의 결과를 갖도록 함으로써 여자가 성행동을 지속할 수 있도록 하여 미래행복을 추구하는 원천으로 만들기 위한 노력을 하게 되는데 이로 인하여 남자는 성행동을 잘하고자 하고 최고가 되고자 하는 것이다. 이것이 지나치게 되면 강박과 불안감이 생겨서 심인성 성기능장애가 발생하는 것이다. 즉 남자는 여자에게 성행동의 능력이 최고가 되어야 한다는 강박이 발생하는 것이다. 그러나 여자는 사랑의 감정을 지속하여 현실행복을 유지하는 원천을 갖기 위한 노력을 하게 된다. 즉 성행동은 중요하지 않지만 사랑의 확인과 유지를 위한 수단으로 만족하기 때문에 남자의 성행동의 능력은 그리 중요하지 않게 된다.

성행동의 부정감정

　여자에게 성행동은 부정감정을 갖는 요인이 되는데 이는 성행동이 남자의 재미와 즐거움의 수단과 방법이라는 의식과 습관으로 인하여 발생하는 부정감정이고, 이는 마음의 현재행복과는 다르기 때문에 발생하는 감정이며, 의식과 습관에 의하여 수치심, 창피함, 부끄러움 등의 부정적인 인식이 작용하는 것이다.

또한 사회의식, 가정교육, 성적 피해의식 등이 함께 결합하면서 '여자 = 성행동 = 상처'라는 공식이 의식과 습관에 작용하면서 여자는 성행동의 대상화(성행동의 쾌락을 추구하는 대상으로 인식)가 되었다. 이는 남자와 여자 모두가 공통으로 인식하고 있다.

따라서 여자는 남자에 대한 긍정감정과 사랑의 감정을 갖게 된 후 성행동을 하는 것이 마음이고, 남자는 성행동 후 긍정기분과 사랑의 감정을 갖는 것이 마음이다. 따라서 여자에게 성행동은 사랑을 해야만 가능하다는 억압이 발생하면서 사랑과 성행동의 차이로 인하여 상처(부정감정)가 발생하는 것이다.

이로 인하여 여자는 성행동을 생각할 때 마음이 중요하고, 사랑의 과정이 중요하며, 현재의 사랑과 행복이 중요하기 때문에 성행동에 대한 부정감정을 갖게 되었다. 그래서 여자는 현재의 행복을 유지하고 싶은 마음이 생길 때만 성행동에 대한 긍정감정이 생기는 것이다.

따라서 여자는 성행동의 만족과 즐거움을 거부하는 것은 아니지만 현재행복과 사랑의 과정이 밀접한 관계를 갖기 때문에 여자는 마치 성행동을 부정적이고 수동적이라고 인식되어 온 것이다.

이에 반하여 남자는 성행동에서 애무, 삽입, 테크닉, 성기능, 신체(성기) 등을 통하여 여자를 오르가즘과 쾌락을 주어야 한다는 의식과 습관을 갖게 되면서 성행동의 목표와 결과를 중요하게 생각하고, 희망과 기대감에 의한 미래행복을 갖게 되었다.

성관계의 목표가 달성되면 미래행복이 현실로 나타난 것이기 때문에 다시 미래행복을 위하여 희망과 기대감의 성행동의 목표가 생기게 되어 열정의 과정을 반복하는 것이다. 즉 성행동이 목표는 아니었지만 미래행복과 성행동이 밀접한 관계를 갖고 있기 때문에 남자는 마치 성행동이 목적이고 적극적인 것으로 인식되어 온 것이다. 이로 인하여 성행동에 대해서 남자는 가해의식, 여자는 피해의식으로 양분화된 것이다.

6
성행동의 여자의식

 여자는 성행동을 부정적으로 인식한다. 그래서 여자에게 성행동에 대하여 표현하는 것은 사랑하는 사이에서도 쉽지 않다. 남자가 사랑하는 여자에게 성행동에 대한 표현을 하면 여자의 입장에서는 남자가 자신을 사랑하는 것이 아니라 성행동을 목적으로 하는 것처럼 인식될 수 있기 때문이다. 또한, 여자도 성행동에 대하여 표현하면 남자가 자신을 성행동의 쾌락만 추구하는 여자로 생각할지 모른다고 인식한다. 그래서 남자와 여자가 모두 성행동에 대한 표현을 잘하지 못한다. 이와 같은 현상은 여자가 성행동에 대한 강박과 억압의 심리를 갖고 있기 때문이다.

 여자는 성행동을 사랑의 감정이 생겼을 때, 사랑을 확인하고 유지함으로써 현재행복을 느낄 때 가능하다. 여자는 사랑하기 때문에 성행동을 하는 것이다. 그래서 여자는 사랑의 감정을 확인하거나 유지하고자 할 때만 성행동을 해야 한다는 심리를 갖게 되면서 강박과 억압의 상처가 생긴다.

 여자가 성행동을 하고 싶지만, 자칫 상대에게 자신이 쾌락을 추구한다고 인식될지 모른다는 생각으로 인하여 성행동에 대한 억압의 심리가 작용한다. 또한 성행동을 하고 싶지 않지만, 사랑하는 남자가 원하기 때문에 어쩔 수 없이 해야 하는 상황이 되면서 성행동에 대한 부정감정을 참아야 하는 억압의 심리가 작용한다. 이와 같이 자신 또는 상대의 성행동으로 인하여 억압의 상처가 발생한다.

또한 성행동을 원할 때, 상대가 성행동을 하지 않는 것이 자신을 사랑하지 않는 것일 수 있다는 생각을 하면서 답답하고 힘들어지거나 조급해지고 어떻게든 성행동을 해야 한다는 강박의 심리가 작용한다. 또한 성행동에서 부족함을 느끼게 되었을 때, 남자에게 문제가 생긴 것에 대한 답답함과 불안감이 생기면서 성행동을 잘해야 한다는 강박의 심리가 작용한다. 이와 같이 자신 또는 상대의 성행동에서 부족함이 발생하는 경우에는 성행동으로 인하여 강박의 상처가 발생한다.

여자가 성행동에 대한 억압과 강박의 심리가 작용하는 것은 여자는 성행동을 부정적으로 인식하는 마음 때문이다. 즉 사랑의 감정이 없으면 성행동을 하면 안 되는 것이고, 사랑하면 성행동을 해야 하는 것으로 인식하기 때문에 서로의 마음이 중요하다고 인식한다.

이와 같이 사랑하는 마음이 중요하기 때문에 '사랑의 과정'에서 사랑의 감정으로 성행동을 해야 하고, 그래야만 사랑을 확인하고 유지할 수 있게 되면서 현재행복을 느낄 수 있다고 인식한다. 문제는 마음에 없는 성행동, 사랑의 감정이 없는 성행동, 현재행복을 이미 느끼고 있을 때 하는 성행동에 대해서는 상처가 발생한다는 피해의식을 갖게 된다.

7
성행동의 남자의식

　남자에게 성행동은 긍정적으로 인식된다. 성행동은 강력한 열정의 에너지를 만들고 미래행복을 추구하는 원동력으로 인식하기 때문이다. 그래서 남자는 여자를 인식하면 열정이 생기면서 성심리가 동시에 작용하고, 어떻게든 성행동을 하고자 노력하는 현상이 발생하는 것이다. 이렇게 여자에 대한 열정의 과정이 형성되면 성심리와 성행동이 동시에 작용하게 된다.

　따라서 남자는 성행동의 결과는 열정의 과정에서 최고의 에너지를 갖게 만드는 것이라고 인식하기 때문에 중요하게 생각한다. 즉 열정의 과정에서의 어떠한 스트레스와 어려움도 성행동의 결과가 있을 것이라는 막연한 기대감(미래행복의 추구)에 의하여 극복할 수 있게 된다. 이것이 남자의 열정으로서 스트레스를 즐겁고 재미있게 인식함으로써 스트레스를 즐기는 힘이 되는 것이다.

　남자의 열정의 과정을 살펴보면 성행동이 남자에게 얼마나 중요한지 잘 알 수 있다. 남자는 성행동의 쾌락을 위하여 섹스의 테크닉이 매우 중요하다고 인식한다. 이는 자신의 쾌락보다는 여자가 성행동의 쾌락을 느끼도록 만드는 것에 초점을 갖기 때문이다. 자기 사정의 쾌락보다 여자의 오르가즘을 훨씬 중요하게 인식하는 원인이다.

이렇게 성행동의 쾌락을 추구하게 될 때, 성행동의 결과는 당연히 만족스럽고 행복할 것이라고 생각하면서 막연한 미래의 행복을 꿈꾸고 추구하게 된다. 즉 성행동의 상상, 즐거움을 추구하면서 성행동을 하게 되면 행복해질 것이라는 확신을 갖는 것이다. 그래서 열정의 과정에서는 상대에게 성행동을 지속적으로 원하면서 요구한다. 이는 다른 남자보다 자신이 경쟁우위에 있다는 의미이기도 하고 성취욕을 강화하는 수단으로서 작용한다. 그렇기 때문에 자신의 쾌락보다는 여자를 가장 즐겁고 행복하게 만들어야 한다는 의식이 강해진다.

이러한 과정에서 상대와 열정적인 성행동을 하게 되면 비로소 성행동의 결과가 나타나게 된다. 성행동을 여자와 함께하게 되면, 막연했던 미래의 꿈이 현실이 되었기 때문에 미래행복이 일시적으로 차단되면서 현재행복을 느끼게 된다. 그렇게 되면 열정은 급격히 감소되어 차단되는 현상이 발생한다. 이로 인하여 남자는 성행동을 하고 난 후에는 급격하게 감정이 사라지는 것을 느낀다. 막연한 기대감의 미래행복을 추구하는 것이 강할수록 이러한 현상은 더욱 강하게 나타난다.

그러나 이렇게 현재행복을 일시적으로 느끼면서 열정이 급격히 감소하고 차단되면, 불안감과 답답함이 발생하면서 다시 열정의 과정으로 회복하려는 심리가 작용한다. 그래서 언제 그랬냐는 듯이 열정을 회복하면서 성행동에 대한 기대감과 막연한 미래의 행복을 추구하면서 열정의 과정에 빠져들게 된다. 이 과정이 계속 반복되는 것이다.

8
성문제(Sex Trouble)

　남자에게 성행동은 재미와 즐거움의 수단과 방법으로서 쾌락을 추구하며, 이는 여자에 대한 열정과 행복추구의 결과로 발생하는 것이다. 그래서 남자는 여자에게 최고의 쾌락과 오르가즘의 즐거움과 재미를 줄 수 있는 섹스를 하는 남자가 최고의 남자라는 의식과 습관을 갖게 된다. 이 심리는 남자의 마음에 의하여 만들어지기 때문에 의식으로 인식하지 못한다.
　이때 남자는 최고의 즐거움과 재미인 쾌락과 오르가즘을 여자에게 주어야 한다는 강박이 생기면서 섹스문제 또는 성기능장애가 발생하는 것이다. 즉 성행동의 신체와 성기, 애무, 테크닉, 성기능 등의 과도한 열정이 만들어진다. 이는 여자에게 쾌락과 오르가즘을 주는 것을 차단하게 되고 성행동에 대한 강박감, 불안감, 두려움이 발생하면서 의식과 습관에서 성행동의 회피 또는 억압이 발생하게 된다.
　이렇게 성행동의 문제가 발생하게 되면 남자는 자책과 죄의식을 갖게 되면서 자신을 최악의 남자, 자신의 탓, 자신의 문제 등으로 생각하게 되고, 상대 여자가 자신을 무능력한 남자로 인식할 것이라는 생각을 하게 된다. 이 상황이 되면 남자는 성행동에 대한 수치심과 부끄러움을 갖고, 소극적이 되면서 열정이 감소하고, 즐거움과 재미가 없어지게 된다.

즉 미래행복을 스스로가 차단하여 성행동을 차단하게 되면서 스트레스를 갖게 되는 악순환이 발생한다. 이때는 여자의 성행동과는 전혀 상관없이 자신의 생각에 의하여 의식과 습관에 문제가 발생하는 것이다.

결국 남자는 여자에게 자신이 최고의 능력을 가진 남자로 인식하고 싶을 때는 성행동의 능력을 원하게 되고, 이 능력은 여자에게 최고의 즐거움과 쾌락과 오르가즘을 준다고 인식하고 이는 미래의 행복이고 열정일 것이라는 생각을 하게 된다. 남자가 성행동의 능력을 갖기 위하여 의식적으로 노력하게 되면 섹스문제가 발생하는 원인이 된다.

성행동의 문제는 사실상 남자가 여자에게 성적 능력을 보여 주고 싶고, 만들고 싶은 강한 의식과 습관이기 때문에 성행동에 대한 의식을 하지 않도록 하는 것이 성문제를 해결하는 가장 핵심이다.

따라서 여자는 남자가 성행동에 대한 강박을 갖지 않도록 하는 의식과 습관을 갖고서 말과 행동을 하게 되면 남자는 성행동에 대한 강박이 없어지면서 심리안정을 갖게 되어 성기능이 회복되고 열정이 회복된다. 그렇게 되면 여자는 사랑과 행복을 가지면서 쾌락과 오르가즘을 느끼게 된다. 즉 심리작용의 결과를 어떻게 할 것인지를 여자가 자연스럽게 이끌어가면서 남자가 성행동에 대한 강박을 갖지 않도록 하는 것이 필요하다.

남자의 성문제 인식

남자에게 성문제(Sex Trouble)는 치명적이다. 그래서 남자는 자신의 성문제(Sex Trouble)에 매우 민감하고, 성문제를 유발하는 여자에 대해서는 어떻게든 성행동을 차단하려고 노력한다. 즉 성문제를 자신의 문제로 인식함으로써 자책하고 죄의식의 심리를 갖게 되는 것이다. 남자에게 성적인 문제는 자신의 가장 큰 열등감으로 작용하면서 남자의 심리가 급격하게 변화하면서 심리문제가 발생한다.

남자에게 성행동은 최고의 가치이고, 최고의 즐거움과 행복을 주는 것으로 인식함으로써 인생의 목표가 마치 성행동을 추구하는 것처럼 보인다. 그만큼 성행동은 남자에게 최고의 가치로 인식되는 것이다. 따라서 최고의 남자능력은 성행동의 능력이 가장 좋은 남자, 여자에게 최고의 즐거움과 쾌락을 줄 수 있는 능력, 남자 자신의 열정을 극대화하고 미래행복을 추구하는 에너지를 갖게 된다는 것이다.

이러한 성행동의 능력에 대하여 부족한 부분이 있다고 생각하여 이를 충족하고자 노력하거나, 최고의 남자능력을 갖기 위하여 성행동의 테크닉을 가지려고 노력하거나, 여자에게 최고의 즐거움과 쾌락을 주기 위하여 노력하는 등의 의식적인 노력을 하게 되면 성문제가 반드시 발생한다. 즉 성행동의 능력이 최고가 되기 위하여 의도적인 노력을 할 때 성문제가 발생하는 것이다.

특히 성행동을 할 때 여자가 남자의 성행동을 거부하거나 회피하는 경우, 성행동의 결과에 대하여 재미없고, 느낌이 없고, 즐겁지 않다고 여자가 반응하는 경우 등에 대해서 남자는 이를 최악으로 인식한다. 여자가 무심코 한 말과 행동과 표정의 하나에 의하여 남자는 최악의 위기를 느끼게 되고, 이 말과 행동과 표정이 몇 번 반복되면 심각한 성문제가 발생한다.

이렇게 성문제가 발생하면, 남자는 우선적으로 상대 여자에게 자신의 무능력이 증명되었다고 확신하게 된다. 성행동은 단둘만의 즐거움인데 이때 상대에게 자신은 초라하고 보잘것없는 무능력한 남자가 되었을 것이라고 확신하는 것이다.

그러면 남자는 자신의 무능력에 대한 죄책감과 죄의식을 갖게 되고, 두 사람의 관계에서 최악의 문제가 발생했다고 생각하며, 이 모든 원인이 자신의 무능력 때문이라고 생각한다. 그러면 다른 사람들은 몰라도 성행동을 함께한 상대에 대하여 부끄럽고 수치스럽게 생각하게 된다.

이 상황이 되면 남자는 상대 여자와의 성행동에 대하여 소극적인 태도를 갖게 되면서 열정이 감소하게 되면서 심한 스트레스가 생긴다. 이로 인하여 상대와 더 이상은 즐거움과 재미를 함께할 수 없다고 생각하면서 미래 행복을 생각하지 않는다. 이런 상태가 지속되면 상대 여자와 함께하는 미래행복을 차단하면서, 상대 여자와의 성행동을 자신 스스로가 거부하고 차단하게 된다.

이렇게 성행동을 차단하게 되면 성행동에 대한 강박이 형성되면서 상대와의 성행동을 생각하면 답답하고, 조급하고, 불안해지는 성적 강박이 형성되면서 스트레스가 발생한다. 이로 인하여 성행동의 거부 또는 회피가 발생한다.

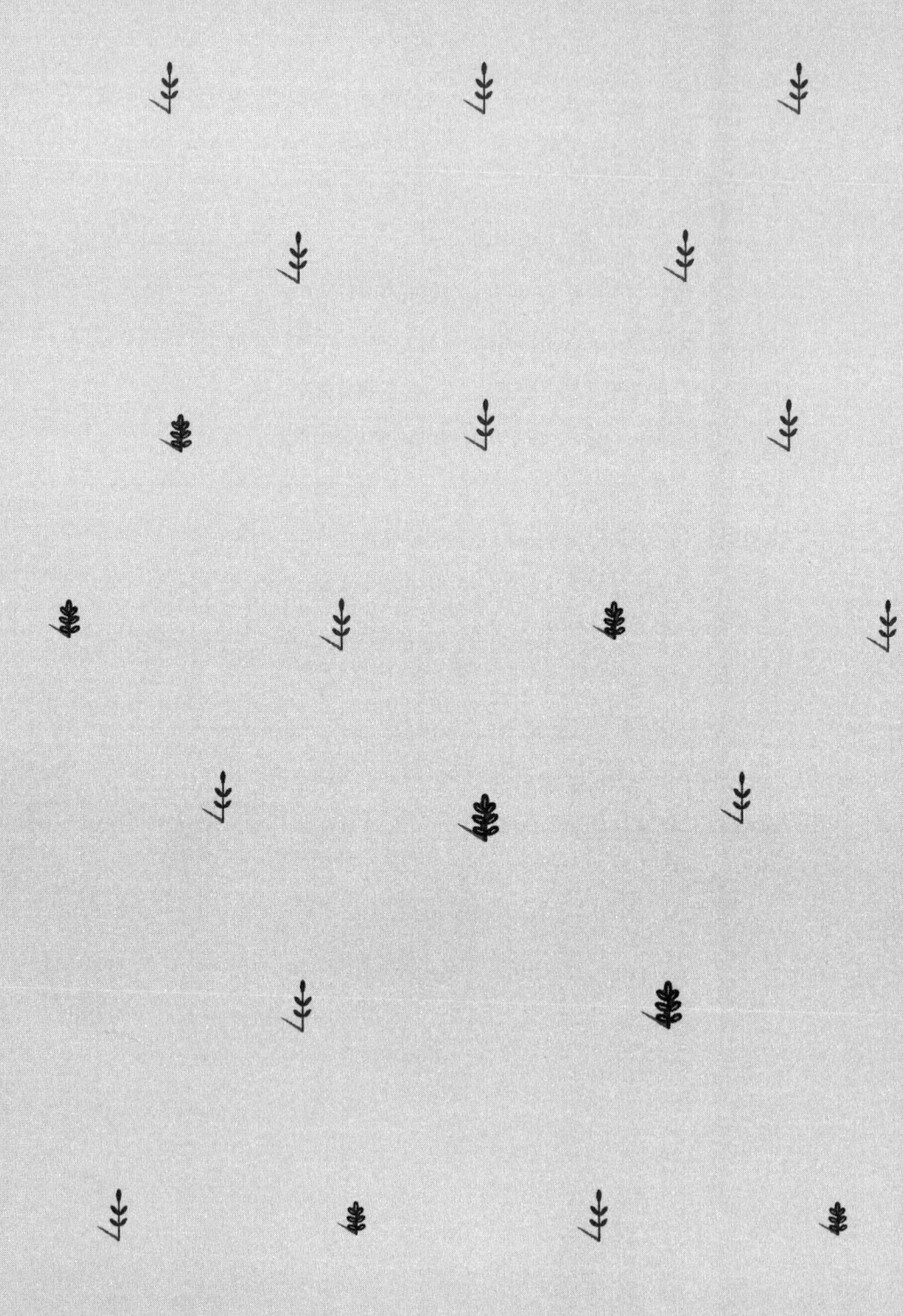

VIII

대화와 인간관계

1
대화의 개념

사람들은 소통과 대화를 같은 것으로 생각하지만, 소통과 대화는 다르다. 소통은 상호 간의 의사를 전달하는 것이지만, 대화는 상호 간의 의견과 감정을 교류하는 것이다. 이를 말과 행동과 표정으로 표현하기 때문에 같은 것으로 생각하지만 의미는 전혀 다르다.

대화는 특정한 사건이나 문제를 해결하기 위한 의견협의의 과정이다. 그런데 의견협의의 과정에서 서로에게 감정이 발생하는데, 인간관계에서 감정이 발생하는 경우는 심리작용을 할 때이다. 결국 대화는 의견협의와 함께 심리작용을 하면서 감정교류도 함께 하는 과정이다. 따라서 대화는 의견과 감정이 공존하면서 말과 행동과 표정을 서로 주고받는 과정을 말한다.

의견협의를 목적으로 하는 대화에서는 감정을 배제하는 것이 중요하다. 의견협의의 과정에서 감정이 개입되면 의견협의는 어렵다. 만일 의견협의를 위하여 대화할 때 부정감정이 개입되면 상대의 의견은 모두 부정된다. 그래서 상대가 아무리 좋은 의견, 필요한 의견을 말하더라도 모두 부정되기 때문에 듣고 싶지 않고, 자존심 상하게 되고, 기분이 나빠진다. 결국은 상대도 감정대립을 하게 되면서 대화는 단절될 수밖에 없다. 대화를 하는 것이 아니라 감정대립과 싸움을 하는 것이다. 따라서 대화가 단절되면 모든 문제의 원인에 대하여 상대를 탓하게 된다. 이와 같이 의견협의의 과정에서 감정이 개입되면 의견보다는 감정이 앞서기 때문에 문제가 발생하게 된다. 즉 문제해결을 할 수 없다.

대화는 인간관계의 심리작용에 결정적인 역할을 한다. 심리작용을 위해서는 대화가 필수이다. 말과 행동과 표정의 심리표현을 하는 목적은 대화 때문이다.

대화는 문제를 해결하기 위하여 서로 표현하는 것을 말한다. 문제해결을 위한 말과 행동과 표정으로 표현하는 것이다. 자신과 상대 또는 타인의 문제, 특정한 사건과 주제에 대한 문제, 감정을 교류하고자 할 때 등에서 의견과 감정을 서로 표현하는 것을 말한다.

대화는 일방이 아니라 쌍방의 소통이다. 일방적으로 이야기하고, 다른 한 사람은 듣기만 하는 것은 대화가 아니라 상대에게 전달하는 소통일 뿐이다. 대화는 자신과 상대가 서로 의식과 무의식에 의한 말과 행동과 표정을 상대에게 전달하면서 상호 심리작용을 하는 것이다. 이러한 심리작용의 결과가 의견조율이 되고, 감정이 발생하는 것이다. 이것이 대화의 심리에 의한 결과이고 대화의 원리이다.

따라서 대화는 심리작용의 핵심적인 수단이다. 대화의 목적은 의견협의와 감정교류에 있다. 반드시 의견과 감정이 함께 공존한다는 것을 알아야 한다. 대화의 목적에 따라서 대화의 방법이 달라진다.

의견협의를 위한 대화는 남자가 선호한다. 남자는 의견기준, 가치기준, 관념기준을 갖기 때문에 의견에 대한 맞고 틀린 것을 잘 판단한다. 그래서 남자는 아무리 좋지 않은 감정일지라도 대화를 의견협의를 위한 과정으로 인식한다. 그러나 여자는 감정교류를 위한 대화를 선호한다. 심리작용의 수단이고 감정교류를 통하여 심리안정과 심리치료를 할 수 있고, 문제해결을 할 수 있을 것이라고 생각하기 때문이다. 특히 여자는 감정기준의 마음을 갖고 있기 때문에 의견보다는 감정을 중심으로 하는 대화를 선호한다.

그래서 대화는 의견협의와 감정교류의 두 가지 목적을 갖기 때문에 둘 중에 하나를 선택하는 것이 필요하다. 이 두 가지의 목적이 어떻게 작용하는지 모르면 대화의 심리를 알 수 없다. 따라서 문제해결을 위한 대화를 할 때, 의견협의를 할 것이냐, 감정문제를 해결할 것이냐에 따라서 대화가 달라지므로 이를 정확히 알아야 한다.

예를 들어 사업의 성공에 대한 대화를 한다고 하자. 사업의 성공에 대한 이야기를 할 때, 감정이 개입되면 사업의 성공이 중요한 것이 아니라 자신의 감정이 더욱 중요하게 된다. 그래서 사업은 망해도 상관없지만 자신의 감정이 좋아지도록 하는 심리가 작용한다. 이와 같이 의견과 감정이 분리되지 못하면 대화는 원래의 목적과는 전혀 엉뚱한 방향으로 흘러갈 확률이 매우 높다.

대화를 할 때는 의견협의를 목적으로 할지, 감정교류를 목적으로 할지 결정한 후 해야 한다.

대화는 감정교류와 의견조율의 과정

대화는 인간관계에서 서로의 감정과 의견을 주고받는 중요한 수단이다. 심리를 외부로 표현할 때는 습관에 의한 말과 행동을 하고, 외부로부터 받아들일 때는 신체의 감각기관을 통하여 의식의 생각으로 받아들인다. 이때 말에 의하여 심리를 표현하고, 감각기관을 통하여 생각으로 받아들이는 과정을 대화라고 한다.

대화는 자신의 심리를 상대에게 표현하고, 상대의 심리를 받아들여 서로가 심리작용을 함으로써 의견과 감정을 조율하는 과정으로 인간심리에 직접적인 영향을 준다. 결국 대화심리는 대화를 하는 과정에서 발생하는 감정에 대한 심리작용이기 때문에 대화는 인간관계의 모든 심리에서 중요한 요소이다.

'친한 사이일수록 말과 행동을 조심하라'는 말이 있다. 이는 친한 사이가 되면 말과 행동을 할 때, 무의식의 습관이 작용하기 때문에 의도하지 않는 말과 행동을 하게 되는데, 이때 상대는 의도하지 않은 말과 행동을 의식의 생각으로 받아들이기 때문에 의도했다고 생각한다. 이것을 심리인지오류(또는 심리작용오류)라고 한다. 따라서 친한 인간관계일수록 대화하면서 부정감정이 발생하는 대부분의 원인이 심리인지오류(또는 심리작용오류) 때문이다.

대화는 자기 습관의 말과 행동과 표정을 통하여 감정을 표현하고, 상대는 감각기관을 통하여 의식의 생각으로 받아들인 후, 다시 상대는 습관의 말과 행동과 표정을 통하여 감정을 표현하고, 자신은 감각기관을 통하여 의식의 생각으로 받아들인다. 이때, 습관의 작용이 의식에 의하여 통제될 수 있지만, 의식과는 상관없이 습관에 의하여 표현될 수도 있다. 이는 자신과 상대가 마찬가지이다.

따라서 친밀한 관계일수록 대화는 자신의 무의식적 습관의 말과 행동과 표정을 통하여 감정을 표현하기 때문에 자신이 의도하지 않는 말과 행동과 표정으로 표현하게 된다. 상대는 감각기관을 통하여 의식의 생각으로 받아들이기 때문에 내가 표현한 것을 의도하였다고 생각하는 '심리인지오류 또는 심리작용오류'가 발생한다. 또한 상대도 무의식적 습관의 말과 행동과 표정을 통하여 감정을 표현하기 때문에 상대가 의도하지 않은 말과 행동과 표정으로 표현하게 되고, 자신은 감각기관을 통하여 의식의 생각으로 받아들이기 때문에 상대가 표현한 것을 의도하였다고 생각하는 왜곡된 심리인식의 오류가 발생한다.

따라서 자신이 의도하지 않은 무의식인 말과 행동과 표정에 대하여 상대는 의식으로 한 말과 행동과 표정이라 생각하고, 상대가 의도하지 않은 무의식인 말과 행동에 대하여 자신은 상대가 의식으로 한 말과 행동과 표정이라 생각한다. 그래서 대화는 자신과 상대가 모두 심리인지오류(또는 심리작용오류)에 의하여 감정이 잘못 전달될 수 있기 때문에 대화심리를 정확히 분석할 필요가 있다. 특히 말과 행동은 무의식으로 하더라도 자신이 한 말과 행동을 했다는 것을 인지할 수 있지만, 표정은 자신이 인지할 수 없기 때문에 표정은 대화에서 발생하는 부정감정의 주요 원인이 되는 경우가 많다.

대화의 수단

대화를 할 때는 몇 가지의 수단이 있다. 대화는 심리작용의 방법이기 때문에 심리가 작용하면서 심리표현(말, 행동, 표정의 습관이 무의식적으로 작용)과 심리인식(5개의 감각기관을 통하여 생각의 의식이 작용)이 작용한다. 이는 감정교류를 목적으로 하는 대화의 방법으로서 말과 행동과 표정에 의하여 감정이 개입된다.

의견협의를 위한 대화의 방법에서는 감정을 배제한 상태에서의 생각과 기억에 대한 작용이다. 즉 의식만 작용하는 것이다. 이런 경우에는 대부분이 문자와 글을 통하여 의견을 표현한다. 그래서 말과 행동은 감정을 표현하여 감정교류를 위한 대화를 할 때 사용하는 수단이고, 문자와 글은 의견교환을 위한 대화를 할 때 사용하는 수단이다. 따라서 대화의 상황과 환경과 목적에 따라서 수단과 방법을 선택해야 한다.

말과 행동과 표정은 자신의 감정인 심리를 표현하는 방법이지만, 글과 문자는 자신의 생각에 대하여 상대가 의식으로 생각하기 때문에 의견표현의 방법이다. 만일 글과 문자로 인하여 감정이 발생하는 경우에는 대부분 자신의 글과 문자에 대하여 자신의 감정이 발생하기보다는 상대가 글과 문자를 인식하여 감정과 결합하기 때문에 상대에게 감정이 발생한다. 즉 자신과는 관계없이 상대에 의하여 감정이 발생하는 것이다.

또한 문자와 글 중에 이모티콘이 있는데, 이 이모티콘은 표정을 글자로 표현하기 때문에 시각정보로 인식되면서 감정을 일부 표현할 수 있다. 이모티콘, 캐릭터 등은 모두 문자와 글을 교환할 때 상대에게 자신의 감정을 정확하게 표현할 수 있기 때문에 온라인(인터넷, 모바일)의 채팅과 게임에서 많이 사용한다.

말과 행동과 표정은 심리표현의 수단이다. 자신이 심리표현을 했을 때 상대가 이를 종합하고 인식하면 의식으로 받아들이면서 왜곡하여 인식하는 결과가 발생한다. 예를 들면, 내가 상대에게 밝고 환하게 웃으면서 말로는 욕을 하고 있고, 상대는 귀를 막고 있다면 상대는 어떻게 받아들일지 생각해 보자. 상대에게는 긍정감정이 발생할지, 부정감정이 발생할지 생각해 보라. 상대에게는 사실정보와는 다르게 왜곡된 생각을 하면서 인식하는 현상이 발생한다. 바로 심리인식의 오류와 생각의 오류가 발생한 것이다.

따라서 의견과 감정이 통합되어 대화하면 자신은 상대의 표현에 대한 왜곡된 감정이 발생할 수 있고, 상대는 나의 표현에 대한 왜곡된 감정이 발생할 수 있다. 그렇기 때문에 의견보다는 감정을 앞세우게 되면서 대립하는 현상이 발생할 가능성이 높아지는 것이다.

이와 같이 대화는 의견과 감정이 동시에 발생할 수 있기 때문에 의견교환을 목적으로 할 때는 가능하면 문자와 글을 이용하고, 감정교류를 목적으로 할 때는 가능하면 말과 행동과 표정을 이용하면 좋다. 의견과 감정을 동시에 교환할 필요가 있을 경우에는 대화의 수단이 상호 연결될 수 있도록 하면 좋다.

감정과 의견

대화를 할 때 특정 사건과 주제를 보면 반드시 의견과 감정으로 분리된다. 그 사건과 주제에 대한 의견, 그 사건과 주제에 대한 감정이 함께 공존하고 있다. 이때 의견은 생각에 의한 의식이기 때문에 매우 객관적이고, 지식을 기초로 하며, 학습된 경험과 다양한 자신의 기억과 생각에 의하여 작용한다. 반면 감정은 매우 주관적이며, 어떤 감정을 기억하고 있고, 어떤 습관을 갖고 있느냐에 의하여 작용한다.

만일 의견이 자신에게 부정감정을 유발한다면, 의견은 좋을지 몰라도 감정은 좋지 않게 된다. 그러면 의견은 부정적인 의견이 나올 수밖에 없다.

같은 의견일지라도 부정적인 의견이 나오는 것이다. 즉 관점이 달라지는 것이다. 그러나 긍정감정이라면 상대의 의견과 관계없이 상대의 의견이 이해되면서 좋아진다. 이에 따라서 의견은 객관적으로 똑같다. 감정이 좋든 나쁘든 간에 똑같은 의견이다. 그러나 감정이 개입되면 의견은 중요하지 않고, 감정에 의하여 의견이 좌지우지된다. 즉 감정이 좋으면 의견은 무조건 좋아지고, 감정이 좋지 않으면 의견은 무조건 좋지 않다.

의견과는 관계없이 감정이 개입되어 똑같은 감정이면, 무조건 의견이 같아진다. 의견의 객관성보다는 감정의 작용으로 인하여 의견에 대한 이유도, 조건도, 맞고 틀리고도 중요하지 않으면서 의견이 하나로 쉽게 통일된다. 대체적으로 대중심리가 이에 해당한다. 특히 선전, 선동에서 많이 사용한다. 이와 같은 현상이 발생하면 감정을 동일하여 상승되고 동질성이 확보되어 좋겠지만, 의견조율이 불가능하면서 의견에 따른 문제가 발생할 가능성이 매우 높고, 의견의 법적 윤리적 도덕적 기준은 그리 중요하지 않게 된다.

대화를 하는 사람들이 서로 다른 감정이 되면, 무조건 상대의 반대의견으로 경쟁하려고 하면서 감정에서 이기려고만 한다. 그 이유는 감정발생의 원리에서 자신의 감정에 맞춰지면 자신에게는 긍정감정을 만들지만 상대는 부정감정이 발생하고, 반대로 상대의 감정에 맞춰지면 상대에게는 긍정감정이 발생하지만 자신에게는 부정감정이 발생한다.

따라서 서로가 감정대립이 되면서 무조건 반대의견으로 경쟁하려고 한다. 또한, 이런 상황에서 문제가 발생하게 되면, 그 문제는 상대의 탓이라고 하면서 자신의 잘못은 없다고 인식한다. 결국 끊임없는 감정대립과 감정싸움을 지속하게 되는 원인이 된다. 이러한 경우에는 대부분 이해와 배려를 하지 못하기 때문에 문제가 지속되는 것이다.

　반면 감정이 배제된 상황에서 의견이 같든 다르든 관계없이 자신의 지식과 경험에 의하여 객관적으로 의견을 조율하기 때문에 의견에 대한 합의와 결과를 도출하기 쉽다. 비교적 어렵지 않게 문제를 해결하기 위한 의견조율이 가능하다. 이렇게 의견조율을 하고 난 후, 감정을 교류하면 상호 감정교류도 편안해지면서 두 사람 모두에게 긍정감정이 발생한다. 즉 이해와 배려가 매우 쉬워진다. 따라서 의견조율과 감정교류가 동시에 발생하는 대화를 할 때는 제일 우선으로 감정을 배제한 상태에서 의견조율을 하고 난 후 감정을 교류하면 대화를 충분히 할 수 있다.

2
대화의 심리

　남자와 여자는 대화를 인식하는 것이 다르다. 이로 인하여 서로의 대화 인식의 차이를 알지 못하기 때문에 감정대립을 하는 경우에 발생한다. 감정대립의 약 10%가 해당한다.

　대화를 하자는 것에 대하여 남자는 문제로 인식하기 때문에 스트레스가 작용하면서 부정감정이 발생하여 대화를 거부한다. 반면 여자는 위로로 작용하여 문제의 해결로 인식하기 때문에 좋은 감정이 작용한다. 이는 정상심리를 가진 남자와 여자에 해당한다.

　그러나 비정상의 심리를 가진 경우에는 남자는 해결로 인식하기 때문에 문제해결의 좋은 감정으로 작용하고, 여자는 문제로 인식하기 때문에 스트레스가 작용한다. 이는 대화에 대하여 남자와 여자가 다르게 인식하는 것으로 인한 대립과 싸움이다. 따라서 상대가 대화를 어떻게 인식하는지 알게 되면 대화인식의 문제로 인한 싸움은 대폭 줄어들게 된다.

　참고로 대화와 의사소통은 다르다. 대화는 자신의 의견과 감정을 상대와 서로 주고받으면서 심리작용을 하는 반면, 의사소통은 의견만 상대와 서로 주고받으면서 심리작용을 전혀 하지 않는다. 또한 의사소통은 동물이나 인간 모두가 동일하게 사용하지만, 심리작용의 대화는 인간만이 할 수 있다.

대화에 대해서는 남자와 여자가 다르게 인식한다. 대화는 문제를 해결해 가는 과정인데, 남자는 대화를 문제로 인식하기 때문에 대화하자는 것을 스트레스로 인식한다. 자신도 모르게 부정감정이 만들어지는 것이다. 그래서 남자는 막연하게 대화하는 것을 싫어한다. 반면 여자는 대화를 문제가 아닌 해결로 인식하면서 대화를 위로와 해결로 받아들인다. 그래서 막연한 대화에 대해서 긍정감정이 생긴다.

이러한 현상은 대화를 감정교류 인식하기 때문이다. 따라서 남자에게 의견교류를 위하여 대화하는 것은 좋은 감정을 만드는 것이기 때문에 남자들끼리 이야기하면 수다스러워진다. 그러나 남자는 대화에서 감정개입은 싫어한다. 여자에게 감정교류를 위하여 대화하는 것은 좋은 감정을 만드는 것이다.

만일 남자에게 대화에 대한 구체적인 이야기 없이 막연하게 그냥 대화를 하자고 하면, 부정감정이 생기면서 스트레스를 받는다. "대화를 하자"라고 말하면, '왜 나와 이야기를 하려고 하지? 무슨 문제일까?'라고 생각하는 것이 남자이다. 대화의 구체적인 이야기가 없으면 매우 큰 스트레스로 작용하는 것이다. 반면 여자에게 "대화를 하자"라고 말하면, '뭔지 모르지만 관심이 있는 것에 대해서 해결하려고 하는구나'로 받아들인다. 그래서 대화에 대해서 문제를 해결하려고 하는 것, 자신에 대한 관심이라는 인식 때문에 긍정적으로 작용하는 것이다.

따라서 남자는 대화를 하고자 할 때 대화를 하고자 하는 구체적인 이야기를 한 후에 그것에 대해서 대화를 하자고 하면 스트레스를 받지 않지만, 여자는 구체적인 이야기를 하지 않아도 대화에 대해서 긍정적인 감정을 갖는다. 또한 여자에게 구체적인 이야기를 한 후에 그것에 대해서 대화를 하자고 한 후, 실제 대화를 하였을 때 구체적인 이야기와 다르거나 해결의 기대에 미치지 못하게 되면 대화를 한 후에는 부정감정이 만들어진다. 즉 대화를 하지 않느니만 못한 결과가 발생한다. 따라서 여자에게 대화를 하고자 할 때는 해결 또는 구체적인 이야기를 먼저 하면 대화를 한 후에는 실망할 수 있다. 해결을 할 것이라 기대하고 대화했는데, 해결이 되지 않으면 기대에 미치지 못하게 되면서 부정감정이 생기고 짜증 내는 것이다.

이에 따라서 남자는 구체적인 이야기를 한 후, 대화를 하자고 하면 스트레스의 부정감정이 발생하지 않지만, 여자는 그냥 대화를 하자고 한 후 대화하면 부정감정이 발생하지 않는다. 남자에게 그냥 대화를 하자고 하면 스트레스의 부정감정이 만들어지고, 여자에게 구체적인 이야기를 하면서 대화를 하자고 하면 대화를 한 후에는 부정감정이 발생할 가능성이 높다.

이와 같이 남자는 대화를 문제로 인식하면서 스트레스가 발생하고, 여자는 해결로 인식하면서 긍정감정이 발생한다.

3
대화의 방법

　남자와 여자는 대화를 인식하는 것도 다르고, 대화의 수단도 다르기 때문에 서로 대화를 할 때 대화방법을 정확히 알지 못하면 대화가 매우 어렵다.

　남자와 여자가 대화를 할 때 남자는 해결의 내용이 먼저 나와야 한다. 문제가 무엇이든 관계없이 우선은 그 문제를 해결하려는 방법에 대한 이야기를 먼저 해야 한다. 그런 후 문제에 대한 내용을 상세히 이야기해야 한다. 그러면 남자는 스트레스를 받지 않고 편안하게 대화를 할 수 있다. 이미 문제해결에 대한 결론을 이야기했기 때문이다.

　반면 여자는 해결보다는 문제의 내용이 우선적으로 나와야 한다. 어떻게 하면 해결된다가 중요한 것이 아니라 문제가 왜 발생하였는지, 원인이 무엇인지, 어디가 잘못되었는지 등 문제에 대한 자세한 내용이 분석되어야 한다. 그런 후 해결에 대한 이야기를 한다. 그러면 여자는 상처를 받지 않고 대화를 편안하게 할 수 있다.

　그래서 남자는 결과를 설명한 후 해결책에 관련된 내용을 설명하고, 그 후에 문제의 과정을 이해하고 배려하는 것이 필요하다. 즉 해결에 관련된 내용이 중요하기 때문에 문제에 대한 전반적인 내용이 생략되더라도 이를 이해하고 배려하는 것이 중요하다. 따라서 여자들은 남자들이 결과와 해결에 대한 이야기를 한 후 문제의 과정을 설명하는 것을 중요시한다고 인식해야 한다. 그러나 여자는 문제의 과정을 정확히 알아야만 해결방법을 찾기 때문에 이를 이해하고 배려해야 한다. 그래서 남자와는 정반대로 대화를 해야 한다.

남자가 결과를 먼저 이야기하는 것은 과정을 나중에 설명하리라는 것을 이해하고 배려를 해 줘야 한다. 결과가 나오면 조율하는 것은 이해하기 쉽기 때문이다. 남자는 결과 없이 문제를 논하는 것은 스트레스받는다는 것을 알아야 한다. 따라서 남자는 반드시 결과 또는 해결을 먼저 제시하고 결정해서 미래행복을 추구할 수 있도록 해 주고 난 후에 문제의 원인, 잘잘못, 감정, 문제를 분석하면 남자는 스트레스를 받지 않으면서 이야기할 수 있다.

그러나 여자는 문제를 해결하고자 하는 욕구로 인하여 해결을 위한 과정이 반드시 필요하다. 즉 문제의 모든 것을 알고 이해해야 한다. 그래서 문제의 원인, 잘잘못, 기타 문제에 대한 내용을 모두 설명되어야 한다.

남자와 여자가 대화심리나 문제인식의 결과가 어떻게 적용되는지 알고 이해해야 한다. 그래야 대화를 할 수 있다. 이때 이해라는 것은 자신의 생각이 아니라 상대의 심리를 정확히 아는 것이다. 그런 후 상대의 생각에 맞추어서 실천으로 베풀어 주는 것이 배려이다.

그러나 대부분의 사람들은 자신의 생각을 확신하고 상대도 자신과 같은 사람이니 자신과 같은 생각일 것이라 확신한다. 이는 이해가 아니다. 남자와 여자가 다르다는 것을 모르고 있고, 다르다는 것을 알고 있더라도 정확하게 무엇이 다른지 모르는 것이다. 즉 자신과 상대의 심리를 모르기 때문에 이해와 배려를 할 수 없는 것이다.

대화방법에서 가장 중요한 것은 바로 상대에 대한 이해와 배려이다. 상대에 대한 이해와 배려를 하는 것은 대화의 방법이다. 이러한 대화를 하면 무조건 두 사람 모두 긍정감정이 발생하고 행복함을 느끼게 된다. 그렇지 않으면 대화는 부정감정을 유발한다.

4
문제인식의 차이

　남자와 여자는 과거의 문제를 인식하는 것이 다르다. 과거의 부부문제, 가족문제, 성문제… 기타 다양한 문제와 관련되는 모든 문제는 해결되지 않으면 현재에도 지속한다. 문제를 해결하기 전까지는 계속 확산된다. 그렇게 확산이 되다 보면 여자에게는 상처로 기억되고, 남자는 이를 기억하지 못한다. 여자는 부정감정인 상처를 기억하고, 남자는 부정감정이 스트레스를 기억하지 못하기 때문이다.

　심리인식은 생각으로 의식하고, 심리표현은 말과 행동과 표정의 습관인 무의식으로 한다. 그래서 문제에 대한 심리표현은 자신도 모르게 하고, 상대의 문제에 대한 표현은 잘 기억한다. 그래서 문제가 발생하면 자신은 자신의 문제를 알지 못하고, 상대도 상대 자신의 문제를 알지 못한다. 서로가 자신의 문제를 모른다. 이는 자신이든 상대든 문제의 표현을 무의식으로 하기 때문이다.

　또한 문제를 해결해 가는 과정에서 서로 대화를 해야 하는데, 남자는 대화를 문제로 인식하고 여자는 대화를 해결로 인식하기 때문에 문제는 해결하기 어렵게 된다. 한 사람은 문제로 인식하고 한 사람은 해결로 인식하기 때문에 문제의 핵심을 모른 채 계속 감정대립을 할 수밖에 없고, 문제는 계속 확대될 수밖에 없다.

　남자는 부부문제, 가족문제, 성문제 등을 모두 문제로 인식한다. 그래서 여자가 이 문제에 대해서 대화를 하자고 하면 남자는 대화 자체를 문제의 제기로 인식하기 때문에 부정기분의 스트레스가 발생하면서 대화를 하지 않으려고 하거나 회피하는 현상이 발생한다. 그래서 여자는 상처를 받고 남자는 이를 피하고 잊는다.

　시간이 지나가면 남자는 문제가 없다고 생각한다. 문제를 말하는 그 자체가 스트레스니까 말하지 말라고 한다. 부정기분을 기억하지 못하기 때문에 문제가 없다고 생각하는 것은 당연한 것이다. 그러나 여자는 문제가 있다고 생각한다. 문제를 이야기해야 해결이 될 것이라고 말한다. 이는 부정감정을 기억하기 때문에 문제가 있다고 생각하는 것은 당연한 것이다. 이처럼 두 사람이 서로 다른 기억체계와 인식체계를 갖고 있기 때문에 부부문제, 가족문제, 성문제 등이 발생하면 대화로 해결하는 것이 쉽지 않다.

　남자에게 그냥 커피를 한잔 마시자고 하면 문제로 인식하지 않는다. 커피를 한잔 마시는 것으로만 생각하기 때문이다. 그러면서 자연스럽게 대화를 해 갈 수 있다. 그러나 그냥 이야기를 하자고 하면 무엇인지는 모르지만 문제를 이야기할 것이라는 인식과 함께 부정감정의 스트레스가 발생한다. 그래서 그냥 이야기를 하자고 하면 싫어하는 것이다.

　이러한 현상은 남자는 부정감정의 스트레스에 대한 마음의 거부방어기제가 작용하면서 스트레스를 제거하기 때문에 대화를 거부하여 스트레스의 부정감정을 기억하지 못하게 되어 있지만, 여자는 부정감정에 대한 마음의 수용방어기제가 작용하면서 부정감정을 수용하여 치료하기 때문에 대화를 수용하여 부정감정을 잘 기억하도록 한다. 이 차이로 인하여 대화를 인식하는 것이 전혀 다른 것이며, 문제를 인식하는 것도 다르다.

따라서 과거의 부부문제, 가족문제, 성문제, 기타 다양한 문제에 대해서 남자는 기억을 잘 못하고, 여자는 잘 기억하는 것이다.

5
감정의 대립

　부부싸움 또는 감정싸움의 주요 원인은 대화인식의 차이, 감정기억의 오류, 심리작용의 오류 등 3가지로 구분할 수 있다. 이 3가지 중 한 가지 이상 문제가 발생하면 감정싸움을 하게 된다. 따라서 부부와 가족은 서로 사랑하는 인간관계로서 3가지의 문제는 반드시 발생하기 때문에 싸움이 없을 수 없다.

　말다툼과 같은 싸움을 자주 하는 경우에는 서로가 깊이 사랑하고 있다는 것을 의미하는데, 그 폭언과 폭력의 경우에는 그 정도가 지나쳐서 심각한 인간관계에 문제를 유발한다. 인간은 감정싸움이 왜 발생하는지 정확히 알지 못하기 때문에 상대를 이해할 수 없게 되면서 계속 반복하여 싸움하면서 상처를 주고받는다.

　특히 싸움을 하지 않는 부부는 심각한 문제를 갖고 있는 부부이다. 한 사람이 참고 견디면서 살고 있거나, 아니면 사랑이 전혀 없어서 무관심한 부부라고 할 수 있다. 결국 싸움이 없는 부부는 건강하지 못한 관계 또는 심각한 문제가 있는 것이다.

　인간이 감정싸움을 하는 경우를 살펴보면 대화인식의 차이로 인한 싸움은 10%, 감정기억의 오류로 인한 싸움은 10%, 그 외 80% 이상이 심리작용의 오류로 인한 싸움이다.

이 3가지로 인한 감정대립은 인간이면 누구에게나 발생하기 때문에 자신이 생각하는 상대에 대한 부정감정의 90% 이상은 사실과 전혀 다르다는 것을 알아야 한다.

감정대립의 대표적인 것은 부부싸움이다. 감정대립은 서로의 감정이 대립하면서 관계가 악화될 수밖에 없다. 남녀 간의 감정싸움이 되었든, 동성 간의 감정싸움이 되었든 똑같다. 감정대립은 대화인식의 차이, 감정기억의 오류, 심리작용의 오류 등 3가지의 경우에 발생한다. 이 3가지 중 하나만이라도 발생하면 감정대립과 감정싸움을 하게 된다.

첫 번째는 대화인식의 차이에 의한 감정대립이다. 이는 남자는 대화를 문제로 인식하기 때문에 스트레스의 부정감정이 발생하여 대화를 회피 또는 거부하지만, 여자는 대화를 해결로 인식하기 때문에 좋은 감정이 발생하여 대화를 원한다. 그래서 대화를 하자고 했을 때, 남자가 거부하거나 회피하는 말과 행동과 표정으로 인하여 여자는 부정감정이 발생하면서 감정대립을 하게 된다. 감정대립의 약 10%가 이에 해당하고 주로 남자와 여자의 사이에서 발생한다.

두 번째는 감정기억의 오류에 의한 감정대립의 경우이다. 남자는 부정감정을 기억하지 못하고 긍정감정을 기억하지만, 여자는 부정감정을 기억하고 긍정감정을 기억하지 못한다. 그래서 남자는 부정감정을 기억하지 못하기 때문에 여자도 부정감정을 기억하지 못할 것이라 인식하고, 여자는 부정감정을 기억하기 때문에 남자도 부정감정을 기억할 것이라 인식한다. 실제와는 다르게 인식하는 것이다. 이를 '감정기억의 오류'라고 하고 인간이면 누구에게나 발생한다. 잘못된 것이 아니라 모르는 것이다.

그래서 남자는 부정감정을 기억하는 여자에 대하여 스트레스를 받고, 여자는 부정감정을 기억하지 못하는 남자에 대하여 스트레스를 받고 상처를 받는다. 그래서 남자와 여자는 서로의 부정감정기억의 오류로 인하여 감정대립을 하게 된다. 이렇게 부정감정기억의 오류로 인하여 감정대립을 하는 경우는 감정대립의 약 10%가 해당한다.

세 번째는 심리작용의 오류에 의한 감정대립이다. 인간의 심리표현은 무의식으로 하지만 심리인식은 의식으로 한다. 그래서 자신이 심리표현을 할 때는 무의식으로 하지만 상대가 인식할 때는 의식으로 한다. 서로 자신이 표현한 말과 행동을 잘 기억하지 못하지만 상대는 이를 잘 기억한다.

따라서 문제가 발생하면 자신이 한 말과 행동을 잘 기억하지 못하고, 상대가 한 말과 행동은 잘 기억하기 때문에 모든 문제의 원인은 상대에게 있다고 생각한다. 이것이 '심리작용의 오류'이다. 즉 무의식으로 표현한 당사자는 자신의 말과 행동을 기억하지 못하고, 상대가 무의식으로 표현한 말과 행동은 의식(생각)으로 인식하고 잘 기억하기 때문에 발생하는 현상이다. 이렇게 심리작용의 오류로 인하여 감정대립을 하는 경우는 감정대립의 약 80%를 차지할 만큼 빈번하게 발생하며, 모든 인간관계에서 대부분 발생한다.

6
친밀한 인간관계

심리작용은 인간관계에서는 반드시 필요하고, 심리작용의 오류는 인간이라면 누구에게나 발생한다. 이 심리작용을 이해하지 못하기 때문에 상대를 이해하지 못하면서 발생하는 감정대립은 약 80%를 차지할 만큼 매우 자주 발생한다.

심리작용을 할 때, 자신은 무의식인 습관에 의하여 감정을 표현하지만 상대는 의식으로 받아들인다. 반면 상대는 의식에 의하여 상대의 표현을 받아들이고 다시 습관으로 감정을 표현한다. 이것을 심리작용이라 한다. 이는 사랑하는 사이, 가까운 관계일수록 더욱 뚜렷하게 발생한다.

자신이 무의식인 습관으로 말, 행동, 표정을 통하여 상대에게 감정을 표현하면, 상대는 생각을 통하여 의식으로 받아들여서 자신에게 일부러 또는 의도적으로 표현한 것이라고 생각한다. 반면 상대도 무의식인 습관으로 말, 행동, 표정을 통하여 감정을 표현하면 자신도 생각을 통하여 의식으로 받아들여서 상대가 자신에게 일부러 또는 의도적으로 표현한 것이라고 생각한다.

그래서 서로의 관계에서 문제가 발생하면 서로 상대의 탓이라고 생각한다. 이는 서로를 탓하게 만드는 주요 원인이다. 상대는 의도하지 않았는데 의도했다고 생각한다. 자신이 했던 말, 행동, 표정은 10%도 채 되지 않게 기억하고, 상대가 했던 말, 행동, 표정은 90% 이상 기억하기 때문에 문제의 원인은 상대에게 있다고 생각하는 것이다. 이 또한 상대가 의도한 것이 아니지만 상대가 의도했다고 생각한다.

친밀한 인간관계는 사랑하는 사람, 친밀한 사람, 오래된 편안한 사람 등과의 인간관계라고 할 수 있다. 부모관계, 부부관계, 자식관계, 가족관계, 친한 친구관계 등과 같이 오래도록 친밀한 관계에 있는 사람들은 대부분 이런 친밀한 인간관계를 갖는다.

친밀한 인간관계에서는 심리표현을 할 때 습관에 의하여 무의식적인 말과 행동과 표정으로 상대에게 심리를 표현한다. 그러면 상대는 생각으로 종합해서 인식하면서 의식으로 받아들인다. 그리고 다시 상대는 무의식의 습관에 의하여 말과 행동과 표정으로 자신을 표현하면 자신은 생각으로 종합해서 인식하면서 의식으로 받아들이는 일련의 순환구조를 갖는다.

심리표현은 자신과 상대 모두가 습관인 무의식이 작용하고, 심리인식은 자신과 상대 모두가 생각에 의하여 의식이 작용한다. 이때 감정기억을 보면 남자는 부정감정을 기억하지 못하고 긍정감정을 기억하며, 여자는 부정감정을 기억하고 긍정감정을 기억하지 못한다. 그래서 심리가 작용할 때는 남자와 여자가 다르게 작용한다.

이러한 현상은 사랑하는 관계, 오래된 친한 관계에서 당연히 나타난다. 친밀한 인간관계의 순환구조를 보면 긍정적인 심리표현은 그렇게 문제 되지 않지만 부정적인 심리표현은 문제가 된다. 표현은 무의식으로 하고 인식은 의식으로 하기 때문에 상대의 표현은 상대의 무의식으로 하지만, 이를 의식으로 받아들이면서 의도적으로 했다고 오해한다. 또한 이런 현상은 자신과 상대 모두에게 발생하면서 서로 상대를 탓하게 되는 원인이 된다.

즉 친밀한 인간관계이기 때문에 나타나는 현상인데, 이 과정을 정확히 알지 못하기 때문에 상대와 감정대립을 하고, 모든 잘못의 원인이 상대에게 있다고 서로 생각하고 확신한다. 즉 오해가 생길 수밖에 없다.

이와 같이 왜곡되는 오류가 발생하는데, 이는 표현하는 것과 인식하는 것이 다르기 때문이다. 그래서 받아들이는 생각이 왜곡하고 오해하는 것이다. 상대의 표현을 인식하면서 당연히 생각하게 되니 확신을 할 수 있지만, 상대의 표현이 의식이 아니라 무의식이라는 것은 모르기 때문에 오해하는 것이다.

따라서 친밀한 인간관계에서 상대에 대한 생각의 99% 이상은 왜곡되고 잘못된 것이다. 상대의 진실과는 관계없이 자신이 왜곡되게 생각하고 오해할 확률이 99% 이상이라는 것이다. 따라서 자신이 생각하는 상대의 감정은 잘못되고 오해하는 것일 수 있다고 생각해야 한다.

7
의식적 인간관계

　처음 만날 때, 업무와 관련한 일을 할 때, 특정한 사건에 대한 대화를 할 때는 의식적인 인간관계에 의하여 심리작용을 한다. 이 경우에는 최대한 무의식인 습관을 억제하고 의식의 생각과 기억만으로 심리작용을 한다.
　자신의 생각과 기억(자각되는 부분)을 상대에게 표현하면, 상대는 이를 생각과 기억(자각되는 부분)으로 받아들인다. 이때 자신의 생각과 기억을 상대에게 표현할 때 자각되는 부분을 제외한 나머지의 말, 행동, 표정은 무의식인 습관에 의하여 표현된다. 상대는 생각과 기억으로 인식한 후 다시 생각과 기억(자각되는 부분)을 표현하면, 자신은 이를 생각과 기억(자각되는 부분)으로 받아들인다. 이때도 상대의 생각과 기억을 표현할 때 상대가 자각되는 부분을 제외한 나머지의 말, 행동, 표정은 무의식인 습관에 의하여 표현된다.
　이와 같이 자신과 상대가 오로지 생각과 기억(자각되는 부분)으로 인식하고 표현하는 관계를 의식적인 인간관계라고 한다. 이때 생각과 기억의 자각되는 부분으로 표현하는 것도 중요하지만, 습관으로 표현하는 것을 예의주시할 수 있다면 인간관계에 많은 도움이 된다.
　의식적인 인간관계는 처음 만났을 때의 불편한 인간관계, 업무적인 인간관계 등에서 작용한다. 친밀한 인간관계에서는 말과 행동의 표현을 무의식인 습관으로 했지만, 의식적인 인간관계에서는 표현을 의식인 생각에 의하여 한다는 것이다. 그래서 많은 생각을 하게 되면서 스트레스가 작용하고 피곤함을 느끼게 된다.

의식적인 인간관계는 심리표현과 심리인식에 모두 의식이 작용한다. 그래서 매우 피곤해진다. 의식만 작용하기 때문에 생각이 많아지고 생각이 많아지면 스트레스가 많이 작용하기 때문이다. 따라서 열심히 일을 한 사람들은 대부분 집에 가면 편하게 쉬고 싶은 심리가 형성되는 것이다. 또한 집에 가서 스트레스를 해소할 수 없으면 가능하면 집에 가기 전에 스트레스를 해소하려고 한다. 집에 들어가기 전에 술 마시거나, 놀러 가거나, 친한 사람들과 어울리는 것은 모두가 스트레스를 해소하려고 하는 심리의 작용이다. 경우에 따라서는 일하는 것이 재미있고 즐거우면 집에 가는 것도 잊는 경우도 있다.

이와 같이 의식적인 인간관계는 많은 스트레스가 작용한다. 그래서 이성적이면서 판단력과 결정력을 요구하는 의식이 계속 작용되면 강박과 억압이 발생한다. 즉 스트레스가 강해지기 때문에 피로감을 느끼는 것이고, 열심히 일한 경우에는 일을 마치면 매우 피곤해지는 것이다.

만일 밖에서 발생한 스트레스가 해소되지 않은 채 집으로 들어가게 되면, 친밀한 사람들 또는 사랑하는 사람들과 함께하게 되면 무의식의 습관에 의하여 스트레스를 해소하게 된다. 중요한 업무, 까다로운 업무, 고도의 기술과 전문성을 요하는 업무, 상하관계가 엄격한 업무 등을 하는 사람들은 대부분 이성적인 통제와 생각이 많이 작용하면서 업무능력은 뛰어나지만, 친밀한 인간관계가 있는 집에 가게 되었을 때는 쌓인 스트레스를 해소하기 위하여 폭력현상(폭언, 폭력)이 발생하는 경우도 많다. 이는 많은 스트레스를 해소하지 못한 채 집으로 들어오는 경우에 발생한다.

과거 TV에서 방송했던 남편과 업무관계의 스트레스 측정에 대한 내용이 있었다. 집에서 일상생활을 할 때 남자의 혈압은 80~90을 유지하면서 편안함을 느끼고 있는데, 출근을 하는 순간부터 퇴근하기 전까지는 130~140을 유지하는 것을 측정했다. 퇴근하고 다시 집으로 돌아오면 혈압은 80~90을 유지하였다.

이러한 현상은 집에서의 친밀한 인간관계에 있을 때는 생각의 의식보다는 무의식의 습관이 작용하지만, 출근하면 생각의 의식이 작용하면서 스트레스가 지속적으로 발생하게 되어 혈압의 수치가 상승한 채 유지되는 것을 알 수 있다. 그만큼 의식과 무의식 중 어떠한 심리가 작용하느냐에 따라서 심리에 많은 영향을 미치는 것을 알 수 있다.

8
비정상 인간관계

비정상적인 인간관계는 반드시 문제를 유발하기 때문에 이를 정확히 알지 못하면 뜻하지 않는 사건사고에 휘말리거나, 피해를 입는 일이 발생한다. 이러한 경우는 대부분 목적을 가진 만남에서 발생한다. 특히 사기사건, 치정관계, 불륜과 외도, 갑과 을의 업무와 일, 이외 많은 목적관계에서 항상 발생한다.

자신은 상대를 친밀한 사람이라고 인식하지만, 상대는 목적관계로 인식하기 때문에 심각한 문제가 발생할 가능성이 매우 높다.

상대가 친밀한 사람이기 때문에 자신이 무의식인 습관으로 말, 행동, 표정을 통하여 상대에게 감정을 표현하면, 상대는 생각을 통하여 의식으로 받아들인다. 그러면 상대는 내가 원하는 말, 행동, 표정을 표현하여 나의 생각과 기억이 상대에 의하여 자각될 수 있도록 한다. 그래서 자신은 상대의 말, 행동, 표정을 진실한 것으로 인식한다. 이때 상대가 원하는 목적을 갖는 말, 행동, 표정을 하게 되었을 때 나는 이를 인식하지 못하고 친밀한 인간관계에 준하여 무의식인 습관으로 표현하게 된다.

비정상적인 인간관계를 보면, 한 사람은 친하다고 생각하거나 사랑한다고 생각하여 표현할 때는 무의식의 습관이 작용하는데, 한 사람은 표현하는 것도 인식하는 것도 모두 의식인 생각이 작용한다. 이런 경우에는 친하다고 생각하여 습관이 작용하는 사람은 상대로부터 피해를 입게 되고, 의식이 작용하는 사람은 가해자로 형성이 된다. 그래서 비정상적인 인간관계는 한 사람은 표현할 때 습관이 작용하지만, 상대편은 의식의 생각이 의도적으로 작용한다.

이러한 비정상적인 인간관계는 목적을 갖는 관계로서 특정한 목적을 갖고 있는 관계, 범죄관계, 사기피해에 관련된 관계, 가해자와 피해자의 관계 등이라 할 수 있다. 결국은 심리표현을 할 때 자신은 무의식인 습관으로 하지만, 상대는 의식으로 받아들이는 것은 당연한데 표현을 할 때 의식의 생각으로 의도적으로 표현한다. 따라서 자신과 상대가 다르게 심리표현을 하는 것이다.

특히 이런 관계는 오랜 시간이 경과한 사람, 친밀한 관계에서 자주 발생한다. 의식적인 인간관계에서는 작용하지 않는다. 만난 후 시간이 지나면서 자신이 친하다고 생각하고 괜찮은 사람이라고 생각하게 되면서 무의식인 습관에 의하여 표현하지만, 상대는 그렇지 않다. 특정한 목적이 있다. 그리고 필요로 하는 것이 있다. 그래서 계속 의식인 생각이 작용한다.

따라서 비정상적인 인간관계는 오랜 시간이 지났을 때, 친밀한 인간관계로 형성되었다고 생각될 때 발생한다. 대부분의 사기피해는 친한 사람들에게 당한다. 처음 보는 사람에게는 사기를 당하는 일이 적다. 그래서 처음 만났을 때는 의식이 작용하지만 자신이 친해졌다고 생각되면 자신도 모르게 무의식인 습관으로 표현한다. 상대는 계속 의식이 작용한다. 즉 상대는 나를 이용하고 활용하고 있다는 것이다. 상대가 의도적으로 생각하기 시작하면서 비정상적인 인간관계가 형성된 것이다. 자신은 이를 인식하지 못한다.

사람들 중에는 서로 관련되는 사람들을 중간에서 이간질하는 사람들이 있다. 한 사람에게 이야기를 한 것과 다른 사람에게는 엉뚱한 이야기를 해서 서로 오해하고 불신을 갖도록 하면서 이간질을 하는 것이다. 이때도 이간질을 당하는 두 사람은 모두 이간질을 하는 사람과 친밀한 사이일 때 가능하다. 그래서 특정한 목적의식을 갖고 이간질하는 사람 또한 비정상적인 인간관계를 유지하고 있다는 것이다. 이간질을 할 때는 그만한 목적이 있다는 것이다. 이처럼 인간관계에 목적의식을 갖는 사람들은 반드시 심리표현을 의도적으로 한다.

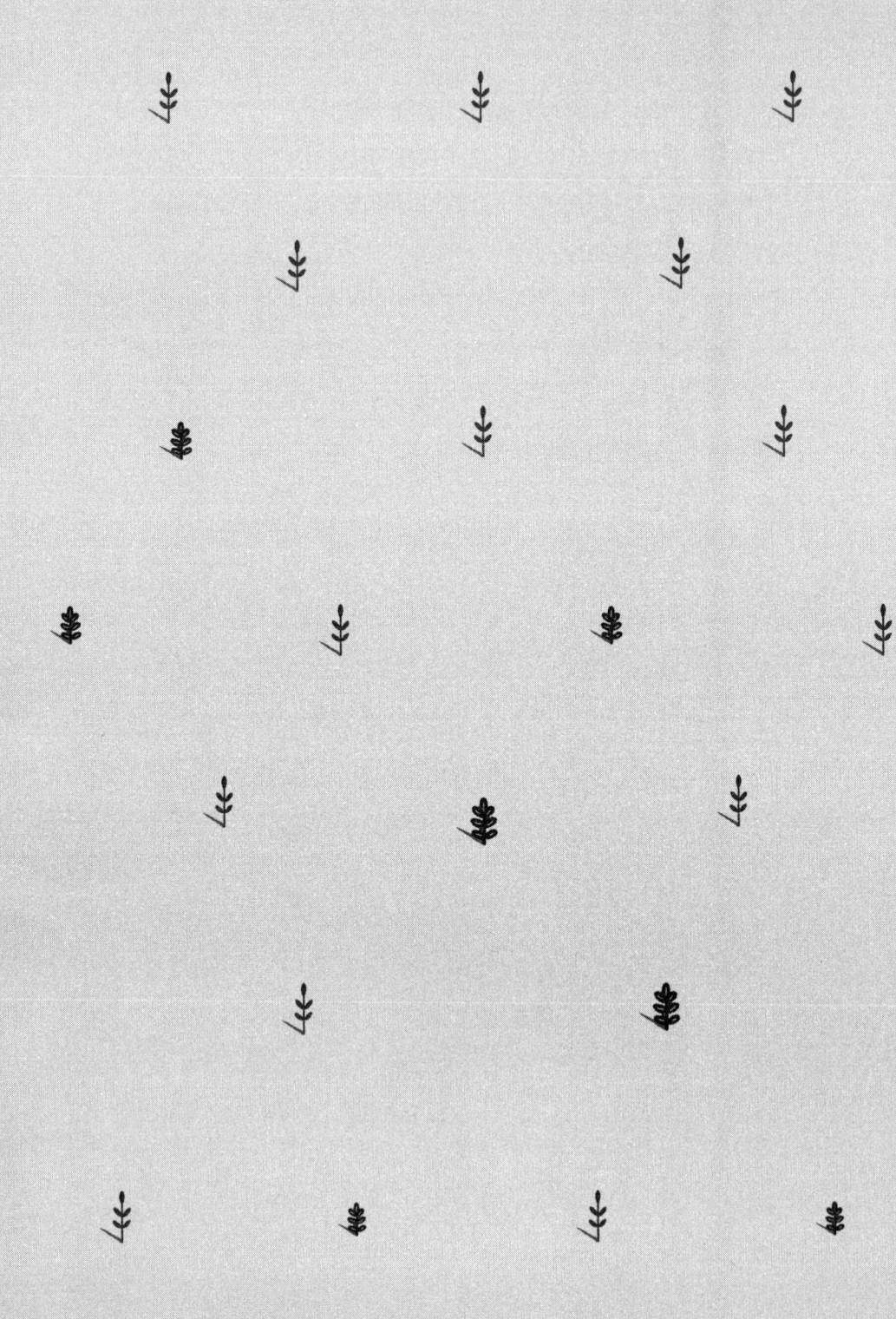

IX

감정과 행복

1
감정의 기억

　인간에게 감정은 심리의 원천이기 때문에 중요하다. 이러한 감정은 기분이 지속되는 것으로서 여자가 주로 느끼는데, 남자는 일시적인 기분으로 느낀다. 이러한 감정은 희로애락(喜怒哀樂)을 느끼면서 인간관계에 직접적인 영향을 미친다.

　먼저 인간의 기억을 알아야 한다. 인간은 현상과 감정으로 분리하여 기억한다. 현상은 특정한 사실과 사건에 관한 내용이고, 이는 다섯 개의 감각기관을 통하여 받아들여지는 정보로서 느껴지고 자각된다. 또한 현상은 남자와 여자 모두 필요에 의하여 기억하며 인간이면 누구나 작용한다.

　반면 감정은 특정한 사실과 사건에 의하여 발생하는 기분이다. 이는 외부정보의 현상에 의하여 심리에서 발생하고 기분으로 느껴지고 자각된다. 기분은 일시적인 느낌이고, 기분이 지속되는 느낌을 감정이라고 한다. 그래서 기분과 감정은 동일한 느낌이라 할 수 있다. 이때 감정은 남자와 여자가 기억하는 것이 다르다. 남자는 기분을 감정으로 확대하여 생각하기 때문에 부정기분은 제거하게 됨으로써 부정감정을 기억하지 못하고 긍정감정으로 기억한다. 반면, 여자는 기분이 심리작용을 지속하기 때문에 부정감정을 치료하기 위하여 부정감정을 기억하고 긍정감정을 기억하지 못한다.

현상과 감정이 함께 기억되면서 마치 현상과 감정이 동시에 발생한 것처럼 인식하는 것이 인간이다. 그래서 남자는 현상을 기억하더라도 긍정감정만 기억하기 때문에 기억하는 모든 현상은 긍정적으로 생각한다. 반면 여자는 현상을 기억하더라도 부정감정만 기억하기 때문에 기억하는 모든 현상은 부정적으로 생각한다.

남자는 부정기분이 생기면 이를 제거하고 즐거운 긍정기분에 몰입함으로써 현상과 함께 부정기분보다는 긍정기분으로 기억한다. 그래서 과거를 기억할 때 힘들고 어려웠던 현상을 좋은 추억으로 기억한다. 다만 부정기분을 기억하지 못하면서 현상도 같이 잊는 경우가 많다.

여자도 부정감정을 기억하기는 하지만 부정감정을 치료하면 무감정으로 기억하면서 행복의 감정을 만든다. 그래서 긍정감정이 만들어지고 행복감정이 만들어지면 그 부정감정을 유발한 현상을 기억하더라도 부정감정이라 생각하지 않는다. 현상을 기억했을 때 부정감정으로 기억되면 치료되지 않은 채 상처로 기억되는 것이다.

이에 따라서 남자가 과거의 부정기분으로 고통을 겪는 것은 심리장애가 발생했다는 것이고, 여자가 과거의 부정감정을 잊어버린 것은 심리장애가 발생했다는 것이다. 따라서 여자가 과거의 부정감정을 기억하여 아파하고 힘들어하는 것은 치료가 되지 않았을 뿐이지 정상적인 심리이다.

이처럼 현상은 남자든 여자든 누구나 필요에 의해서 기억한다. 필요에 의해서 기억하고 생각에 의하여 연상되는 것으로 기억한다. 기억을 안 해도 상관없다. 특정한 현상의 사실과 관련한 감정을 기억할 때 남자와 여자가 다르다. 이로 인하여 인간관계에서 희로애락의 감정이 발생하는 것이다.

남자는 즐겁고 재미있는 것을 잘 기억하는데 상처는 기억하지 못한다.

트라우마에 대한 마음의 거부방어기제가 작용하기 때문이다. 반면 여자는 즐겁고 재미있는 것을 잘 기억하지 못하고 상처를 잘 기억한다. 트라우마에 대한 마음의 수용방어기제가 작용하기 때문이다. 이것이 '감정기억의 오류'로서 남자와 여자가 감정을 다르게 기억하는 것을 알지 못하면 상대도 자신처럼 동일하게 감정을 기억할 것이라고 왜곡된 생각을 하면서 오해하게 된다.

결국 감정기억은 현재행복을 추구하느냐 미래행복을 추구하느냐에 따라서 달라지는 것을 알 수 있다. 여자는 현재행복을 추구하기 때문에 상처의 부정감정을 받아들여 기억하고 이를 치료함으로써 긍정심리로 전환하여 현재행복을 느끼도록 만든다. 그래서 여자는 행복의 에너지를 만드는 공장이라고 한다. 이것이 남자에게는 없다.

인간의 심리에서 기억(記憶, Memory)은 매우 중요하다. 기억이란 사물 또는 지식을 뇌에 저장하거나 되살려 생각을 해내는 것으로 학습과 경험에 의하여 현상의 사실과 감정이 함께 기억된다. 감정은 부정감정과 긍정감정 그리고 무감정으로 구분할 수 있으며, 감정의 기억은 마음의 방어기제에 의하여 결정된다.

마음의 방어기제는 행복을 추구하는 심리의 기준에 맞도록 감정을 처리하여 행복을 유지하고 회복하는 심리의 처리장치라고 할 수 있다. 따라서 남자와 여자의 감정기억에 따라서 심리의 정상과 비정상을 구분할 수 있고, 심리문제와 심리장애의 원인을 알 수 있기 때문에 감정기억은 인간심리의 중요한 요소이다.

감정은 현상에 대한 부정감정, 긍정감정, 무감정으로 구분되어 기억하고, 이와 함께 부정감정과 긍정감정은 감정의 크기가 함께 기억된다. 공부하여 기억된 지식보다는 경험에 의하여 기억된 지식에서 감정이 발생하고, 기억된 감정은 인간의 심리에 직접적인 영향을 준다. 또한 기억은 특정한 현상에 대한 기억과 감정의 기억으로 구분을 할 수 있으며, 현상의 기억과 감정의 기억은 동시에 발생한다.

현상의 기억은 남자와 여자가 필요할 때 의식에 의하여 기억하지만, 감정의 기억은 남자와 여자가 마음의 방어기제에 의하여 다르게 기억한다. 즉 남자는 긍정기분을 기억하고 부정기분을 기억하지 못하도록 마음의 방어기제에 의하여 통제되고, 여자는 부정감정을 기억하고 긍정감정을 기억하지 못하도록 마음의 방어기제에 의하여 통제된다.

인간관계에 있어서도 심리작용 후 긍정감정이 발생하였느냐, 부정감정이 발생하였느냐에 따라서 인간관계가 형성되기 때문에 감정의 기억은 인간관계를 결정하는 중요한 요소이다. 특히 부정감정의 기억은 인간관계의 문제뿐만 아니라 심리문제와 심리장애를 유발하는 요인이 되기 때문에 부정감정의 기억을 외상(外傷) 또는 트라우마라고 한다.

학습된 지식의 경우에는 심리작용의 결과가 아니라 일반 정보를 받아들여 지식으로 만들기 때문에 대부분은 감정이 발생하지 않고 지식의 현상으로만 기억이 된다. 그러나 경험된 지식과 특정 사건에 대한 기억은 신체의 감각기관을 통하여 정보를 받아들인다. 이것은 의식에 의하여 감정이 형성되어 현상과 함께 감정이 기억되기 때문에 습관과 마음에 통제를 받게 되고, 기억된 감정은 심리에 영향을 준다. 따라서 감정이 발생하게 되면 마음이 긍정감정이냐 부정감정이냐를 결정하여 어떤 방어기제를 작용할 것인지 결정하고, 의식에 의하여 감정을 기억하도록 할 것인지를 통제한다.

남자와 여자가 감정의 기억을 다르게 하는 것은 마음이 행복을 추구하는 심리의 기준에 맞도록 방어기제가 작용하기 때문이다. 그래서 남자의 마음은 미래의 행복을 추구하고, 여자의 마음은 현재의 행복을 추구하기 때문에 남자는 미래의 행복을 추구하기 위하여 부정기분에 대한 거부방어기제가 작용하여 부정기분을 기억하지 못하고, 긍정기분에 대한 수용방어기제가 작용하여 긍정기분을 기억한다. 반면 여자는 현재의 행복을 추구하기 위하여 부정감정에 대한 수용방어기제가 작용하여 부정감정을 기억하고, 긍정감정에 대한 거부방어기제가 작용하여 긍정감정을 기억하지 못한다.

감정의 구성

　인간의 감정은 외부에서 유입되는 것이 아니라 자신의 심리에서 발생한다. 비록 외부로 표현할 수는 있지만, 다섯 개의 감각기관을 통하여 외부정보를 받아들일 때는 감정이 유입되지 않는다. 심리는 감정의 작용이라 할 수 있으며, 감정은 심리에서 발생한다. 즉 감정은 자신의 마음에서 발생한다.
　심리의 감정은 의식의 감정, 습관의 감정, 마음의 감정 등 3가지로 구분할 수 있다.
　의식의 감정은 기억되어 자각되는 감정이다. 남자는 긍정감정(기분을 감정이라 착각)이지만, 여자는 부정감정 또는 무감정이다. 기억된 실제의 감정으로서 자신이 의식적으로 기억하고 있고, 생각과 기억의 작용에 의하여 발생한다. 또한 의도적으로 기억해야 생각할 수 있기 때문에 과거에 대한 기억을 해야만 한다. 이와 같이 의식의 감정은 실제 기억되어 있는 감정이다.

두 번째는 습관의 감정으로서 익숙해진 감정이고, 일정한 패턴으로 형성된 무의식의 감정이다. 따라서 주변에서 좋은 일이 생기든 나쁜 일이 생기든 자신도 모르게 형성된 감정이다. 그래서 패턴에 의해서 발생하는 감정인데, 연관되는 현상에 의해 일정한 패턴이 작용하면서 발생하는 감정이다. 무의식적으로 작용하면서 자신에게 익숙해져 있는 감정이다. 이 습관의 감정은 실제 기억하지 않았음에도 불구하고 자신도 모르게 발생하는 감정이다.

세 번째는 마음의 감정인데, 마음은 다섯 개의 감각기관을 통하여 유입된 감각정보에 대한 마음의 감정기준에 의하여 감정판정을 한 후 습관으로 처리할 때 만들어지는 감정이다. 즉 현재의 외부정보에 대하여 마음에서 생성되는 감정이다. 유입된 정보가 행복을 추구하는 기준에 맞지 않으면 부정감정으로 판정하고, 행복을 추구하는 기준에 맞으면 긍정감정으로 판정한다. 이에 따라서 다섯 개의 감각기관을 통해서 들어오는 감각정보를 종합했을 때 마음에서 판정되는 감정을 '마음의 감정'이라고 한다.

이처럼 인간의 심리에서는 3개의 감정이 작용하는데 3개의 감정이 똑같다고 할 수 없다. 기억된 감정, 익숙해진 감정, 마음의 감정은 다를 수 있다. 이렇게 3개의 감정이 다르면 고민하고 생각하면서 감정을 처리하는 것이 조금 느려진다. 생각해야 하기 때문이다. 그래서 심리의 억압과 강박이 발생하는 것이다.

심리의 감정이 3개이기 때문에 서로 다르게 되면 2개는 같고, 하나가 다르다는 뜻이다. 3개가 전부 다를 수는 없다. 감정은 긍정감정 또는 부정감정으로 분리되기 때문이다. 이처럼 두 개는 같지만 하나가 다른 경우에 고민하게 된다. 대체적으로 여자에게 많이 발생하면서 과거의 기억된 기억을 끌어와서 생각을 지속하는 것도 이 3개의 감정이 다르면 나타나는 현상이다.

이와 같이 감정은 상대가 준 것이 아니라 자신의 심리에서 만들어지는 것을 알 수 있다. 심리에서 결정된 감정이 감각정보에 대한 감정인데, 실제 감각정보가 갖고 있는 감정과 같은 감정일 확률은 거의 없다. 상대가 표현한 감정과 자신이 자각하는 감정이 다르기 때문이다. 따라서 외부에서 발생하는 감정과 자신이 생각하는 감정은 별개이다.

오감과 감정

인간은 다섯 개의 감각기관을 갖고 있다. 눈으로 받아들이는 시각, 귀로 듣는 청각, 피부로 느끼는 촉각, 코로 냄새를 맡는 후각, 혀로 맛을 느끼는 미각 등을 오감이라고 한다. 이 오감에 심리가 작용하면서 기분 또는 감정을 만든다. 이렇게 만들어진 기분 또는 감정이 인간관계에서 심리작용을 하면서 희로애락을 만들어가는 것이고, 행복과 불행을 느끼는 것이다.

기분이 나쁜 부정감정 또는 아프고 힘든 부정감정이 되면 오감은 모두 부정적으로 인식된다. 느껴지는 것도 기분이 나쁘게 된다. 이를 역으로 말하면 오감을 좋게 만들면 심리가 좋게 되는 것과 같다. 패션테라피를 하는 것도 동일한 원리이다. 또한 다양한 다른 테라피(Therapy)를 살펴보면 모두 오감 중 하나를 좋게 만들어서 심리를 좋게 하려는 것임을 알 수 있다. 따라서 오감을 변화시키면 심리가 변화된다.

감정의 작용으로 형성되는 심리는 오감에 영향을 미치기 때문에 역으로 해석하면 오감에 의해서 감정에 영향을 줄 수 있고 심리를 조정할 수 있다.

그래서 아프고 힘든 마음이 될 때는 좋은 것을 보도록 하고 긍정적인 오감을 갖도록 노력하면 자신도 모르는 사이에 심리가 안정되어 좋아진다. 이는 심리장애보다는 심리문제를 해결할 때 유용하다.

이에 따라서 인간에게 성(Sex)은 매우 중요하다. 섹스를 인식할 때는 다섯 개의 감각기관이 모두 좋은 느낌으로 받아들여지고, 말과 행동과 표정을 통하여 상대에게 성적으로 표현될 때도 감각기관의 좋은 작용이 동시에 발생한다. 즉 자신과 상대의 오감이 동시에 충족되고 만족되도록 하는 것은 성(Sex)이 유일하다. 그래서 성(Sex)은 인간관계에서 매우 중요한 역할을 하고, 인간심리에 엄청난 영향을 미친다.

자신도 모르게 몸의 기분과 느낌이 좋아져서 흥분되는 감정, 좋은 감정을 느끼게 되면 의식은 싫어하면서도 무의식은 자신도 모르게 심리를 좋아지면서 안정되는 것이다. 또한 어떤 여자들은 상처를 많이 갖게 되면 계속 먹으려고 하는 사람이 있다. 섭식장애가 발생하는 원인도 자신의 심리안정을 위하여 먹는 것에 집중하면서 생기는 현상이다. 이런 섭식장애를 가진 사람들은 미각과 후각을 통해 자신의 심리를 안정시키려고 하는 것이다. 이때는 촉각, 청각, 시각 등으로 전환시켜 주면 섭식장애가 없어진다. 다만 또 다른 심리문제나 심리장애가 발생하겠지만, 우선은 현재의 심리장애는 없어진다.

이때 오감은 감정을 받아들이는 역할도 하지만, 감정을 표현하는 역할도 한다. 그래서 오감은 심리에 영향을 받기도 하지만 심리에 영향을 주기도 한다. 따라서 감정이 좋지 않을 때는 시각, 청각, 촉각, 후각, 미각 등의 오감을 좋게 하여 심리안정을 갖도록 하는 것도 좋은 방법이다. 다만 이런 방법은 일시적인 효과를 갖는다. 비록 일시적인 효과지만 이것이 지속되면 자신도 모르는 사이에 심리안정이 된다. 즉 자신의 심리를 치료하는 방법의 하나로서 사용하는데, 환경 또는 상황에 따라서 심리를 치료할 수 있는 습관을 만들면 효과적이다.

2
감정의 발생

감정은 자신의 심리에서 발생한다. 이때 감정 중의 하나가 자신이 기억하고 있는 감정기억에 의하여 발생하는 감정으로서 의식에 의하여 생각과 기억이 함께 작용한다.

트라우마의 감정기억은 생각하는 의식이 작용하고, 의식이 작용하면 무조건 기억된 부정감정은 억압한다. 일단은 생각이 고민하면서 통제한다. 이 과정에서 습관의 감정과 마음의 감정이 동일한지, 아니면 다른지 해석하는 시간이 필요하기 때문이다. 그런데 서로의 감정이 상이하면 생각이 더 많아지면서 이해와 해석을 위한 심리가 작용한다. 그래서 어떤 감정으로 결정할지 고민하는 것이다. 이렇게 고민하다가 감정이 결정되면, 이때 당시의 외부정보에 감정을 결합하여 표현한다. 억압을 할 당시의 외부정보가 유입되는 상황은 이미 지나갔고 새로운 외부정보가 유입되었기 때문에 생각하면서 고민하면서 감정을 억압하면서 통제하다가 감정이 결정된 후에는 새로운 외부정보와 결정된 감정을 결합하여 표현하고 기억한다. 그런데 이전에 있었던 감각정보와 지금 있었던 감각정보는 분명히 다르다. 이전에 만들어졌던 감정을 억압했다가 다음에 만들어지는 감각정보에다 결합해서 표현하는 것이다.

이를 흔한 말로 '종로에서 뺨 맞고 한강에서 화풀이하는 것'과 똑같은 이치이다. 즉 종로에서 뺨 맞았단 얘기는 종로에서 발생한 감각정보에 의해서 만들어졌던 감정이었는데, 이 감정을 생각이 고민하면서 억압해 두었다가 한강이라는 다른 감각정보를 통해서 표현하는 것이다. 이런 현상은 일상생활에서 매우 많이 발생한다.

예를 들어, 엄마에게 잔소리를 들었다. 그러면 그 잔소리는 내가 잘못해서 엄마의 부정감정이 표현된 것일까? 분명 이전에 다른 요인으로 인하여 부정감정이 생긴 것을 억압해 두었다가 지금에야 표현하는 것이다. 이때, 엄마는 왜 부정감정을 나에게 표현하는 것인지 생각해야 한다. 엄마는 자신의 부정감정을 치료하기 위하여 가장 가깝고 사랑하는 사람을 통하여 무의식의 습관이 작용하면서 표현한다. 친밀한 사람 또는 사랑하는 사람이 아니면 작용하지 않는다. 그렇지 않으면 억압을 한다.

따라서 외부에서 스트레스를 많이 받는 사람들은 주로 어딘가에 가서 분명히 억압되어 있는 부정감정을 표현한다. 이때 표현하는 대상은 가장 가까운 사람 또는 가장 사랑하는 사람에게 표현한다. 그래서 가장 가깝고 사랑하는 사람이 피해를 입는다. 그러나 이러한 심리작용에 대한 사실을 모른다. 특히 부정감정이 억압되었다고 생각하지 않는다. 따라서 부정감정을 억압했다가 자녀들에게 심하게 혼내는 경우, 자녀들은 엄마에게 "왜 나에게 뭐라고 하느냐? 내가 뭘 잘못했다고 그러냐?"라고 말한다.

이와 같이 기억된 부정감정은 즉시 표현되지 않고, 의식인 생각이 억압을 했다고 표현한다. 이때 표현할 때는 친밀한 인간관계에서 표현되는 경우가 가장 많다. 즉 의식으로 억압하고, 무의식으로 표현함으로써 부정감정을 치료하려고 하는 것이다.

심리작용의 감정

심리작용이란 자신과 상대의 심리가 외부표현을 통하여 서로의 의식으로 받아들여질 때를 말하는 것으로서 자신의 심리 중 5%의 의식, 5%의 습관, 90%의 마음이 말과 행동을 통하여 외부로 표현이 되면 상대는 100%를 생각하고 의식으로 받아들인다.

이 과정을 심리작용이라 하는데 자신의 말과 행동의 과정과 결과에 의하여 상대의 감정이 발생한다. 문제는 자신의 말과 행동의 95%는 무의식(습관과 마음)에 의하여 표현되기 때문에 자신은 의식으로 생각하지 않고 하는 말과 행동이지만, 상대는 이를 모두 100% 생각하고 의식으로 받아들인다. 이때 심리작용의 오류가 발생한다. 이는 인간관계의 심리작용에서 매우 중요한 오류인데 자신의 뜻과 상대가 생각하는 것이 왜곡되거나 오해가 생기는 원인이 되고, 감정발생의 중요한 요소이다.

이와 같이 심리작용은 자신과 상대의 심리가 상호 의식으로 받아들여지는 과정으로서 혼자의 경우에는 심리작용이 불가능하고 감정기억만 하게 될 뿐이다. 심리작용의 결과로 긍정감정 또는 부정감정이 발생하기 때문에 결국 인간관계는 자신과 상대의 심리작용을 통하여 감정이 발생하는 과정에서 결정되는 것이다.

감정발생은 심리작용을 할 때 자기중심과 상대중심에 따라서 긍정감정과 부정감정이 발생하게 된다. 자기심리의 중심과 상대심리의 중심이 상호 조화를 이루는 심리작용을 하게 되면 자신과 상대는 모두 긍정감정을 갖게 되고 행복을 갖게 된다. 이와 같이 심리작용을 하는 것을 긍정감정의 교류 또는 교감(交感)이라 한다.

자기심리로만 편중된 심리작용의 결과는 자신에게는 긍정감정이 발생하게 되지만 독선, 독단, 자기감정에만 충실, 상대에 대한 이해와 배려가 전혀 없고, 상대는 고통과 상처를 갖게 되며, 인간관계가 파괴, 심리작용이 불가능하게 되는 등 자신의 행복추구를 위하여 상대에게 상처를 주는 심각한 문제가 발생한다.

또한, 상대심리로만 편중된 심리작용의 결과는 상대는 긍정감정이 발생하게 되지만 의존적, 자신감 상실, 쉬운 감정동화(상대에게 끌려감), 상대를 이해하고 배려하기보다는 일방적인 희생, 상대행복을 위하여 자신이 상처를 입고, 인간관계가 복잡해지며, 심리작용이 불가능하고, 비정상적인 인간관계가 형성되며, 자기 심리의 억압과 강박이 발생하는 등 상대의 행복추구를 위하여 자신이 상처를 입게 되는 심각한 문제가 발생한다.

이와 같이 어느 한쪽으로 일방적인 심리중심의 심리작용을 하면 심각한 문제가 발생하기 때문에 심리작용의 조화를 이루어서 자신과 상대 모두가 긍정감정을 만드는 것이 필요하다. 이때 심리작용의 조화를 이루는 방법은 상대에 대한 이해와 배려이다.

3
심리와 마음에너지

먼저 긍정감정과 긍정심리는 다르다. 감정은 하나의 객체로 존재하는 것이지만, 심리는 감정이 작용하는 것을 의미한다. 긍정감정을 갖고 있다고 해서 긍정심리가 만들어지는 것은 아니다. 긍정감정이 다른 심리에도 긍정감정을 주도록 작용하는 것을 긍정심리라고 한다. 따라서 긍정감정과 긍정심리는 개념이 다르다.

남자의 긍정심리와 활성에너지는 긍정기분과 활성에너지가 아니다. 정확하게 말하면 남자는 긍정기분을 기억하는 것이 아니라 긍정심리가 작용한다. 그래서 남자는 열정을 갖게 되면 심리작용의 욕구, 헌신하는 욕구와 같은 긍정심리가 작용하면서 열정에서 긍정기분이 발생한다. 따라서 열정이 생기면 헌신하는 열정을 갖는다. 이것이 바로 스트레스를 즐기는 힘이 된다. 어렵고 힘들어도 누군가를 위해 헌신하는 것이 재미있고 즐거우면 바로 열정이다.

반면 상대를 위한 열정이 아니라 자신을 위한 열정을 갖는 경우가 있는데 목적의식 또는 쾌락주의가 해당된다. 긍정감정을 극대화하여 마치 마약에 중독된 것과 같이 끊임없이 쾌락을 찾는 것은 자신만을 위한 열정에 빠지는 것이다. 그래서 대부분의 열정은 상대를 위하여 헌신할 때 형성된다. 분명 상대를 위하여 무엇인가를 하는 것, 그러기 위하여 노력하는 것은 스트레스인데, 이 스트레스를 재미있고 즐겁게 인식한다. 즉 헌신을 하는 것이다.

이렇게 헌신하는 열정을 갖게 되면 긍정기분이 발생하는데, 이것이 지속되면서 자신도 모르게 무의식의 사랑인 무한책임이 형성되면서 자신에게 긍정심리가 작용하게 된다. 그래서 상대와 함께하는 미래의 희망과 기대감을 갖게 되면서 끊임없이 미래행복을 추구하는 것이다. 그러면서 자신에게는 열정의 에너지가 지속적으로 생성된다. 이처럼 남자는 열정을 가지면 열정의 에너지가 발생한다.

남자의 열정은 현재 느껴지지만, 열정의 에너지는 막연하게 만들어진다. 결국은 심리에서 긍정심리가 작용한다는 것이다. 열정의 에너지는 긍정심리가 작용하는 것이고 남자의 열정은 스트레스를 즐기는 힘이다.

여자는 상처를 치료하면 긍정심리가 만들어지고 사랑이라는 활성 에너지가 발생한다. 즉 마이너스(부정감정)에서 제로(치료 후 무감정)가 되면서 마치 플러스가 된 것 같은 그런 감정을 느끼는 것이다. 이때 긍정감정이 만들어지는데 실체는 아니다. 남자의 긍정심리는 실체가 있지만, 여자의 긍정심리는 실체가 없다.

그래서 여자는 사랑의 감정을 갖게 되면서 상대와 교감하면서 긍정심리가 작용한다. 감정은 느끼는 것이고, 심리는 작용하는 것이기 때문에 사랑의 감정을 갖게 되면서 상대와 교감한다. 즉 긍정감정을 주고받으면서 심리가 작용한다는 뜻이다. 이를 통하여 여자는 현재행복을 느낀다. 그래서 여자는 사랑의 에너지가 만들어진다. 부정감정이 치료되면서 여자들은 활성에너지인 사랑의 에너지가 만들어지고 현재행복을 느끼는 것이다.

이때 주의해야 할 사항은 심리장애가 발생할 수 있다는 것이다. 남자는 열정이 왜곡되어도 긍정감정은 만들어진다. 자신에게 좋다. 그러나 이 긍정감정이 심리에서 작용할 때는 부정심리로 작용한다. 그래서 열정이 왜곡되면 부정심리가 작용한다. 또한 여자는 사랑이 왜곡되더라도 긍정감정이 만들어진다. 감정이 좋다. 그러나 이 긍정감정이 심리에서 작용할 때는 부정심리로 작용한다. 이것이 심리장애이다. 자신은 분명 좋은데, 심리가 작용하면 문제가 발생하는 것이다.

남자는 긍정감정이 자기 자신만을 위하고 극대화되면 열정의 에너지가 소모된다. 긍정감정이 발생한 것은 맞지만 부정심리가 작용하기 때문이다. 남자의 부정심리와 소모에너지가 작용하는 것은 남자는 열정이 왜곡되면서 목적과 쾌락을 추구하기 때문이다. 끊임없이 강한 긍정감정을 요구한다. 따라서 남자에게 심리장애가 발생하면서 부정심리가 작용하는데, 긍정감정이 크면 클수록 부정심리의 작용도 커진다. 이에 따라서 남자는 미래행복과 희망과 기대를 착각한다.

원래 미래행복은 막연하지만 긍정감정을 갖는 것이 미래행복이라 확신하면서 왜곡된 생각을 하게 된다. 그래서 끊임없이 왜곡된 미래행복에 에너지를 소비하는 심리가 작용한다.

미래행복에 대해서 보통은 실현가능성이 있는 것을 생각하면서 미래에 충분히 잘될 것이라고 생각하는 데 반하여 미래행복을 착각하는 것은 긍정감정이 유일한 자신의 행복이라고 생각하고 자신의 쾌락, 강력한 즐거움을 갖는 것을 미래행복이라 확신하는 것이다. 그래서 자신의 행복을 위해서는 범죄나 마약도 마다하지 않는다. 즉 몸과 마음에 문제가 발생한 것으로서 다른 누군가 피해를 입고 망가지는 것은 상관하지 않는다. 오로지 자신만 쾌락을 느끼면 되는 것이다.

따라서 미래행복과 희망을 착각하게 되면 자신이 잘못된 방향으로 에너지를 계속 소모하고 버리게 된다. 이런 남자의 특징적인 것은 얼굴표정이 과거와는 전혀 다르다. 막연하게 미래행복을 추구하던 과거와 심리장애에 의하여 쾌락주의가 되어 소모에너지로 작용하는 경우에는 얼굴표정부터 급격히 좋지 않다. 특이하게 당사자는 매우 강력한 쾌락을 추구하고 있지만 몸과 마음은 황폐화가 되는 것이다.

여자의 부정심리와 소모에너지를 보면, 여자는 위로를 통해서 상처를 치료한다는 착각을 한다. 그래서 부정감정을 치료하기보다는 빠른 긍정감정을 요구한다. 그런데 긍정감정은 생겼다가 금방 사라지기 때문에 사라지면 또 요구하고 사라지면 또 요구하고 이렇게 심리에서 계속 작용한다. 따라서 여자는 사랑을 착각하면서 심리장애가 발생하는데 이때 부정심리가 작용하면서 현재행복을 착각한다.

그러면 끊임없이 에너지가 소비된다. 분명히 자신은 긍정감정이라고 생각하지만 이상하게 심리에서는 좋지 않은 문제가 발생한다. 부정심리가 작용하기 때문이다. 그래서 사랑의 에너지는 생성되지 않은 채 에너지의 소모가 많은 것이다.

평상시에는 심리가 좋지 않지만, 자신은 현재행복이라고 착각하고 있다. 그래서 착각되는 삶을 계속 살아갈 수밖에 없고 에너지를 계속 소비한다. 이런 상황이 되면 여자는 모성애를 차단한다. 주는 사랑부터 사라지는 것이다. 이와 같이 부정심리는 부정감정과는 다르다. 부정심리는 심리작용을 부정적으로 한다는 것을 말한다.

이때도 주의해야 할 것은 심리장애이다. 남자가 긍정감정이 발생하더라도 부정심리로 작용하게 되면 이를 심리장애라고 한다. 그래서 남자는 쾌락을 추구하면 에너지가 소모되고, 여자는 사랑을 착각하면서 상처를 위로 받으면 행복을 착각하게 되면서 심리장애가 발생한다.

심리장애가 발생하면, 아무리 편안하고 좋은 긍정감정을 갖게 되더라도 부정심리가 작용하면서 심리에 문제가 발생하고 자신만 좋은 감정이 될 뿐, 인간관계의 다른 사람들은 모두 피해를 입고 힘들어하게 된다. 그래서 긍정감정으로 쾌락에 빠지게 되지만, 부정심리로 인하여 에너지가 소모되면서 몸과 마음은 병들게 되는 것이다.

4
심리의 과유불급

　과유불급(過猶不及)이라는 말은 논어의 선진 편에 나오는 말로서 '지나친 것은 미치지 못하는 것'과 같다는 말이다. 다시 말하면 '과한 것은 없느니만 못하다'는 뜻이다. 결국은 긍정감정이든 부정감정이든 어느 하나로 과하게 치우치면 문제가 발생한다.
　긍정감정으로 너무 치우쳐져 있으면 부정감정으로 치우쳐진 것과 별다를 것이 없다. 이는 심리대칭이론과 동일하고, 넘치는 것을 경계하라는 뜻이다. 부정감정으로 넘치든, 긍정감정으로 넘치든 인간의 심리에는 좋지 않다. 이것이 심리장애의 원인이다.
　마음은 태어날 때부터 죽을 때까지 변하지 않고 작용하기 때문에 과유불급이 적용되지 않지만, 의식 또는 습관이 어느 하나의 감정으로 치우치면 과유불급이 발생한다. 심리작용의 과유불급, 상처의 과유불급, 표현의 과유불급, 성(Sex)의 과유불급, 대화의 과유불급 등은 모두 심리장애를 유발하는 원인이 된다. 따라서 너무 많은 것은 없느니만 못하다는 말이다.
　심리작용을 할 때 자기중심으로만 심리작용을 한다든가 아니면 상대중심으로만 심리작용을 한다든가 하면 심리작용의 과유불급이 발생했다는 뜻이다. 이처럼 너무 많은 것도 심리장애고, 너무 없는 것도 심리장애이다.

이는 남자도 마찬가지고 여자도 마찬가지이다. 남자는 긍정기분을 기억하지만 긍정기분이 너무 많아도 심리장애고, 너무 없어도 심리장애이다. 또한 여자는 부정감정을 기억하지만 부정감정이 너무 많아도 심리장애고, 너무 없어도 심리장애가 된다.

남자든 여자든 적당히 있는 것이 심리안정이다. 남자는 즐거움과 재미를 적당히 추구하는 게 가장 좋고, 여자는 상처를 적당히 가지고 있는 게 가장 좋다는 말과 같다. 이 두 개가 합쳐져야 인간의 희로애락이 결합하면서 행복을 만들어 갈 수 있다. 그래서 인간은 한 사람으로는 인간으로서의 행복을 만들 수 없다.

심리의 과유불급은 대체적으로 성격과 관련된다. 인간 심리체계를 볼 때, 심리기억의 체계와 함께 심리인식의 체계가 있고 심리표현의 체계가 있다. 심리가 상호 작용할 때는 인식, 생각, 기억, 표현 등이 핵심이다. 이때 어느 하나의 일방으로 치우치는 것을 심리의 과유불급이라고 한다.

심리인식을 할 때 다섯 개의 감각기관으로 받아들이는데, 어느 하나로만 집중되면 문제가 생기고, 심리표현을 할 때 말과 행동과 표정이 어느 하나로만 일방적으로 표현되어도 문제가 발생한다. 또한 생각이 어느 하나로 편향이 돼도 문제가 생기고, 기억할 때도 어느 하나로 편향되어도 문제가 생긴다. 심리를 처리할 때 긍정 또는 부정 중 어느 특정한 감정으로 치우쳐지는 경우에는 심리장애라고 한다.

감정의 과유불급이 발생하면, 인간의 심리는 장애가 발생한다.

자기중심의 심리작용

　심리작용의 과유불급은 두 가지가 있다. 하나는 상대를 중심으로만 심리작용을 하는 경우이고, 또 하나는 자기를 중심으로만 심리작용을 하는 경우이다. 이 중에 자기중심으로만 심리작용을 하는 경우를 살펴보자.
　자기중심으로만 심리작용을 하는 사람은 인간관계에서 심리작용을 할 때 오로지 자신을 중심으로만 말과 행동을 하게 된다. 그래서 심리작용을 하는 상대가 누가 되었든 자신의 말과 행동을 중요하게 생각한다. 상대의 말과 행동이 자신과 맞지 않으면 인간관계에 문제가 발생하는 경향이 매우 많다.
　무조건 인간관계에서 심리작용을 하면 무조건 자기중심으로 말과 행동을 한다. 그래서 과유불급이라고 한다. 이런 사람들은 매우 독선적이고 독단적이면서 상대는 무조건 억압과 강박이 형성되면서 상처를 입거나 어려움을 겪는다. 그러나 자신의 감정만 생각하기 때문에 다른 사람의 감정은 전혀 고려하지 않는다.
　또한, 자신의 행복만 중요하게 인식하기 때문에 상대에 대한 이해와 배려는 없다. 그래서 대부분의 인간관계를 파괴하고, 목적의식 또는 꼭 필요한 인간관계만 유지한다. 결국은 인간관계의 심리작용이 사실상 불가능한 상태라고 할 수 있다.
　자신이 틀린 것을 알면서도 고집을 부리는 사람들, 무조건 자기 생각이 옳다고 생각하는 사람들, 설령 틀리더라도 옳다고 억지를 부리는 사람들 그리고 자기 자신이 표현한 것을 상대가 받아들이지 않으면 매우 억울해한다. 한마디로 독불장군과 같다.

이는 심리에 문제가 있다는 뜻이고 심리장애의 가능성이 매우 높다. 심리의 과유불급이 발생하면서 생기는 현상이다. 오냐오냐해 주면 기고만장해지는 사람과 같이 자기중심으로만 심리작용을 하는 사람들이 주변에 많다.

상대중심의 심리작용

상대중심으로만 심리작용 하는 경우도 심리의 과유불급이다. 자기중심으로만 심리작용을 하는 경우는 너무 과한 것이고, 상대중심으로만 심리작용을 하는 경우는 자신의 심리가 없는 것이니 무조건 상대중심으로만 심리작용을 하려고 한다. 이 또한 심리의 과유불급이다.

이렇게 상대중심으로만 심리작용을 하는 사람들은 무조건 자신을 희생시킨다. 그래서 상대가 누구든 관계없이 가능하면 상대에게 맞춰 주고, 상대에게 매우 의존적이면서 자존감이나 자신감이 없다. 그리고 상대의 감정만 생각하고, 자신의 감정은 그렇게 중요하게 인식하지 않는다. 따라서 자신은 상처를 입고 강박과 억압을 갖게 된다.

또한 상대의 행복만 중요하게 생각하고 자신의 행복은 중요하게 생각하지 않는다. 따라서 만나는 인간관계가 매우 복잡해진다. 만나는 사람마다 자신을 좋아하지만, 자신은 계속 상처를 입는다. 그래서 인간관계로 인해서 어려움을 많이 겪게 되는 것이다. 이런 사람들도 인간관계에 심리작용이 사실상 불가능한 상태라고 할 수 있다. 인간관계가 형성되면 자신은 상처를 받기 때문이다.

그래서 이런 사람들은 강박의 불안감, 억압의 참는 것이 항상 존재한다. 상대중심으로만 심리작용을 하는 사람들은 강박과 억압의 상처가 항상 존재하고 있다. 자신은 무엇이든 틀릴 수도 있다고 생각하고, 자책하거나 죄의식을 많이 가진 사람들이 많다. 그리고 상대의 의견을 받아들임으로써 자신이 편안해진다. 그래서 대체적으로 상대에게 순종적인 사람들이 많다. 부모님이라든가, 상대의 뜻에 따라가기만 한다. 자기 생각과 자기 의견은 무시하고 상대에게 맞춰 주면 자기가 편해지기 때문이다.

이런 청소년들이 생각보다 많다. 부모님으로부터 길들여져 있는 것이다. 상대중심으로만 심리작용을 하도록 길들여진다. 그래서 아직은 자신이 힘이 미약해서 억압과 강박으로 살고 있지만, 성장하고 성인이 되었을 때 자신이 임의적으로 독단적으로 할 수 있게 되며, 매우 독선적으로 바뀌게 되는 근본 원인이 되기도 한다. 또한 사이코패스 또는 소시오패스 등의 경우에도 성장할 때는 상대중심으로 심리작용을 하면서 억압과 강박으로 살아온 경우가 대부분이다. 강박과 억압으로 성장하다가 특정한 계기, 상황을 통하여 감정이 표출된다.

자기중심으로만 심리작용을 하는 사람들은 처음부터 문제가 보인다. 그러나 상대중심으로만 심리작용을 하는 사람들은 문제가 발생해도 잘 알 수 없을 정도로 드러나지 않는다. 그래서 심리의 문제를 예상하지 못하는 경우가 많다.

5
행복의 원리

행복의 원리는 상처와 행복의 공존으로의 심리대칭이론을 의미한다. 여자는 상처가 치료되는 과정에서 사랑의 에너지가 생성되면서 현재행복이 만들어진다. 또한 남자는 스트레스의 부정기분을 즐기는 힘에 의하여 열정이 만들어지면서 미래행복을 추구한다. 그래서 남자는 스트레스에 의하여 열정이 생기고, 여자는 상처에 의하여 사랑과 행복이 생긴다.

남자든 여자든 혼자서는 인간으로서의 행복이 불가능하다. 그런데 부모님으로부터 양육되는 청소년은 가능한데, 부모님으로부터 사랑을 받으면 되기 때문이다. 그러나 성인이 되어 남성과 여성이 되면 혼자서는 인간의 행복은 없다.

행복은 희로애락이 공존하는 것인데, 희(喜)와 낙(樂)은 남자의 열정이고, 노(怒)와 애(哀)는 여자의 상처이다. 이때 여자의 상처는 남자의 열정에 의하여 상처를 치료함으로써 사랑으로 전환되어 행복을 만든다. 그래서 여자의 현재행복과 남자의 미래행복은 남성과 여성이 상호교감하고 조화가 형성될 때 행복이 만들어진다.

그래서 긍정감정과 부정감정이 상호작용을 하는데, 긍정감정은 기쁨과 즐거움이고 남자의 열정이면서 남자가 미래행복을 추구해 나가는 힘이다.

또한 부정감정은 여자의 상처와 관련되는 부분으로 이를 치료하여 사랑과 현재행복을 추구를 하도록 만들어진다. 따라서 희와 낙, 노와 애가 각각 분리되어 작용하고 있기 때문에 인간인 남자와 여자의 심리에 의해서 두 개가 합쳐질 때 행복이 만들어지는 것이다.

만일 긍정감정이 극대화되면 쾌락주의가 되면서 문제가 되기 때문에 안전장치가 부정감정이다. 또한 부정감정이 극대화되면 염세주의가 되어 고통이 뒤따르기 때문에 안전장치가 긍정감정이다. 그래서 여자에게는 긍정감정이 안전장치이고, 남자에게는 부정감정이 안전장치이다. 이때 상처는 여자가 현재행복을 추구하는 데 필요한 에너지의 원천이다.

행복의 원리에서는 즐겁다고 늘 즐거운 게 아니고, 힘들다고 미래가 늘 힘든 것이 아니다. 희로애락의 감정이 교차하고 반복되면서 살아가는 것이 행복한 인생이다. 현재 어려움을 겪고 있다는 것은 곧 행복이 찾아올 것이니 희망을 갖는 것이다. 이때 주의할 점은 편안함이다. 편안함은 희로애락의 감정이 없는 상태이고, 행복도 불행도 없는 상태를 말한다. 그래서 편안함은 행복을 만들 수는 없지만, 작은 스트레스에 의해서도 불행해질 수 있기 때문에 불행을 예고하는 것이라 할 수 있다.

행복의 생성

행복의 심리가 생성되는 원리를 이해하기 위하여 우울증과 조울증의 원리를 비교하여 설명하겠다. 심리는 동일하게 작용하기 때문에 원리를 알면 모든 심리장애 및 심리처리의 원리를 알 수 있다. 심리는 하나로 작용하기 때문에 원리와 규칙이 똑같다는 것을 알 수 있다.

먼저 우울증을 살펴보면, 우울증은 부정심리가 작용하는 심리장애(감정장애)이다. 감정기준이 평상시에는 0에 있다가 부정감정이 심리에 작용하면 −10(부정감정의 크기에 따라서 다르지만 10의 크기라고 설정함)이 만들어지는데, 이 부정감정에 의한 부정심리가 다시 0으로 회복하지 못하고 일정 기간 이상을 계속 −10을 유지하게 되면서 감정기준의 변화가 발생한다. 즉 0에서 −10으로 심리가 변화하여 지속되는 것이 우울증이다.

두 번째, 조울증은 긍정심리와 부정심리가 교차하여 발생하는 심리장애(감정장애)이다. 원래의 심리는 평상시에 0에 있다. 특정한 긍정감정의 유입으로 +10(긍정감정의 크기에 따라서 다르지만 10의 크기라고 설정함)의 긍정심리가 되었을 때 0의 심리로 회복되지 못한 채 일정 기간 이상을 긍정심리로 계속 유지되면서 감정기준이 0에서 +10으로 변화한다. 그래서 항상 긍정감정이 유입되는 것처럼 느껴지는 심리를 갖게 되면서 조증이 된다.

이러한 조증을 유지하고 있다가 특정한 부정감정의 유입으로 −10(부정감정의 크기에 따라서 다르지만 10의 크기라고 설정함)의 부정심리가 형성되어 일정 기간 이상을 지속하면서 부정심리가 지속적으로 작용한다. 이를 울증이라고 한다.

이렇게 되면 조증에서 울증으로 변화하게 되는데, 감정기준이 +10에서 갑자기 −10으로 변화한다. 결국 심리에서는 −20만큼의 변화가 발생하는 것이다. 그래서 우울증보다 조울증이 더 무서운 것이다.

조울증에서는 +인 조증일 때는 항상 즐거움을 유지하기 때문에 별문제가 되지 않지만, 갑자기 −인 울증으로 변화할 때 위험해진다. 우울증은

−10만큼만 유지가 되기 때문에 힘들기는 하지만 견딜 수 있다. 그러나 조울증은 조증에서 울증으로 변화하면서 −20만큼 변화했기 때문에 훨씬 강하게 느껴진다. 그래서 조울증이 가장 위험할 때는 조증에서 울증으로 변화할 때이다.

상처가 발생했다는 것은 부정감정이 유입되었다는 뜻이다. 그러면 0에서 −10으로 감정기준이 변화한 것으로 어려움을 겪는 우울함을 느끼게 된다. 그러면 사람들은 0으로 회복하기 위하여 노력하고, 일정 시간이 경과하면 0으로 회복한다. 이때 감정기준은 0이 되었지만 +10만큼 긍정심리가 작용하기 때문에 편안해지면서 행복감을 느끼게 된다. 특히 긍정감정의 유입으로 +10으로 변화하면 −10에서 +10으로 감정기준이 변화하면서 +20의 행복심리가 형성된다. 따라서 상처와 행복을 오가는 조울증의 원리가 행복의 원리와 동일하다고 할 수 있다.

이 원리를 보면 조울증이 나쁜 것은 아니다. 그러나 울증에서 조증으로 변화하는 것은 행복이 커지지만, 조증에서 울증으로 변화하는 것은 위험성을 동반하기 때문에 심각한 문제가 되는 것이다.

이와 같이 상처와 행복은 희로애락의 감정이 서로 교차하면서 만들어지는 것이다. 그러나 특정한 하나의 감정에서 머무르면 조울증으로 나타난다.

행복의 원리에서는 3일을 주기로 교차하도록 한다. 이때 심리는 편안함을 느끼는 것이 아니라 행복을 지속하는 원동력이 된다. 이것이 상처와 행복의 기본 원리이다. 참고로 남자의 신체주기는 3일이고, 여자의 심리주기는 3일이다. 또한 남자의 심리주기는 28일이고, 여자의 신체생리주기는 28일이다. 이와 같이 남자와 여자가 신체와 심리의 주기가 상호 반대되도록 갖는 이유는 희로애락의 감정을 교류하여 상호 행복을 만들어 갈 수 있도록 하는 원리에서 비롯된 것이다.

여자의 행복원리

여자의 사랑과 행복은 인간관계의 행복에서 매우 중요한 역할을 한다는 것은 이제 알 수 있을 것이다. 여자의 사랑과 행복은 남편, 남자, 자식 등에게 행복의 열쇠이며, 자신이 여자가 되는 것이 얼마나 크고 중요하고 위대한 것인지 알아야 한다.

여자의 삶에서 행복을 위해서는 남편이라는 남자의 열정, 심리작용욕구의 이해와 배려에 의한 말과 행동, 헌신욕구에 의한 희생과 헌신의 노력이 지속되는 사랑이 중요하며 이를 통하여 여자는 남편이라는 남자에게서 사랑을 받게 되어 남편과 자식에게서 받은 상처를 치료하여 긍정심리를 갖게 되어 남편과 자식에게 희생과 헌신하는 사랑을 주게 되면서 자기 자신의 행복을 만들게 된다.

따라서 여자로서 남편이라는 남자의 사랑을 받는 행복을 갖게 되면, 남편에게 희생과 헌신을 함으로써 아내의 행복을 갖게 되고, 자식에게 희생과 헌신을 하는 모성애를 통하여 엄마의 행복을 갖게 되는 순환구조를 만든다. 이때 가장 핵심은 바로 자신이 여자가 되는 것이며 남자의 열정을 유발하는 원천이다.

여자가 현재행복을 추구하는 것이 아프고 힘든 상처를 치료하려는 마음으로 나타나는 현상이고, 사랑으로 치료하면서 발생하는 긍정심리, 사랑,

행복이 바로 여자의 현재행복인 것이다. 따라서 여자의 행복에 기초가 되는 사랑은 남자에게서 받는 사랑(애정관계), 남편에게 주는 사랑(부부관계), 자식에게 주는 사랑(자식관계) 등 모두가 사랑을 받고 주는 인간관계가 결합이 된 것임을 알 수 있다. 이때 남편이라는 남자는 사랑의 매우 중요한 역할을 하는데 이를 위해서는 반드시 자신이 여자가 되어야 한다는 것을 잊지 말아야 한다.

이와 같이 순환구조를 살펴보면, 여자는 자신이 여자가 되어야 하고, 남편인 남자가 자신을 여자로 인식하면 열정이 발생하여 여자에게 사랑을 주게 되며, 사랑을 받은 여자는 행복을 갖게 되고, 행복한 여자는 아내로서 남편에게 사랑을 주게 되며, 또한 엄마로서 자식에게 사랑을 주는 등의 순환 구조와 함께 사랑과 행복이 현실로 만들어진다.

따라서 여자가 된다는 것은 매우 중요하다. 남편이라는 남자에게 자신이 여자로 인식되면 남편이라는 남자는 마음에서 열정을 생성하게 되고, 심리작용욕구에 의하여 이해와 배려를 하는 말과 행동을 하도록 하며, 헌신욕구에 의한 희생과 헌신의 노력을 지속하도록 하는 사랑이 만들어진다.

또한 남편이라는 남자는 열정, 성욕, 성취욕이 강화되면서 미래행복을 추구하는 에너지를 갖게 되고, 여자와의 미래(Sex의 희망과 기대)를 지속하려는 순기능의 에너지를 갖게 된다. 이 과정이 지속되면 남자는 여자에 대한 무한책임이 형성되어 습관과 마음의 어려움 또는 극한 스트레스에서도 흔들림이 없는 남자의 진정한 사랑이 만들어진다.

남자의 행복원리

　남자의 행복은 열정과 성취욕을 기초로 하여 미래행복을 추구할 때 느끼는 상상의 행복으로서 행복의 실체가 없다. 이때 열정은 미래행복을 추구하는 에너지로서 마음의 충동기준에 의하여 열정의 에너지가 생성되며, 긍정감정이 필요하다. 또한 열정은 재미와 즐거움에 몰입하는 힘이고, 성욕이며, 성취욕을 추구하도록 하는 에너지이다. 또한 성취욕은 목표를 이루고자 하는 욕구로서 성공, 사업, 직업, 경제력, 경쟁, 학력, 지식, 기타 모든 대상에 대하여 자신이 목표한 것을 이루고자 하는 욕구이다.

　반면 남자에게 사랑은 현실에서 나타나지 않는다. 남자의 사랑이 현실로 보이는 것은 열정이지 사랑이 아니다. 남자의 사랑은 자신과 동일시하는 무의식으로서 무한책임으로 나타난다. 이 무한책임은 특정한 대상에 대하여 조건이 없고, 제한이 없으며, 기한도 없고, 목적도 없이 무한하게 주고자 하는 것이다. 여자에게 모성애와 같은 것이다. 이렇게 자기 자신화된 무한책임을 갖게 되었을 때, 그 대상이 안전하고 편안하고 행복하게 되면, 자신이 편안해질 수 있기 때문에 열정과 성취욕으로 미래행복을 추구할 수 있게 되는 원동력이 된다. 다만, 심리는 안정되어 편안하지만 생각이 없어지고 현재의 행복을 느끼지는 못한다.

　남자의 행복은 미래행복을 추구할 때 형성된다. 열정과 성취욕에 의하여 미래행복을 추구하면서 막연하고 실체가 없는 신기루와 같은 미래를 향하여 가는 것이 남자의 행복이다. 이때 자신과 동일시된 무한책임의 사랑이 존재하는데, 이는 무의식의 사랑으로 형성된다. 이 무한책임은 아내와 자식에게 형성된다. 이때 아내인 여자가 현재행복을 추구하기 때문에 현재행복을 갖는 아내에 의하여 남자의 무의식은 편안한 상태가 된다. 그래서 심리가 안정될 수 있기 때문에 열정과 성취욕에 의하여 미래행복을 추구할 수 있게 된다. 남자의 무한책임의 대상이 되는 특정한 대상은 대부분 아내, 자신과 같은 가족이다. 이 무한책임의 사랑은 평생 한 번만 형성된다. 한번 형성되면 평생 없어지지 않고, 변형되지도 않는다.

이때 남자의 열정과 성취욕에 의한 미래행복이 외부대상이 아니라 아내와 자식으로 전환하면 남자는 자신을 사랑하는 것과 같은 현상이 발생하면서, 팔불출이 된다. 자신의 아내와 자식을 자랑하고, 아내라는 여자와 함께 보내는 것이 가장 재미있고 즐거운 열정이 되며, 아내가 행복하면 그 자체가 자신의 행복이기 때문에 가장 강력한 행복을 추구하게 된다.

또한 여자도 동일하다. 자신이 아내가 아닌 여자가 되면 이것이 형성된다. 남편이라는 남자가 아내라는 여자에게 열정을 갖게 되면서 미래행복을 추구하는 대상이 여자가 되고, 열정과 성취욕의 모든 것이 여자에게 초점을 갖게 된다. 이러한 순환구조를 갖게 될 때, 남편이라는 남자와 아내라는 여자는 교감을 하면서 서로의 행복을 극대화할 수 있다. 이 순환구조가 남자의 행복이다.

그런데 행복의 핵심은 바로 여자이다. 그 핵심이 없어지면 모든 것이 사라진다. 만일 남편이 외도를 했다고 할 때, 남편이 외도를 한 것인가? 아니면 남편이라는 남자가 외도를 한 것인가? 결국은 남편이라는 남자가 다른 여자와 외도를 한 것이다. 이 말을 역으로 생각하면, 남편이라는 남자와 결혼생활을 할 때 아내로서 살고 있는가? 아내라는 여자로 살고 있는가? 생각해 보면 어렵지 않다.

남자는 열정과 성취욕에 문제가 발생하면 미래행복이 차단되기 때문에 이를 회복하고자 많은 노력을 한다. 수단과 방법을 가리지 않을 경우가 많다. 반면 무한책임인 무의식의 사랑에 문제가 발생하면, 자기 자신의 무의식에 문제가 발생하는 것과 동일하기 때문에 열정과 성취욕보다 더 우선적으로 해결하려고 한다.

　심리에 '자중지란'이 발생한 것이기 때문에 어떻게든 안정을 시켜야만 열정과 성취욕을 만들 수 있는 것이다. 그래서 무의식의 사랑에 문제가 발생하면 극심한 스트레스를 받게 되더라도 쉽게 버려지지 않고, 변화도 어렵고, 끊기도 어려워진다. 하루에 몇 번이고 이혼 또는 헤어지는 것을 생각하더라도 벗어날 수 없다. 자신도 왜 그런지 이해하지 못한다. 바로 무의식으로 형성된 사랑으로서 무한책임 때문이라는 것을 알지 못하기 때문이다.

6
상처와 행복

　스트레스는 부정기분이지만, 여자는 상처와 행복에 연관되고, 남자는 열정에 연관된다. 그래서 여자는 스트레스가 쌓여서 상처의 부정감정으로 되고, 이를 치료하여 사랑과 행복을 만든다. 또한 남자는 스트레스를 즐기는 힘이 작용할 때 열정이 발생한다. 따라서 여자의 사랑과 남자의 열정은 스트레스에서 발생한다. 스트레스가 기억되면 상처가 된다. 그래서 여자의 사랑은 상처의 부정감정을 기억하고 이를 치료해서 무감정으로 전환하면서 긍정심리를 만들 때 생성된다. 이 사랑의 감정이 형성되면 여자는 현재행복을 느낀다. 상처는 현재행복을 만드는 원동력이 되는 것이다. 트라우마를 치료하고 사랑을 만드는 것은 여자의 마음에서 수용방어기제가 작용하기 때문이다.

　남자는 스트레스의 부정기분을 극복하고 즐거움을 갖게 될 때 열정이 만들어진다. 즉 남자에게 열정은 스트레스를 즐기는 힘이다. 스트레스를 즐기는 힘이 생기면 긍정심리가 만들어지면서 열정의 에너지와 함께 미래행복을 추구하도록 한다. 결국 남자는 현재의 스트레스를 부정기분으로만 인식하고 거부를 하느냐, 부정기분을 즐기면서 긍정심리로 전환하는 열정을 갖느냐에 따라서 미래행복을 추구하는 원동력이 결정된다. 따라서 남자의 미래행복은 현재의 스트레스를 처리하는 능력에서 결정된다.

이처럼 남자는 스트레스를 즐기는 힘이 열정이고, 여자는 상처를 치료하는 힘이 사랑이다. 이에 따라 여자의 상처는 사랑을 만들고, 남자의 스트레스는 열정을 만드는 원천이 되는 것이다.

예를 들면 석탄을 비교할 수 있다. 석탄 자체는 지저분하지만 불을 지피면 강한 에너지의 원료가 된다. 이처럼 석탄과 같은 것이 스트레스 또는 상처가 되는 것이라 보면 된다.

편안함의 행복을 느낀다는 말이 있다. 이는 사실 행복이 아니다. 편안한 상태는 상처와 스트레스가 없는 상태로서 열정도 없고 사랑도 없는 상태이다. 또한 희로애락에 감정이 없는 상태이기 때문에 행복이 없는 상태가 편안한 것이다. 따라서 편안해지면 아무것도 없다.

다른 사람들이 하는 충고와 조언을 스트레스로 받아들일 것인지, 긍정적으로 받아들일 것인지에 따라서 자신에게 사랑 또는 열정으로 전환할 수도 있다. 따라서 좋은 것과 좋지 않은 것은 자신의 심리에 의하여 결정되는 것이지 외부에서 만들어지는 것이 아니라는 것을 알 수 있다.

외부의 어떠한 부정현상에 대해서도 긍정적으로 받아들일 것인가, 부정적으로 받아들일 것인가에 따라서 자신의 상처 또는 스트레스가 되느냐 자신의 사랑 또는 열정의 에너지가 되느냐로 결정된다. 상대가 하는 잔소리, 상대가 내는 화, 상대가 하는 충고와 조언 등이 중요한 것이 아니라 자신이 이를 어떻게 받아들이고 있느냐가 중요하다.

여자의 상처와 행복

　여자는 자신의 상처로 행복을 만든다. 여자는 부정감정을 받아들여 상처로 기억할 때 자신의 상처를 치료해서 기억하거나 또는 치료되지 않은 채 기억하는데, 치료를 할 경우에는 부정감정을 무감정으로 전환하면서 긍정심리가 작용한다. 이때 치료해 준 대상에 대한 긍정심리에 의하여 사랑의 감정이 만들어지고 현재행복을 만든다. 즉 행복의 원천은 상처이다.

　그래서 여자는 현재의 행복을 요구하게 되면서 현재행복을 목표로 하는데, 여자로서의 행복, 아내로서의 행복, 엄마로서의 행복을 갖게 된다. 이 모든 행복의 근원이 자신의 상처이고 이를 치료할 때 만들어진다.

　여자에게 상처는 사랑으로 만들고 현재행복을 만들어가는 원천 에너지이다. 그렇다고 상처가 일부러 만들어지는 것은 아니다. 의도적으로 만든 것은 힘들고 고통스러워질 뿐이다. 자신도 모르게 형성되는 부정감정의 상처이다.

　그래서 여자는 현실의 행복을 느끼기 위하여 자신의 상처가 필요하고, 이 상처를 근거로 하여 남자의 사랑, 남편에 대한 사랑, 자녀에 대한 사랑과 직접 관련된다. 이 3가지의 사랑을 만들고 행복을 만들어 가는 것이 여자의 행복이다.

　여자는 남자에게 사랑을 받아서 느끼는 여자의 행복, 아내로서 남편에게 사랑을 줄 때 느끼는 아내의 행복, 엄마로서 자녀에게 사랑을 줄 때 느끼는 엄마의 행복 등 3가지의 행복을 추구하는데, 받는 것은 자신의 행복이지만, 주는 것은 상대의 행복이다. 그래서 여자로서 행복한 것도 남자가 주는 행복이다.

　결국 여자의 사랑은 남자가 여자를 사랑해 주는 것이고, 아내가 남편을 사랑해 주는 것이며, 엄마가 자녀를 사랑해 주는 것이다. 따라서 가족과 상대를 행복하게 만드는 것이 여자의 행복이다. 자녀가 사랑을 받아 행복해지는 것이 여자의 행복이 되고, 남편이 사랑을 받아서 행복해지면 여자의 행복이 되며, 남자가 여자에게 무엇이든 해 주고 싶어 하는 열정을 느끼면 여자의 행복이 된다. 그래서 상대의 행복이 곧 여자 자신의 현재행복이 되는 것이다.

이는 자신이 받는 상처의 감정을 기억하고 치료함으로써 현재행복을 느끼는 것이다. 상처를 치료하면 긍정심리가 작용하면서 그 대상에 대해서 사랑의 감정이 만들어진다. 결국은 상처에서 행복으로 만드는 치료능력을 갖고 있기 때문에 현재행복을 추구할 수 있다.

남자의 스트레스와 행복

남자의 상처와 행복, 즉 남자의 스트레스와 행복을 살펴보자. 여자는 자신의 상처를 치료하여 상대의 행복을 추구하지만, 남자는 자신의 행복만 추구한다. 그래서 남자는 부정기분을 기억하지 못하고 주변 사람들이 아무리 상처를 많이 가지고 있다고 하더라도 그것을 중요하게 인식하지 못한다. 자신의 미래행복을 추구하기 때문이다.

그래서 남자는 주변이 힘들어하든 말든 일단은 열정과 성취욕을 강화시켜서 스트레스의 부정기분을 거부하여 받아들이지 않고 긍정기분만 기억한다. 주변 사람들이 아무리 상처를 많이 가져도 남자 자신만 행복하면 된다. 그래서 열정과 성취욕만 가지면 된다.

　따라서 남자가 미래행복을 추구한다는 것은 남자는 상처를 안 받고 행복을 추구한다는 것인데, 남자로 인하여 여자가 상처를 받는다. 그러면 여자는 상처를 근본으로 해서 현재행복을 추구한다. 그래서 여자는 자신의 상처를 근본으로 하여 현재행복을 추구하는 원천이 된다. 결국은 행복의 기준은 여자의 감정에서 시작된다는 것을 알 수 있다.

　남자는 자신이 행복해지면 주변 사람 모두가 행복해질 거라고 막연한 생각을 갖고 살아간다. 사실 나쁜 것은 아니다. 다만 생각의 전후가 뒤바뀌었다는 것일 뿐이다.

　남자는 열정과 성취욕을 갖고 미래행복을 구축하면 이것이 미래에도 계속 지속될 것이라고 생각한다. 그래서 여자는 상대의 행복이 자신의 행복이지만, 남자는 자신의 막연한 행복만 느끼려고 하는 것이다. 그러다 보니 남자는 주변 사람들에게 상처를 많이 주지만 자신은 기억하지 못한다. 그러면서 긍정감정을 갖고 미래행복을 추구한다. 그래서 남자는 주변 사람들에게 상처를 주면서 자기 행복을 추구하면서 산다.

　남자가 매우 나쁘게 느껴질 수 있겠지만, 남자와 여자가 순환구조를 갖게 되면 주변 사람들에게 상처를 주는 것이 거부방어기제로 작용하기 때문에 주변 사람들의 상처를 기억하지 못한다. 반면 여자는 이를 기억하고 치료하여 현재행복을 만든다. 이렇게 만들어진 현재행복을 남자는 자신의 편안함을 유지할 수 있도록 하여 열정과 성취욕을 강화함으로써 미래행복을 추구할 수 있게 된다. 그래서 남자에게는 무한책임이라는 무의식의 사랑이 만들어지는 것이고, 어느 일방의 행복추구만 할 수 없도록 만들어진 것이 남자와 여자의 행복심리이다.

7
교감과 행복

교감(交感)은 '서로 접촉하여 감정을 나누는 것'을 말하는데, 남자와 여자의 교감은 서로의 접촉(남자와 여자의 접촉은 性으로서 이루어짐)을 통하여 남자의 열정과 여자의 사랑을 나누는 것을 말한다. 결국 교감의 방법은 남자의 열정과 여자의 사랑을 나누는 방법을 말한다.

남자와 열정과 여자의 사랑은 감정인데, 남자의 열정은 재미와 즐거움에 몰입하는 힘이고, 여자의 사랑은 상처를 치료하는 힘이다. 따라서 남자의 열정이 외부로 표현할 때는 말과 행동으로 표현하고, 말과 행동이 즐거움과 재미에 몰입할 수 있도록 하고, 동시에 여자의 사랑이 외부로 표현할 때는 말과 행동이 상처를 치료할 수 있도록 이해와 위로를 위한 대화를 한다. 이것의 매개체로 성(性)이 활용되는 것이다.

따라서 남자의 열정과 즐거움의 표현 그리고 여자의 사랑과 대화의 표현 등 4가지가 결합하는 방법이 교감의 방법이다. 성(性)과 관련하여 남자는 여자에게 열정을 갖고 재미와 즐거움을 추구할 때 여자는 남자에게 사랑을 갖고 위로의 대화를 추구하면 교감을 이룰 수 있다.

남자는 상대를 여자로 인식하면 심리작용을 하고 싶어지고, 무엇이든 해주고 싶은 헌신의 욕구가 생기면서 열정이 발생한다. 이때 성(性)의 즐거움과 재미가 함께 결합되면 강력한 열정의 에너지를 만들 수 있다. 또한, 여자는 사랑하는 마음을 갖게 될 때 성심리가 작용하면서 성관계(Sex)를 원하게 되고, 대화를 통하여 위로와 격려가 공유되면 강력한 사랑의 에너지를 만들 수 있다.

또한 이 과정에서 남자는 여자에 대한 헌신이 스트레스로 작용하지만 이를 즐기는 힘을 갖게 되면서 열정과 성취욕이 강화되고, 여자는 사랑의 감정과 대화에 의하여 상처가 치료되면서 사랑의 에너지가 강화된다. 따라서 여자는 사랑의 감정으로 상처를 치료하기 때문에 대화를 하게 되고, 사랑을 확인하고 유지하고 싶어지면서 성관계(Sex)를 통하여 현재행복을 만들게 된다.

남자의 열정과 즐거움, 여자의 사랑과 대화는 교감의 4대 요소라고 할 수 있다. 이 중에 어느 하나라도 배제되면 교감은 할 수 없으며, 4가지가 동시에 작용해야 교감을 할 수 있다. 이것이 교감의 기법이다.

여자에게 사랑과 대화가 없는 성관계(Sex)는 교감을 차단하고, 남자에게 열정과 즐거움이 없는 성관계(Sex)는 교감을 차단한다. 이는 서로에게 부정감정을 유발하고, 소모에너지로만 작용하기 때문에 심리장애를 갖게 되는 원인이 된다.

따라서 남자와 여자의 인간관계에서 문제가 발생하면, 제일 우선으로 대화가 사라진다. 특히 자신의 속마음에 대한 말이 사라진다. 한 사람이 자신의 속마음에 대한 말이 사라지면 점점 상대의 말도 사라진다. 그렇게 되면 그냥 사는 것이 된다. 이런 상황이 지속되면 두 사람의 사이에 성(性)이 사라진다. 그러면 두 사람의 인간관계, 남녀관계는 끝난 것이다. 그냥 사는 것일 뿐이지, 서로에 대한 교감은 없어진 것이다.

따라서 남녀관계에서 문제가 발생하면 제일 우선으로 성(性)보다는 대화를 회복해야 한다. 특히 자신에 대한 이야기를 하고, 상대가 들을 수 있도록 하는 소통부터 시작해서 자신의 속마음을 이야기하고, 상대가 이를 경청하는 대화를 회복하는 것이 우선이다. 그러면 자연스럽게 성관계(Sex)도 회복된다. 이 순서로 적용되지 않으면 남녀관계는 회복할 수 없다.

교감의 리드와 주관

남자와 여자의 교감은 성관계(性, Sex)에 의하여 남자의 열정과 즐거움, 여자의 사랑과 대화가 결합하는 것이다. 이때 교감을 할 때 리드와 주관을 해야 하는데, 이 방법은 교감의 기법이 결합할 때 매우 중요한 역할을 한다. 물론, 어느 것부터 시작하든 상관은 없지만, 그래도 순리대로 진행되는 것이 교감이 오래도록 지속될 수 있다.

리드하는 것과 주관하는 것은 다르다. 리드는 상대를 이끄는 것이고, 실제 실천하고 행하는 것이 주관이다. 동기유발을 해 주는 것은 리드이고, 직접 하는 것은 주관이라 보면 된다. 일상의 모든 것은 리드와 주관이 있겠지만, 성관계(Sex)의 교감에서는 리드와 주관이 중요하다.

성관계의 교감에는 두 가지의 방법이 있다. 성심리를 교류하는 방법과 성행동의 기술이다. 하나는 유혹하고 홀리는 기술이고, 하나는 즐기는 쾌락의 기술이다. 이 두 가지의 방법이 서로 결합하도록 하는 것이 리드와 주관이며, 유혹하고 홀리는 기술은 성심리를 교류하는 방법이고, 성행동(Sex)을 즐기는 쾌락의 기술은 성행동의 기술이다.

지금까지는 성심리의 교류방법은 여자들이 원하는 것이었고, 섹스를 즐기는 쾌락의 기술은 남자들이 원하는 것이었다. 이 방법이 나쁘다는 것은 아니다. 그러나 교감에서는 정반대로 작용해야 한다. 즉 남자가 성심리의 교류방법을 알아야 하고, 여자는 섹스를 즐기는 쾌락의 기술을 알아야 한다. 그래야만 남자와 여자의 교감이 오래도록 지속될 수 있다.

우선은 서로의 감정을 배제한 상황에서 대화를 통하여 재미와 즐거움을 추구하면서 상상한다. 대화를 하되 감정에 치우치지 않고 의견교환을 하는 것이다. 특히 마음속의 성(性)에 대한 이야기는 더욱 편안한 마음을 만들게 된다. 그러면 여자는 대화를 통하여 상처를 치료하게 되고, 남자는 성심리의 작용으로 열정이 강화된다.

남자는 열정이 강화되면 많은 상상을 하게 되면서 다양한 성(性)의 아이디어가 생성되는데, 여자는 이 아이디어들 중에 하나를 선택하고 결정한다. 이때까지는 감정이 배제되어야 한다. 만일 감정이 개입되면, 성(性)의 대화에서 '변태', '싫다.' 등의 부정감정이 개입하게 된다. 이렇게 감정이 배제된 상황에서 성(性)의 대화를 서로 편안하게 하는 것이 의식의 교감을 이루는 과정이다.

대화의 과정에서 도출된 남자의 아이디어들, 그리고 여자는 언제일지는 모르지만 이 중에 하나를 선택하고 결정한 후 시도를 하는 것이 순서이다. 이때가 바로 리드를 하는 것이다. 그러면 남자는 선택의 여지없이 여자가 시도하는 것을 실행하면서 주관하도록 한다. 그러면 사랑과 열정이 교감하기 시작한다.

일상생활로 예를 들어보면, 식사를 할 때 무엇을 먹을까 고민하는데, 여자가 그냥 "나 한식 중 OO를 먹고 싶어"라고 말하는 것이 리드이다. 그러면 남자는 한식당으로 여자와 함께 가서 OO를 선택하고, 대화하면서 맛있게 식사하고 식사를 마친 후에는 계산까지 하는 과정은 모두 실행과정으로 남자가 주관하는 것이다.

따라서 리드는 포인트를 주고서 동기유발을 시키면 되는 것이고, 주관은 모든 것을 실행하도록 하는 것이다. 그러면 남자는 자신이 모든 것을 다 한 것과 같은 열정과 성취욕이 발생하고, 여자는 자신의 의견이 받아들여져서 고맙고 마음의 상처가 치료되면서 사랑과 행복이 만들어진다. 이렇게 남자의 열정과 여자의 사랑이 교류하게 되는데 이것이 리드와 주관에 의하여 교류할 수 있도록 하는 방법이다.

참고로 남자들이 배워야 하는 성심리의 교류방법은 상황, 분위기, 환경 등의 요소와 함께 대화를 하는 방법, 분위기를 정하는 방법, 남자와 여자의 심리가 작용하는 방법, 마음을 함께하는 방법 등 주로 마음을 움직이는 방법을 말한다.

또한, 여자들이 배워야 하는 쾌락의 기술은 성심리를 표현하는 방법이다. 이는 성(性)에 대하여 표현하는 기술이고 감정을 표현하는 기술이다. 패션법, 노출법, 자위법, 체위법, 소리법, 삽입법 등 다양한 섹스의 테크닉에 대한 방법이다. 이러한 '남자의 성심리의 교류방법'과 '여자의 쾌락의 기술(섹스의 테크닉)'은 성심리테라피(Xes Therapy)에서 학습할 수 있다.

부부행복과 교감

여자가 남자에게 사랑을 받았다는 말은 여자가 남자에게 사랑을 받을 때, 남자의 열정과 여자의 사랑에 교감을 이루고 애정관계에서 여자의 행복을 느낀다는 것이다. 또한, 아내로서 행복을 갖게 되는 것은 아내로서 남편에게 사랑을 줌으로써 행복을 갖는 것이기 때문에 결국은 부부관계의 교감을 갖는 것이다. 즉 애정관계이든 부부관계이든 성(Sex)을 매개로 하여 열정과 사랑이 교감을 이루었다는 것이다.

그러나 부부간에는 애정관계보다는 부부관계를 더욱 중요하게 생각한다. 애정관계는 마치 부부가 아닌 것처럼 인식하기 때문이다. 그러나 엄격하게 구분하면 성(Sex)은 부부관계가 아니라 애정관계에서 열정과 사랑이 교감하는 것이다. 애정관계에서는 성(Sex)을 매개로 한 열정과 사랑이 교감하지만, 부부관계에서는 정신적 교감을 이룬다. 따라서 부부관계는 반드시 애정관계를 기초로 해야만 행복할 수 있다.

부부관계에서는 남편에게 사랑을 주면 남편이 기뻐하고 즐거워하면 행복을 느끼는 교감을 이루고, 부모자식관계에서는 자식에게 사랑을 주면 자식들이 기뻐하고 즐거워하면 행복을 느끼는 교감을 이룬다. 이것이 여자가 현재행복을 느끼는 것이다.

그러나 남자의 미래행복은 열정과 성취욕을 기초로 하여 추구하는 것으로서 여자의 행복과 관련되지 않는다. 그러나 무의식으로 사랑하는 소중한 사람들, 남자 자기 자신화가 된 사람들, 이것을 자기 동일화 현상이라고 하는데, 이것을 남자의 교감이라고 한다. 자기도 모르는 무의식에서 형성되는 현상이다.

여자가 현재행복을 갖게 되면, 남자는 자신도 모르게 심리적으로 교감을 이루면서 현재행복을 갖게 되기 때문에 심리가 안정되고 편해지면서 열정과 성취욕이 훨씬 강화된다. 그래서 남자는 열정과 성취욕이 강화되고 활성화되면 심리적으로는 편안함을 느끼게 된다. 상대 여자를 만나면 마음이 편안해지며 열정과 성취욕이 상대 여자에게로 향한다.

따라서 남자들이 항상 하는 말이 있다. "내가 돈을 왜 버는데? 처자식이 편안하고 행복하게 잘 살려면 돈이 필요하니까 이렇게 죽어라 버는 것 아니냐?" 반면 여자는 남자에게 "자기가 하고 싶어서 하는 것이지"라고 일축한다. 이는 남자와 여자가 서로 심리를 알지 못하기 때문에 하는 말이다.

교감은 수없이 발생한다. 여자로서 남자에게 사랑을 받으면서 교감이 발생하고, 아내가 남편에게 사랑을 줌으로써 남편과 교감하며, 엄마가 자식에게 사랑을 줌으로써 교감한다. 그렇게 여자가 행복해지면 남자는 자기 자신화가 되는 무의식의 교감을 하게 되어 열정과 성취욕이 활성화된다. 그러면 이렇게 활성화된 열정과 성취욕을 다시 여자에게 교감하면서 사랑을 주고… 이렇게 순기능의 구조를 갖게 되는 것이 남녀관계인 부부관계의 행복을 위한 교감이다.

이것을 여자가 모르면 행복할 수 없다. 남자가 느끼는 교감은 무의식의 사랑으로 나타나기 때문에 현재는 보이지 않으면서 실제 하고 있는 것이기 때문이다. 그런데 여자가 이를 모르고 있기 때문에 남자가 여자에게 열정과 성취욕을 줄 수 없게 되는 것이다. 주고 싶어도 줄 수 없게 된다. 왜? 바로 아내들은 자신이 여자라는 것을 잊고 살기 때문이다.

따라서 이 순환구조가 끊어지게 되면서 부부의 행복을 위한 교감이 중단된 채 살게 되는 것이다. 교감을 할 수 없게 되면 남자에게는 열정이 사라지고, 여자에게는 사랑이 사라진다. 결국 남자는 상대가 여자로 인식될 때, 교감을 할 수 있는 열정이 생긴다. 그래서 남자의 습관은 여자가 만들어 주는 것임을 알아야 하고, 남자는 여자 하기에 달려 있다.

저자의 출간도서 안내

학부모의 힐링 | 208쪽 | 10,000원

이 책은 지금까지 여러분께서 힐링과 관련한 다양한 도서, 교육, 강연, 인터넷 정보 등을 통하여 알게 된 내용과는 많이 다를 것이며, 여러분이 항상 말과 행동과 표정으로 표현하면서도 전혀 느끼지 못했던 무의식과 인간의 마음과 심리가 작용하는 원리를 알 수 있도록 구성하였다.

일과 업무의 힐링 | 218쪽 | 12,000원

이 책은 저자가 '고려대학교 노동대학원'에서 강의했던 내용을 기초로 집필하였고, 일을 하는 모든 사람들에게 필요하다. 어느 곳에서 어떤 일을 하든 경제적 가치, 인간관계의 가치, 사회적 가치 등을 추구할 때 발생하는 다양한 스트레스와 상처의 힐링에 대한 이야기이며, 누구나 편하게 읽을 수 있도록 집필하였다.

인간의 마음 | 246쪽 | 16,000원

이 책은 심리포럼 논제발표 자료집으로서 인간의 마음과 심리를 설명하였다. 지금까지 왜곡되고 잘못된 인간의 마음과 심리를 바로잡기 위하여 '대국민심리계몽운동'인 『심리포럼』의 논제발표와 토론을 토대로 다양한 마음과 심리의 작용을 이해하기 쉽도록 설명하였다

마음의 근원 | 220쪽 | 13,000원

이 책은 인간의 마음이 형성되는 근원을 밝혔다. 인간의 마음과 심리의 근원을 체계적으로 저술하였다. 인간의 마음과 심리가 작용하는 원리, 무의식의 마음에너지가 작용하는 원리를 밝힌 이론서이다. 인간의 마음이 작용하는 표준, 기준, 규칙, 원칙 등을 규명하여 새로운 심리이론의 패러다임을 제기한 심리이론서이다.

패션테라피 | 262쪽 | 19,000원

이 책은 패션을 이용하여 여성의 심리치료와 함께 자존감과 자신감의 회복과 몸과 마음의 안정을 갖도록 하기 때문에 이 책은 여성에게 상처를 치료하는 새로운 방법을 알려 줄 것이고, 여성의 행복을 회복하도록 도움을 주고 있다. 이는 패션의 새로운 패러다임이 될 것이다.

갈등의 힐링 | 국판 | 50쪽 | 비매품

이 책은 인간관계에서의 갈등이 발생하는 원인과 갈등을 힐링하는 방법에 대하여 간결하게 집필한 내용입니다. 누구나 쉽게 읽을 수 있도록 하여 남녀노소 누구나 읽을 수 있으며, 갈등을 힐링하는 방법을 알려드립니다. 갈등이 발생하는 원인과 해결의 방법을 알려드리오니 행복한 삶과 인생을 살아가는 데 많은 도움이 되길 바랍니다.

외도는 심리장애, 외도에는 사랑이 없다 | 양장본 | 744쪽 | 48,000원

이 책은 외도심리전문가로서 오랜 세월 외도상담과 상처치료 교육을 해 온 저자의 상담일지를 기초로 하여 저술하였으며, 배우자의 외도로 인하여 발생하는 이상심리와 심리장애를 치료할 수 있는 기본적인 정보를 제공함으로써 행복하게 살아갈 수 있는 방향을 찾을 수 있도록 하고 있다.

마음이론 | 414쪽 | 20,000원

이 책은 남자와 여자의 마음과 심리가 작용하는 원리를 분석한 결과이고, 마음이 의식과 무의식을 통제하며 심리가 작용하는 기준, 표준, 원리, 규칙이라는 것을 규명하였다. 남자와 여자는 문제의 인지와 해석의 방법, 스트레스와 상처의 작용, 심리장애가 서로 다르면서도 복합적으로 작용한다는 사실을 발견하였고, 이를 체계적으로 정리한 이론서이다.

혁명적인 성기능장애치료법, 제스테라피 | 488쪽 | 20,000

기존의 성기능장애치료법과는 전혀 다른 새로운 성기능장애치료법인 제스테라피는 마음과 성마음의 상호작용에 의한 신체적인 성기능을 논하고 있다. 따라서 마음과 성마음이 신체적인 성기능과 상호 연결되고, 마음과 성마음을 조절함으로써 남성의 성기능장애가 치료가 되는 원리를 해석하였다.